UTB
FÜR WISSEN
SCHAFT

UTB 1136

W0250543

Eine Arbeitsgemeinschaft der Verlage

Beltz Verlag Weinheim und Basel
Böhlau Verlag Köln · Weimar · Wien
Wilhem Fink Verlag München
A. Francke Verlag Tübingen und Basel
Paul Haupt Verlag Bern · Stuttgart · Wien
Verlag Leske + Budrich Opladen
Lucius & Lucius Verlagsgesellschaft Stuttgart
Mohr Siebeck Tübingen
C. F. Müller Heidelberg
Quelle & Meyer Verlag Wiebelsheim
Ernst Reinhardt Verlag München und Basel
Ferdinand Schöningh Verlag Paderborn · München · Wien · Zürich
Eugen Ulmer Verlag Stuttgart
Vandenhoeck & Ruprecht in Göttingen
WUV Wien

Klaus Adomeit

Rechts- und Staatsphilosophie

Band I: Antike Denker über den Staat

3., neubearbeitete und erweiterte Auflage

C. F. Müller Verlag
Heidelberg

Klaus Adomeit, geb. 1935 in Memel (heute: Klaipeda, Litauen), ist seit 1975 Professor an der Freien Universität Berlin für die Fächer Rechtstheorie und Arbeitsrecht. Er war 1986–1990 Vorstandsmitglied in der deutschen Sektion der Internationalen Vereinigung für Rechts- und Sozialphilosophie (IVR).

Veröffentlichungen zur Philosophie: Rechtstheorie für Studenten, 4. Aufl. 1998 (UTB Nr. 883); Normlogik – Methodenlehre – Rechtspolitologie, Gesammelte Beiträge zur Rechtstheorie 1970–1985, 1986; Aristoteles: Über die Freundschaft, 1992; „Rechts- und Staatsphilosophie, Bd. II: Rechtsdenker der Neuzeit", 1995 (UTB Nr. 1670).

Der vorliegende Band ist in spanischer Fassung erschienen 1999 bei Trotta, Madrid, in Brasilien 2000 bei Fabris, Porto Alegre, auf portugiesisch. Eine türkische Ausgabe ist in Vorbereitung.

Die Deutsche Bibliothek – CIP Einheitsaufnahme

Adomeit, Klaus:
Rechts- und Staatsphilosophie I /Klaus Adomeit. –
3. neub. u. erw. Aufl. Heidelberg : C.F. Müller, 2001
(UTB für Wissenschaft ; 1136)

Einbandgestaltung: Atelier Reichert, Stuttgart
Satz: Gottemeyer, Leonberg
Druck und Verarbeitung: Druckerei Lokay, Reinheim
ISBN 3-8252-1136-3

Vorwort

Was Philosophie eigentlich ist, läßt sich schwer definieren, jedenfalls geht es um Denken.

Das philosophische Denken widmet sich, anders als das alltägliche, Grundfragen, und es kann, anders als das wissenschaftliche Denken, nicht ableiten, sondern wagt sich ins Ungesicherte.

Der Staat (und sein Recht) ist vom frühen Beginn an Gegenstand der Philosophie. Keine andere Einrichtung zeigt so kraß ein Doppelgesicht: glückverheißend – der schrecklichste der Schrecken. Auch verspricht ein Nachdenken über den Staat – anders als über „das Sein", mehr als über „das Schicksal" – etwas zu bessern. Die Philosophen haben schon immer die politische Welt nicht nur verschieden interpretiert, sondern versucht, sie zu verändern. Manchmal mit Erfolg, und zwar zuweilen mit glücklichem, öfter mit unglücklichem Erfolg.

Sichtlich ist unsere heutige politische Welt Produkt von Philosophie. Die bis vor kurzem noch unverrückbar und dauerhaft erscheinende östliche Welt konnte man nicht verstehen ohne die Linie Hegel – Marx – Lenin; die im Wettkampf der Systeme fast ohne eigenes Zutun erfolgreiche westliche Welt schwerlich ohne Montesquieu, John Locke und Adam Smith. In jeder dieser Welten waren die jeweiligen geistigen Väter der *anderen* Welt Inspirationsquelle für Dissidenten und Rebellen. Die aus Verlegenheit immer noch so genannte dritte Welt zeigt politisch eigenartige, oft wechselnde Mischungen aus eigenem und unserem Geist, mit Zusätzen von etwa Gandhi oder Mao, zunehmend auch aus alten Gedanken des Mohammed, des Buddha oder des Konfuzius.

Das große Unglück, das Deutschland durch den Nationalsozialismus traf bzw. das es verursachte, war *auch* ein philosophischer Unglücksfall: grob fahrlässig hatte Nietzsche es ermöglicht, daß ein solches Regime sich auf ihn berufen konnte. Das von ihm so oft heranphantasierte amoralische Abenteuer wurde grausige Realität. Die wahnsinnige Idee vom „Übermenschen" benebelte die Köpfe von Kleinbürgern und ließ sie außer sich geraten.

Was nach dem „Zusammenbruch" der 40er Jahre des letzten Jahrhunderts, abgeschlossen 1945 – von Menschen, von Häusern, von Philosophie – in den überlebenden Resten Germaniens als neues Denken übernommen wurde, waren auf der einen Seite der dialektische Materialismus (durch einen ihrer Studenten, K. Marx, von der Berliner Universität ausgegangen [der Brief des 19jährigen an seinen Vater von 1837!], auf Umwegen nach Berlin zurückgekehrt, dort auch, auf besonders spektakuläre Weise, mit dem Fall der Mauer 1989 in sich zusammengebrochen), auf der anderen Seite das schlichte Programm „life, liberty and the pursuit of happiness“, also der englische Utilitarismus.

Die westlich-nordamerikanische Glückseligkeitslehre war und ist ungemein *praktisch*, vernachlässigt aber offenbar das Philosophie- oder Metaphysikbedürfnis der germanischen Seele. Diese nimmt oft das „primum vivere, deinde philosophari“ (erst einmal leben, dann vielleicht philosophieren) genau umgekehrt: ohne Philosophie weiß sie nicht zu leben. Das „größte Glück der größten Zahl“ ist nicht ihr Fall und die Bundesrepublik Deutschland, weder die kleinere vor noch die vergrößerte nach 1990, konnte sich je der Zustimmung ihrer Intellektuellen rühmen. Es ist eigentlich erstaunlich, daß sie sich, philosophisch ungestützt, vielmehr von Neomarxisten angegriffen und diffamiert, hat halten und sogar noch die marxistisch regierten Teile Deutschlands aufnehmen können. Ein Glück daraus zu machen gelingt uns nicht leicht.

Gedankliche Aufschwünge, Abschwünge, Veränderungsprozesse, Götterdämmerungen sind auch in Zukunft zu erwarten. Von der Verlockung des Anarchismus wird jede neue Generation sich immer wieder neu angesprochen fühlen. Auch Rousseaus Geist findet, wie der des Holländers, keine Ruhe, geht etwa in der grünen Bewegung um. Die Kluft zwischen der erreichbaren Vernünftigkeit politischen Denkens und der beklagenswerten Unvernünftigkeit politischer Zustände scheint, denkt man an die Geschichte des letzten Jahrhunderts, nur immer größer zu werden. Ist der epochale Streit zwischen den zwei großen Blöcken West und Ost jetzt beigelegt – möge dies so sein! – so brechen umso heftiger nationale, ethnische Kämpfe hervor, und weder praktische Politik noch theoretische Staatsphilosophie haben eine Lösung, wie man Frieden durchsetzen kann, mit welchen Mitteln man dies darf (ein *Habermas* hatte die Intervention im Kosovo gerechtfertigt!). Aus dem Elend der Welt drohen Hungerrevolten und Völkerwanderungen.

Angesichts dieser Verwirrung, Vielfalt, Unruhe und Bewegung ist entschlossen auf den Ursprung der Rechtsphilosophie zurückzugehen, auf die Epoche der Griechen und der Römer.

Das antike Staatsdenken ist das erste Kapitel in der Geschichte unserer politischen Philosophie, ein besonders reiches und gelungenes. Frisch, wie aus dem Nichts geschaffen, sind die Grundfragen, -motive und -modelle im großen *griechischen* 5. Jahrhundert v. Chr. plötzlich da: der Gedanke der politischen Freiheit, die Demokratie und die Notwendigkeit ihrer Begrenzung, die Frage der Staatsorganisation, das Problem der Gleichheit und die Denkbarkeit des Kommunismus, das Verhältnis von Taktik und Moral in der Politik, das Geltungs- und Legitimierungsproblem staatlicher Ordnungen, die Extremposition des Anarchismus. Denker der Neuzeit wie Kant, Hegel und Marx werden mächtigere Gedankengebäude aufschichten, aber sie werden abhängig bleiben von dieser frühen Inspiration; und die Frische des Anfangs wird bei ihnen verloren gehen. In den Gesprächen, die *Sokrates* mit den Sophisten führt, finden wir leicht, locker, unverstellt den Zugang zur Philosophie. Die Fragen entwickeln sich aus der konkreten Situation, aus einem Erlebnis, einem Vorfall. Der Gang der Einfälle ist nicht schon vorgeordnet durch eine systematische Konzeption – dies erst später ab *Platons* „Staat". Gegenüberstehende Positionen sind prinzipiell gleichwertig, der Ausgang des Meinungskampfes ist offen, *bleibt* zuweilen am Ende auch offen. Es handelt sich um Dialoge im ursprünglichen Sinne, ein Sinn, der heute, im Zeitalter des „Dialogs" mit Computern und des „Dialogs" als politisches Alibi verschüttet ist.

Faszinierend ist auch zu sehen, daß man hier nicht nur Lösungen für Probleme finden muß, sondern erst einmal *Lösungswege*. Wie man zu denken hat, die zulässige Methode, ist ein Problem, das neben dem Sachproblem ständig mit bedacht sein will. Es war noch nicht, wie bei uns, die Wissenschaftstheorie von der Ermittlung des Wissens getrennt – diese Trennung wird aber zum Nachteil beider Bereiche sein. Wenn in der Spätzeit des Griechentums, bei *Aristoteles,* wissenschaftstheoretische (methodische) Fragen in den Vordergrund treten, so wirkt dies zwar modern, zeigt aber an, daß die Inspiration schwächer wird. Am schwächsten bei *Epikur*, der keine objektive Frage mehr für wichtig nimmt, nur über das private Wohlergehen nachsinnen will.

Die *Römer* haben die von den Griechen hinterlassene politische Philosophie kaum erweitert – weder neue Fragen, noch neue Methoden, noch neue Antworten – sondern nur detailliert. Über Jahrhunderte hinweg waren sie mit praktischer Politik und mit imperialistischen Unternehmungen vollauf beschäftigt. Es war geistesgeschichtlich ein Glück, eigentlich ein glücklicher Zufall, daß sie (Mitte 2. Jahrhundert

v. Chr.) die griechische Philosophie überhaupt kennenlernen und in ihren geistigen Haushalt aufnehmen. Weitere glückliche Zufälle – für die Betroffenen höchst unglückliche – haben die beiden bedeutendsten römischen Denker, *Cicero* und *Seneca*, politischen Extremlagen und Konfrontationen (Cicero erst mit Catilina, dann mit Caesar, zuletzt mit M. Antonius; Seneca mit Nero) ausgesetzt, ihre Philosophien öffentlich auf die Probe gestellt. Dadurch werden ihnen Einsichten erpreßt, die eine im römischen Geist eigentlich gar nicht angelegte Vertiefung bringen.

Die Antike endet, geht über ins Christentum, in dem Moment, in dem diese Religion sich politisch durchsetzt. Die Lehre des *Augustinus* ist zugleich eine Kritik der antiken Geisteswelt. Er muß sagen und er darf sagen (weil er eine ganz neue Autorität über sich weiß), was die Griechen und Römer alles falsch gedacht und falsch gemacht hatten. Dadurch liefert uns Augustinus eine fruchtbare Relativierung von Sokrates und Cicero, fordert von uns, noch einmal ganz neu anzusetzen.

Das vorliegende in zwei Bänden erschienene Werk will eine Einführung in die Rechts- und Staatsphilosophie auf historischem Wege sein, dem Leser die Bekanntschaft mit herausragenden Gestalten und elementaren Ideen vermitteln. Deshalb wird Biographisches eine große Rolle spielen. Ohne Daten aus der jeweiligen Lebensgeschichte lassen sich manche Gedanken mancher Denker nicht begreifen. Deshalb wird auch ausgiebig aus den alten Texten zitiert (bei den Griechen nur die deutsche Fassung, zu Platon meist aus der Schleiermacher-Übersetzung, bei den Römern oft auch der Urtext). – Der Leser wird schnell herausspüren, daß der zitierte Text geistig riesenhaft über dem verbindenden Text steht, der nur den Ehrgeiz hat, sich mehr und mehr überflüssig zu machen: wie ein Guide dem Reisenden, der antike Tempelstätten aufsucht, zuerst nützlich, bald aber lästig ist. Vollständigkeit wird insofern angestrebt, als die wichtigsten Themen der Rechts- und Staatsphilosophie behandelt werden sollen.

Philologische Absichten wurden nicht verfolgt. Mit entschlossener Naivität wird davon ausgegangen, daß die uns überlieferten Texte authentisch, die Übersetzungen im Mittelwert getreu, daß zu Einzelheiten die meisten Anmerkungen und Kommentare in den wissenschaftlichen Ausgaben verläßlich sind. Am Ende des Buches wird Dank abzustatten sein.

Auch philosophisch neuartige Interpretation sollte eigentlich nicht geliefert werden. Aber es gibt in den Geisteswissenschaften nun einmal keine „reine“ Objektivität. Schon die Auswahl der Stellen ist Interpretation. Der Autor gibt gern zu, daß politische Aktualität – von *heute* her gesehen – sein Auswahlkriterium war (diese Sichtweise hat er gelernt aus Poppers „Offene Gesellschaft“). Daraus entwickelten sich, wie von selbst, Verstehensmöglichkeiten, die den bisher anerkannten Rahmen des Textverständnisses sprengen. Wer bei Platon Hinweise zu finden glaubt über den Unterschied zwischen bürgerlicher und sozialistischer Demokratie, wer Sokrates die Menschenrechte begründen, Aristoteles den Faschismus sowie in gleicher Weise den Kommunismus bekämpfen, Cicero das rechts/links-Problem analysieren läßt, der muß sich befragen lassen nach der Zulässigkeit seiner Methode.

In der Jurisprudenz, der Ausgangswissenschaft des Autors, hat sich zur Gesetzesauslegung eine doppelte Steigerung unserer Verstehensmöglichkeiten durchgesetzt: extensive Auslegung, die bis an die Grenze des Wortsinnes führt; *Rechtsfortbildung*, die noch darüber hinausgreift. Eine solche Rechtsfortbildung hat sogar unser Gesetzgeber anerkannt, obwohl diese Erweiterung des Instrumentariums auf seine Kosten geht. Entschlossen muß in die klassische Altertumswissenschaft die *Sinnfortbildung* eingeführt werden, als neu zugelassene Umgangsform mit Texten. Wir können die Klassik nur retten, wenn wir sie zu unserer Rettung benutzen, hatte Ortega zu Goethes 100. Todestag gesagt: „no hay más que una manera de salvar al clásico: usando de él sin miramiento para nuestra propia salvación“ (Goethe-Aufsatz 1932).

Der IV. Teil des Buches („Abschied von der Antike: Augustinus“) stammt nicht vom firmierenden Autor, sondern von seinem früheren Schüler und heutigen Freund *Alexander Ignor.* Dieser konnte, von seiner religiösen und historischen Bildung her, leichter den Zugang zu Augustinus finden, hatte sich überdies, für seine Dissertation über Eike von Repgow, um die Zeit des Mittelalters zu verstehen, das frühchristliche Denken erarbeitet.

Zwei Juristen versuchen, die alte Beherrscherin der Wissenschaften, die Philosophie, wieder unmittelbar in ihre Rechte einzusetzen. Möge der Geist von Platons Akademie diesem schwierigen Vorhaben weiterhin gunstvoll sein!

Für die Korrektur des gesamten Textes der 3. Auflage und für die Anfertigung der beiden Register danke ich sehr herzlich dem studentischen Mitarbeiter Stefan Middel.

Berlin, im Juni 2001 *K. A.*

Inhaltsverzeichnis

1. Teil

Sophisten diskutieren mit Sokrates

I. Über die Sophisten

Die griechischen Denker aus der Zeit vor Sokrates – genauer eigentlich vor Platon; noch genauer: deren uns überlieferte Äußerungen älter sind als die platonischen Dialoge – werden unter dem Verlegenheitswort „Vorsokratiker" zusammengefaßt. Zu ihnen gehören die Sophisten, die im 5. Jahrh. in Athen nicht eigentlich als Philosophen, sondern als Lehrer der Redekunst (Rhetorik) auftraten. Das in Athen neu entwickelte politische System: die Demokratie, in dem staatliche Entscheidungen auf Abstimmung, die Abstimmungen auf rhetorischen Auseinandersetzungen beruhen, schaffte ein Bedürfnis vieler Bürger, gut und überzeugend reden zu können. Dies zu lehren versprachen die Sophisten, die von den weitesten Grenzen (aus Thrakien, von der türkischen Küste, vom italischen Stiefel, aus Sizilien) in Athen zusammenströmten. Mit ihrem Versprechen, jede schwächere Sache zur stärkeren machen zu können (Gorgias), nahmen sie bereits die heutige Problematik von politischer Werbung und Medieneinfluß vorweg.

Von keinem Sophisten ist uns ein zusammenhängendes Werk überliefert, nur Bruchstücke, die unsere klassischen Denker, vor allem Platon und Aristoteles so wichtig fanden, daß sie diese Fragmente, vor der fälligen Widerlegung, erst einmal zitierten. Dadurch ist unser Bild des sophistischen Denkens einseitig: das Paradoxe, Polemische, Kritische ist erhalten, die sicherlich auch gefallene affirmative Äußerung nicht. Gerade durch ihre Angriffslust haben indessen die Sophisten das Denken über den Staat vertieft und geschärft, mit ihren radikalen Fragen die Entwicklung einer Staatsphilosophie herausgefordert. Nicht zufällig tragen viele platonische Dialoge den Namen eines Sophisten (am wichtigsten: Protagoras, Gorgias, Staat Buch I: Thrasymachos). An einer sophistischen Sottise entzündet sich dort jeweils erst das philosophische Denken.

Der Eindruck beim Lesen der sophistischen Kerntexte ist bestürzend modern, auch wenn man Marx, Nietzsche, die Frankfurter Schule in ihren besonders extremen Thesen erinnert.

II. Protagoras: Relativismus und Demokratie

Von Protagoras ist durch mehrere antike Schriftsteller der Satz überliefert, der wie kein anderer den gedanklichen Umbruch bezeugt

„*Der Mensch ist das Maß aller Dinge*"! (Theaitetos 166 d)

Die Auslegungsmöglichkeiten sind zahlreich. Die wichtigsten Aspekte:

(1) Eine Absage an Mythos und Religion. Erkenntnisse und Entscheidungen sind nicht aus religiöser Überlieferung zu gewinnen, sondern aus dem und durch den Menschen. Nahe steht dem gedanklich wie zeitlich Teil III der Orestie des Aischylos („Eumeniden"), wo Orest, der seine Mutter getötet hat, um den von ihr verübten Mord an seinem Vater zu ahnden, den Rachegöttinnen entzogen und dem durch Abstimmung zu findenden Urteil eines Gerichts überantwortet wird (vgl. Anhang). Das spätere Wort „Aufklärung" läßt sich auf diese Leistung anwenden.

(2) Der Verzicht auf die Vorstellung einer vorgegebenen, objektiven Wahrheit. Maßstab für die Wahrheit ist „der Mensch", was an Möglichkeiten offen läßt:

a) alle Menschen (in ihrem Wesen), ein anthropologischer Ansatz;

b) die meisten Menschen, wobei dann offen bleibt, wer und auf welche Weise jemand feststellt, was ihnen entspricht (Mehrheitsprinzip?);

c) jeder Mensch für sich: ein radikaler Subjektivismus.

Philosophiegeschichtlich hat Protagoras ein großes, vielleicht das größte Thema angeschlagen. *Platon* hat kontradiktorisch seine Ideenlehre entwickelt, vielleicht nur, um Protagoras zu bekämpfen. Jedoch kommt auch Platons Lehre durch die unleugbar bei verschiedenen Menschen verschieden stark entwickelte Fähigkeit, die vorgegebene Idee zu schauen, wieder auf dieses subjektive Moment. *Aristoteles* unterscheidet scharf die Logik mit ihren objektiven Wahrheiten und die Ethik/Politik mit ihren nur relativen, durch topische Diskussionen zu entwickelnden. *Kant* wird später, angestoßen durch genau diese Problematik, die große Konzeption einer doppelten Vernunft, der Reinen und der Praktischen erarbeiten.

(3) Politisch ist die präzise Folge des Relativismus die Forderung nach Demokratie. Wenn der Mensch das Maß aller Dinge ist, so hat er den Staat, dessen Beschaffenheit, die Auswahl des ihn beherrschenden politischen Systems, selbst zu bestimmen; und da kein Mensch *mehr*

Mensch ist als irgendein anderer, muß jeder an dieser Entscheidung gleichen Anteil haben. Es wäre gegen die Spielregeln, einen Anspruch auf absolute Wahrheit zu erheben.

(4) Ethisch: Wenn der Mensch das Maß aller Dinge sein soll, so gibt es nichts Wichtigeres, als ihn zu vervollkommnen: Pr. als erster Humanist.

In seinem zu den Frühwerken gehörenden Dialog „Protagoras" ist Platon bestrebt, das Ansehen dieses Denkers *herabzusetzen*, ihn als einen typischen Sophisten hinzustellen, der sich gegen Geld erbiete, „Weisheit" zu lehren; und doch wird in der Auseinandersetzung mit Sokrates die Position des Pr., dessen frühe Demokratie-Theorie deutlich.

(Dieser Sokrates ist nicht der historische, sondern die von Platon fortgeführte Figur seines großen Lehrers, dem er jetzt seine eigenen Ansichten in den Mund legen kann!)

Platon ist kein Freund der Demokratie, das sei schon hier gesagt. Platon (geb. 427) hatte 404 den Untergang des demokratischen Athen im Krieg gegen Sparta, 399 das demokratische Todesurteil gegen seinen Lehrer Sokrates erlebt, hatte also mit dieser Staatsform allzu bittere Erfahrungen gemacht.

Der platonische Sokrates nimmt Anstoß an dem Versprechen des Protagoras, *jeden* zu belehren,

> „... wie er ... in den Angelegenheiten des Staates ... am geschicktesten sein wird, diese sowohl zu führen als auch darüber zu reden." (319 a)

Dem stellt Sokrates das Erfordernis der Sacherfahrung entgegen, die überall doch ausschlaggebend sei: Wie könne man auf sie gerade im wichtigsten Bereich, dem Bereich des Politischen verzichten?

> „... wenn wir in der Gemeinde versammelt sind und es soll im Bauwesen der Stadt etwas geschehen, so holen sie die Baumeister zur Beratung über die Gebäude; wenn im Schiffswesen, dann die Schiffbauer; und in allen Dingen ebenso, welche sie für lehrbar und lernbar halten." (319 b)

Pr. hatte ja gerade die Kunst der Politik für lehrbar (durch ihn!) erklärt! Sokrates:

> „Will sich aber ein anderer unterfangen, ihnen Rat zu geben, von dem sie glauben, daß er kein Fachmann in dieser Sache sei, sei

> er noch so schön und reich und vornehm, so nehmen sie ihn doch nicht an, sondern lachen ihn aus und betreiben Lärm, bis er entweder heruntergelärmt von selbst wieder abtritt oder die Gerichtsdiener ihn herunterziehen und herausschaffen ..." (319 c)

Leider habe sich bei politischen Fragen das gegenteilige Verhalten eingebürgert:

> „Wenn aber über die Verwaltung der Stadt zu ratschlagen ist, so steht jeder auf und erteilt ihnen seinen Rat: Zimmermann, Schmied, Schuster, Krämer, Schiffsherr, Reiche, Arme, Vornehme, Geringe, einer wie der andere ..." (319 d)

Es sei nicht zu sehen, wie Pr. jeden zum Fachmann für Politik machen wolle. Mit der Lehrbarkeit der politischen Tugend sei es schwach bestellt; auch der große Staatsmann Perikles habe seine Söhne zwar in jedem Fach vortrefflich unterrichten lassen, nur in der Politik

> „... laufen sie ganz frei herum und weiden allein, als ob sie irgendwo von selbst etwas von dieser Tugend antreffen möchten." (319 e)

Protagoras darf, um diesen Angriff abzuwehren, weit ausholen, sogar eine kleine Mythologie entwickeln, die aus dem Munde dieses Rationalisten etwas künstlich, eben rhetorisch klingt. Im Ursprung sei der Mensch unter allen Wesen in der Natur das hilfloseste gewesen:

> „... nackt, unbeschuht, unbedeckt, unbewaffnet ..." (321 c)

weshalb ihm Prometheus wenigstens das Feuer gebracht habe, damit Wärme, Schutz, auch neue Produktionsmethoden. Aber, zerstreut wohnend, hätten die frühen Menschen weder sich richtig ernähren noch gegen wilde Tiere verteidigen können.

> „Sie versuchten deshalb, sich zu vereinigen und sich zu erretten durch Gründung von Städten; wenn sie sich aber vereinigt hatten, so stritten sie miteinander, weil sie die politische Tugend noch nicht hatten, so daß sie sich bald wieder zerstreuten und bald auch aufgerieben wurden". (322 b)

Deshalb habe sich Zeus erbarmt und den Menschen

> Gewissen und Recht (aidos kai dike)

gesandt,

> „... damit diese der Städte Ordnungen und Bande wurden, der Zuneigung Vermittler." (322 c)

Das Normative oder das Organ für das Normative sei hier erst ausgeteilt worden, und bei der Austeilung sei die Frage entstanden: an alle oder nur an einige? (wie bei künstlerischen Talenten oder wie bei der Heilkunst offenbar wenige Kundige genügten für viele Unkundige).

Zeus habe entschieden:

> „... alle sollen daran teil haben.“ (322 d)

Denn:

> „... es könnten keine Staaten bestehen, wenn auch hieran nur wenige Anteil hätten, wie an anderen Künsten.“

Daher sei die egalitäre Einstellung der Athener ganz richtig:

> „Wenn sie zur Beratung über Politisches gehen, wo alles auf Gerechtigkeit und Besonnenheit ankommt, so dulden sie mit Recht einen jeden, weil es jedem gebührt, an dieser Tugend Anteil zu haben ...“ (323 a)

Für den allgemeinen Zugang eines jeden zum politischen Urteil bringt Pr. noch einen letzten Beweis, der diesmal nicht mythologisch, sondern soziologisch ist: bei allen anderen Künsten, z.B. beim Flötenspiel, sei die Behauptung des Könnens und das wirkliche Können leicht zu unterscheiden; und wenn ein Nicht-Könner das Können behaupte, werde er ausgelacht. Dagegen sei es unüblich, daß ein Ungerechter auch öffentlich erklärte, daß er keinen Zugang zur Gerechtigkeit habe, auch wenn dieses wahr sei; die Leute nämlich meinten,

> „... ein jeder müsse wenigstens behaupten, er sei gerecht, möge er es nun sein oder nicht oder er wäre verrückt, wenn er sich die Gerechtigkeit nicht zuschriebe; als ob notwendig ein jeder Mensch auf irgendeine Art Anteil an ihr haben müsse, oder, er dürfe gar nicht unter Menschen leben.“ (323 c)

In dieser frühen und schönen Demokratie-Theorie stört lediglich, daß realistischerweise die Existenz von Un-Gerechten unterstellt wird: so vollständig allgemein ist also die politische Tugend doch nicht verteilt. Nebenbei wird daraus sogar schon eine strafrechtspolitische Konsequenz gezogen:

> „Und gib auch ein Gesetz meinetwegen, daß man den, der Gewissen und Recht sich anzueignen unfähig ist, töte wie einen bösen Schaden des Staates.“ (322 d) (auch: 324 b)

Geblieben ist davon die Aberkennung des Stimmrechts, § 45 V StGB. – Sokrates unterläßt es im Fortgang des Gesprächs, zur demokratischen Position des Pr. eine begründete Antithese zu entwickeln.

Deutlicher setzt er sich im Dialog „Gorgias“ von der „Menge“ ab (458 c), verspottet die „Liebe zum demos“ (513 c), zieht in Erwägung, daß

> „... ein Einsichtsvoller doch mehr wert sei als Tausende von Unverständigen ...“ (489 c)

und geht soweit, sich solche Einsicht allein zuzuschreiben:

> „Ich glaube, daß ich mich – mit wenigen Athenern, damit ich nicht sage, ganz allein – der wahren Staatskunst befleißige, ja unter den Lebenden sogar als einziger das Staatliche zu betreiben.“ (521 d)

Dies bringe es mit sich, daß er der Menge oft unangenehme Wahrheiten zu sagen habe, deren Wert sie nicht begreifen könne. Wer ihn zum Schweigen bringen wolle, müsse eigentlich *die Philosophie zum Schweigen bringen*. Ihm aber sei es lieber, daß die meisten Menschen nicht mit ihm übereinstimmten und ihm widersprächen, als daß er mit sich selbst nicht im Einklang sei und sich selbst widerspräche. Die damit verbundenen Gefahren scheue er nicht. Einmal vor Gericht gestellt, z.B. wegen Volksverführung, werde er sicher verurteilt werden.

Dem allein Einsichtsvollen, der exklusiv im Besitz der Wahrheit ist, wird kaum etwas anderes übrig bleiben, als entweder Märtyrer für seine Idee oder Alleinherrscher zu werden (darüber: politeia). Eine große persönliche Alternative. Wir wissen, daß Sokrates den Weg des Märtyrers ging, sein Schüler Platon bis heute in Verdacht steht, über die Figur des Philosophenkönigs für sich die Alleinherrschaft angestrebt zu haben.

Protagoras aber wird in die Enge getrieben: wenn die Tugend (hier: des Politischen) etwas anderes sei als die (philosophische) Erkenntnis, wie könne die Tugend dann lehrbar sein und von den Sophisten gelehrt werden? (361 b) Denn Pr. bleibt das Gespräch hindurch bei der Relativität des Guten und läßt sich auch nicht auf die Festlegung gut = nützlich ein:

> „Ich kenne sehr viele Dinge, welche dem Menschen völlig unnütz sind: Speisen, Getränke, Arzneien und sonst tausenderlei und doch für gut gehalten werden; andere sind ihm nützlich; wiederum andere sind dem Menschen zwar keines von beiden, wohl aber den Pferden, andere wieder nur den Ochsen, andere den Hunden, noch andere keinem von allen diesen, wohl aber den Bäumen; ja einiges ist wiederum für die Wurzeln der Bäume gut, für die Zweige aber schädlich, wie z.B. der Mist ...“ (334 a)

Das antike Protokoll meldet rauschenden Beifall: der Mist als philosophischer Bedeutungsträger, das war gut gelungen.

In der Fortführung des Gespräches tritt ein eigentümlicher Wechsel der Positionen auf; jetzt behauptet wieder Sokrates (wie in den anderen Dialogen auch) die Lehrbarkeit der Tugend, auch der bürgerlichen Tugend; Protagoras wird mit eigenen Waffen besiegt, durch sophistische Fragen genötigt, aus seinem Relativismus die Konsequenz der Unlehrbarkeit von Wertpositionen zu ziehen. Am Ende des Dialogs beschließen die Kontrahenten, wie erschöpfte Ringer, dieses Thema jetzt ruhen zu lassen.

In der Begegnung von Sokrates und Protagoras steht beider Denken quer zueinander. Protagoras läßt alle Bürger an der politischen Vernunft teilhaben, Sokrates nur den kleinen Kreis der zum philosophischen Denken Berufenen. Pr. muß, weil er jedem ein solches Denken zugestanden hat, auch bereit sein, jeden zu fördern. S. hält dies bei den meisten offenbar für aussichtslos.

Genau umgekehrt ist die Position, wenn es auf die konkrete Einzelentscheidung zusteuert: Pr. als Relativist hält jede Dezision für gleichwertig, hat nur das Talent zum Entscheiden gefördert, will aber keinem seiner Schüler *beim* Entscheiden dreinreden. Hier glaubt im schärfsten Gegensatz S. die wahre Weisheit mit der höchsten Tugend und der richtigen Entscheidung in eins zu sehen, er hat eine absolute Vorstellung vom Gebotenen und will sich dies nicht relativieren lassen, schon gar nicht der demokratischen Abstimmung mit ihren unendlichen Zufälligkeiten aussetzen. Die Gefährlichkeit jeder absolutistischen Moralvorstellung scheint bei Sokrates nur deshalb nicht auf, weil er in seltener, wohl einmaliger Kombination das feste Bewußtsein vom Richtigen mit persönlicher Bescheidenheit verbindet, auch mit der Bereitschaft, still beiseite zu gehen, die Drohung des Todesurteils zu ironisieren, den Giftbecher gefaßt zu leeren.

Entschieden ist die Kontroverse zwischen Protagoras und Sokrates bis heute keinesfalls, und das wäre wohl auch keine wichtige philosophische Kontroverse, die sich entscheiden ließe.

Gustav *Radbruch* hatte während der Weimarer Zeit die Position des Protagoras übernommen: Ein Demokrat habe Relativist zu sein, jedem sein Stimmrecht zuzuerkennen, jede Mehrheitsentscheidung hinzunehmen, es gäbe keine indisponiblen Werte. Die Nazis, von einer parlamentarischen Mehrheit (!) in die Macht gesetzt, erteilten ihm eine schreckliche Lektion. Seine berühmte Schrift „Gesetzliches Unrecht und übergesetzliches Recht“ von 1946 (Werke, ed. A. Kaufmann, Bd. III S. 83) ist bei den Mauerschützen-Prozessen leider wieder aktuell geworden[1].

Das Grundgesetz der Bundesrepublik Deutschland von 1949 ist ein Mischsystem, bringt viel Demokratie im Sinne des Protagoras, doch mit Art. 1, 20, 79 III auch absolutistisches Wertbewußtsein: Würde des Menschen und Sozialprinzip sind zwar nicht der Diskussion, aber der Disposition entzogen, vor allem aber das Prinzip der Demokratie selbst.

1956 verbot das Bundesverfassungsgericht die damalige KPD (Bd. 5,224) und sagte: „Die freiheitliche Demokratie ... muß sich ... zu der Auffassung bekennen, daß es im Bereich der politischen Grundanschauung eine beweisbare, und unwiderlegbare Richtigkeit nicht gibt.“ Wir müssen also fest überzeugt sein zu bekennen, daß wir fest überzeugt sind, nichts zu bekennen: nicht weniger verlangt der Geist der Demokratie uns ab!

Man sieht Protagoras den Richtern die Schulter klopfen, Sokrates ihnen mit dem Finger drohen: oder genau umgekehrt?

Anhang

Athene begründet den Areopag

Vernehmt nun meine Stiftung, Bürger von Athen,
Ihr, die als erst' ihr richtet über ein vergoßnes Blut:
Es walte jetzt für alle Zeiten künftighin,
dem Volk des Aigeus dieser Rat von Richtern.
Denn dieser Hügel hier ...
geweiht dem Ares, dessen Namen nun
der Felsen trägt: Areopag – auf ihm beruht
der Bürger Ehrfurcht und, verschwistert ihr, die Scheu.
Die wehren allem Unrecht, so am Tag wie nachts,
sofern sie die Gesetze nicht erneu'n,
mit schlechtem Zuguß. Denn besudelst du mit Schlamm
das Wasser, ist kein reiner Trunk vergönnt.

1 Vgl. dazu *Bernd Rüthers*, Rechtstheorie, 1999, Rn. 971; *Adomeit*, Gustav Radbruch – zum 50. Todestag, NJW 1999 S. 3465; *Norbert Horn*, Einführung in die Rechtswissenschaft und Rechtsphilosophie, 2. Aufl. 2001, Rn. 432.

Nicht ohne Herrn, doch unter keines Herrn Gewalt
zu leben, sei der Bürger Sorge, rate ich,
doch: auch nicht den Schrecken ganz zu bannen aus der Stadt.
Denn welcher Mensch, der gar nichts fürchtet, bleibt gerecht?
Sofern ihr redlich diese heilge Würde ehrt,
besitzt ihr eine Wehr des Landes und der Stadt,
wie keiner unter Menschen je besaß,
nicht in der Skythen, in des Pelops Fluren nicht.
Solch Rat von Richtern, von Gewinnsucht nicht berührt,
ehrfürchtigen und strengen Sinnes, setz ich ein,
wenn alles schläft, zu wachen übers Land.

(Aischylos, Die Orestie, Teil III: Die Eumeniden, Zeile 681–706, Übers. frei nach Emil Staiger, reclam Nr. 508).

III. Gorgias und das Problem der Taktik in der Politik

Auch Gorgias verspricht seinen Schülern Erfolg in der Politik, doch fehlt ihm die philosophische Tiefe und das substantielle Verhältnis des Protagoras zur Demokratie, er wird sich vom fragenden Sokrates viel leichter in die Enge treiben lassen.

Der Dialog beginnt in gereizter Stimmung: Sokrates kommt demonstrativ zu spät; der berühmte Redner hat schon seine Vorstellung beendet; und Sokrates erklärt, gar nicht an Proben von dessen Redekunst interessiert zu sein, sondern allein daran zu wissen, was Redekunst eigentlich sei. Gorgias ist bereit, sich auf dieses radikale In-Frage-Stellen seines Geschäftes einzulassen. Noch vom gerade genossenen Beifall gestärkt, wohl auch von den Weinen des Gastgebers Kallikles, fühlt er sich dieser scheinbar einfachen Frage gewachsen. Binnen kurzem wird er nicht mehr aus noch ein wissen.

Worauf bezieht sich eigentlich die Redekunst, fragt Sokrates. – Auch Mathematiker und Astronomen wüßten zu reden, brauchten aber doch wohl nicht die Rhetorik. Welche Angelegenheiten sind die des Rhetors?

Gorgias: „Die wichtigsten, o Sokrates, unter allen menschlichen, und die herrlichsten!" (451 d)

Das sagt dem Sokrates nichts. Die Medizin sei wichtig, auch das Geschäftsleben, aber Arzt wie Kaufmann dächten eher verachtungsvoll von den Rhetoren.

> Sokrates: „... beantworte uns, was das ist, wovon du behauptest, es sei das größte Gut für die Menschen und du dessen Meister!"
>
> Gorgias: „Was in der Tat das größte Gut ist, ... kraft dessen die Menschen sowohl selbst frei sind als auch über andere herrschen, jeder in seiner Stadt."

Wir sind also in der Stadt (polis) und deren bewegter Ordnung, der Politik, und bei den zwei wichtigsten Zielen jeder Politik: Freiheit! (für sich) – Herrschaft! (über andere). Diesen Zielen stellt sich die Redekunst zur Verfügung: technisch, instrumental, bedenkenlos. Es ist zwingend, daß Sokrates die Frage nach der Moral aufwerfen wird. Und er wird in der Rhetorik zugleich die Demokratie treffen wollen, in der jene erst ihre Bedeutung erlangt (in der Tyrannis analog das Problem des Beraters). Doch vorher muß Gorgias noch die durch ihn erreichbaren Effekte genauer schildern:

> „Wenn man durch Worte zu überreden imstande ist, sowohl vor Gericht die Richter als in der Ratsversammlung die Räte und in der Gemeinde die Bürger und so in jeder anderen Versammlung, die eine politische Versammlung ist. Denn hast du dies in deiner Gewalt, so wird der Arzt dein Knecht sein ... (jeder andere Fachmann auch) ... und vom Kaufmann wird sich zeigen, daß er für andere wirtschaftet, nicht mehr für sich selbst, sondern für dich, der du verstehst zu sprechen und die Menschen zu überreden." (452 e)

In diesem wichtigen Text wird an erster Stelle vom Gericht gesprochen. Dabei darf man nicht an unsere kleinen Gremien von Fach-Juristen denken. Die Demokratie im Athen des 5. Jahrhunderts bestimmte auch das Justizwesen (anders als bei uns, die wir hier das aristokratische Prinzip walten lassen). Das Gericht war ein *Laiengericht*, eine Bürgerversammlung, deren Mitglieder durch Los berufen wurden (Aristoteles, Der Staat der Athener, 27, 4). Viele Mitglieder: Das Todesurteil gegen Sokrates wurde von 501 – oder sogar 701 – Richtern gesprochen! Seine „Apologie" ist ohne diesen hinzugedachten Hintergrund nicht verständlich. (Finley)

Im folgenden hat Sokrates es leicht, Blößen des Gorgias aufzudecken. Dessen Reden sei doch eigentlich ein Überreden? (453 a) – Ja. – Ein

Überreden in welchem Bereich? – ... in Beziehung auf das, was Recht und Unrecht sei, (454 b) was gerecht und ungerecht. – Gorgias macht sich stark, das politisch Richtige, das, was im Staat geschehen soll, mit seinen Mitteln herauszufinden, und in Kraft zu setzen. Nur hat er kein materiales Prinzip genannt, das ein Kennen (Erkennen) des Richtigen ermöglichte, ein Ausscheiden des Unrichtigen. Es drängt sich auf, ihn erkenntnistheoretisch zu examinieren.

> Sokrates: „Ist es für dich dasselbe, erkannt zu haben und zu glauben? Erkenntnis und Glaube, einerlei? Oder verschieden? (454 d)

Gorgias räumt den Unterschied von Wissen und Glauben ein, noch bestärkt durch den Hinweis, daß man zwar von einem falschen Glauben, nicht aber von einer falschen Erkenntnis sprechen könne: Eine falsche Erkenntnis sei keine. (Vgl. den Sprachgebrauch des BGB, wo „Glauben" mit Irrtum gleichgesetzt wird, so in § 932, womöglich sogar bei „Treu und Glauben", worauf man sich auch erst beruft, wenn man sich geirrt hat, nämlich in der Treue des Partners.)

> Sokrates: „... wir sollten also von zwei Arten der Überredung ausgehen, von einer, welche Glauben hervorbringt ohne Wissen, die andere aber Erkenntnis." (454 e)

Gorgias stimmt unvorsichtigerweise zu, er merkt nicht, wie sehr diese scheinbar theoretische Distinktion am Podium rüttelt, von dem er seine Reden schwingt.

> Sokrates: „Welche von beiden Überredungen bewirkt nun die Redekunst an der Gerichtsstätte und in den anderen Volksversammlungen? ... Entsteht aus ihr Glauben (ohne Wissen) oder Wissen?" (454 e)

Wenn jetzt Gorgias die matte Antwort gibt „... offenbar (!) ... Glauben," so hat er das Spiel verloren. Obwohl er sich besser hätte verteidigen können! Es ist intellektuell sehr reizvoll, Argumente *für* den offenbar überforderten Gorgias zu sammeln. Ironisch hat sich die Beziehung umgekehrt: Sokrates legt sophistische Fallen, der große Sophist tappt hinein. Seine jämmerliche Lage wird in Worte gefaßt.

> Sokrates: „Die Redekunst also, Gorgias, ist, wie es scheint, Meisterin in einer glaubenmachenden, nicht in einer zu Wissen führenden Überredung in Bezug auf Gerechtes und Ungerechtes?"
>
> Gorgias: „Ja."

> Sokrates: „Also *belehrt* der Redner nicht in Gerichtssälen und anderen Versammlungen über Recht und Unrecht, sondern macht nur glauben. Auch könnte er wohl nicht eine so große Menge in so kurzer Zeit belehren über so wichtige Dinge ..." (455 a)

Der Nachsatz weist auf zwei neue Momente hin: Einmal auf den Unterschied zwischen geduldiger, wissenschaftlicher Erforschung der Wahrheit und situationsgebundener politischer Taktik; also auf einen typischen Gegensatz von Wissenschaft und Politik; zum anderen auf die Masse als den Resonanzboden des politischen Redners. Ohne diesen Resonanzboden kann kaum ein Redner politisch' Lied tönen lassen. Im Bann des Sokrates findet Gorgias an der ihm zugewiesenen Rollenbeschreibung mehr und mehr Geschmack, will sogar noch etwas drauflegen:

> „Es versteht, das ist ganz richtig, der Redner gegen alle und über alles so zu reden, daß er den meisten Glauben beim Volk findet, über alles – kurz gesagt – worüber er nur will." (457 a)

Sachentscheidungen in der Politik, getroffen aus dem Urteil des Fachmannes, würden stark überschätzt. Es sei zwar richtig, daß die guten Befestigungsanlagen Athens (die lange Mauer, den Hafen Piräus einschließend) auf die Entscheidung des klugen Themistokles zurückgingen, des Fachmannes für alle militaria. Doch wer habe Themistokles erst in sein Amt berufen? Das Volk! Und wer habe das Volk zu dieser Wahl bewogen? die Redner!

> Gorgias: „Wenn eine Wahl solcher Männer zur Entscheidung steht, ... so siehst du doch, daß die Redner die Ratgebenden sind und ihre Meinung sich durchsetzt."
>
> Sokrates: „... ganz dämonisch groß dünkt sie mich [deine Redekunst], wenn ich es so überlege." (456 a)

Dieses zweifelhafte Kompliment läßt bei Gorgias letzte Hemmungen fallen. Er hat kein Empfinden dafür, daß es jedem Hörer, der Politik weniger betreibt als erleidet, Angst und Bange werden muß bei seinen Worten.

> „Ja, ich behaupte, es möge in eine Stadt, wohin du willst, ein Rhetor kommen und ein Arzt, und wenn sie vor der Gemeinde oder sonst einer Versammlung redend durchfechten müßten, welcher von beiden zum Arzt gewählt werden sollte: so würde nirgends an den Arzt gedacht werden; sondern der zu reden versteht, der würde gewählt werden, wenn er nur wollte." (456 b)

Die Redekunst sei eine *Kampfkunst*, sie habe den Angriff zu lehren und die Verteidigung. (456 d) Der Rhetor stehe darin dem Fechtmeister und dem Lehrer im Ringen und Boxen gleich. Wenn ein Schüler gelegentlich der schlechten Sache zum Sieg verhelfe, so könne das weder gegen den Lehrer noch gegen die Lehre vorgebracht werden. (457 b)

Dieses naive Bekenntnis zum Erfolgsdenken, zum taktischen Einsatz des Gedankens, widerstrebt Sokrates zutiefst. Das politische Denken scheint sich als schlichtes Gegenteil des philosophischen zu enthüllen. Er richtet an Gorgias die Frage, die schon mancher gern manchem Politiker gestellt hätte: ob dieser überhaupt gewillt sei, sich widerlegen zu lassen.

> Sokrates: „Ich fürchte, wenn ich dich widerlege, daß du denken könntest, es ginge mir nicht um die Sache, die uns klar werden sollte, sondern um die Person. Bist du überhaupt so geartet wie ich? ... [Nämlich:] Einer von denen, die sich *gern* widerlegen lassen, wenn sie etwas Unrichtiges sagen ... Denn für ein größeres Gut halte ich jenes [das Sich-Widerlegen-Lassen im Gegensatz zum Widerlegen] deshalb, weil es ja besser ist, selbst von einem großen Übel befreit zu werden, als einen anderen davon zu befreien." (458 a)

Schärfer:

> „Denn nichts, denke ich, ist ein so großes Übel für den Menschen, als irrige Meinungen zu haben über das, worüber wir jetzt reden. Nimmst du für dich in Anspruch, ein solcher zu sein [der prinzipiell bereit ist, sich widerlegen zu lassen], so wollen wir weiter reden. Scheint es dir aber, daß wir es besser ließen, so wollen wir uns verabschieden und die Untersuchungen beenden." (458 b)

Der Dialog (ein heute leider durch Mißbrauch entwertetes Wort, s. den „Dialog" mit Computern) zwischen Philosophie und politischer Rhetorik droht zu scheitern. Dies wäre ein klassisches Unglück im Verhältnis von Philosophie und Politik. Gorgias läßt sich darauf ein, das Gespräch fortzusetzen. Seine Bereitschaft wird er, nach der Entwicklung der Dinge, zu bereuen haben. Sokrates zwingt ihn zu bemerkenswerten Geständnissen wie zu dem, zum richtigen Erfolg einer politischen Rede gehöre, daß weder der Redende noch die Gemeinschaft der Hörenden etwas von der Sache versteht. Sokrates:

> „Die Sachen selbst braucht sie [die Redekunst] nicht zu kennen, wie sie sich verhalten, sondern sie muß nur einen Kunstgriff der Überredung gefunden haben, so daß sie das Ansehen bei den Nichtwissenden gewinnt, mehr zu wissen als die Wissenden." (459 b)

Eine *Geschicklichkeit* sei allenfalls die Rhetorik, keine Kunst: so legt Sokrates seine Einschätzung offen. (462 c) Eine Geschicklichkeit, die wie die Kosmetik über die wahre Beschaffenheit des Körpers hinwegtäusche, wie die Kochkunst über die wirkliche Bekömmlichkeit der Speisen. Ihr innerstes Geheimnis sei *Schmeichelei.* Zwar müsse auch der Rhetor eine gewandte, mutige und von Natur zum Umgang mit Menschen befähigte Seele haben wie sonst der Staatsmann, aber doch sei die Rhetorik

> „... von einem Teile der Staatskunst nur das Schattenbild." (463 d)

„Schattenbild", das ist in Platons Sprache ein wichtiges Wort, früher Hinweis auf die später zu entwickelnde Ideenlehre. Die Wirkung des politischen Redners ziele auf ein „scheinbares Wohlbefinden" (464 a), eine falsche Zufriedenheit. Die Rechnung werde der auf den Redner hörende Bürger alsbald einlösen müssen, wie der Essende, der mehr seinen Koch schätzt als seinen Arzt.

Hier meldet sich ein fast vergessener Gesprächsteilnehmer, nämlich *Polos*, der nunmehr glaubt, für Gorgias eintreten und etwas retten zu können. Er wird von Sokrates so eingeseift, daß man über alle Jahrhunderte hinweg mit Polos nur Mitleid haben kann. Er – Polos – wagt sich mit seinen sehr durchschnittlichen geistigen Kräften an das Recht/Macht-Problem. Unsere Redner, so will er wohl sagen, die mag man kritisieren, aber: bewirken sie nicht *viel*?

Sokrates hilft Polos erst einmal dabei, dessen gefühlsmäßige Wallung in kritisierbare Form zu bringen. Daß man den geistigen Gegner, objektiv und selbstlos, erst einmal unterstützt, so weit zu kommen, daß eine Auseinandersetzung überhaupt möglich wird, das ist ein schönes, sportlich-faires Prinzip, dessen Urheberrecht Sokrates für alle Ewigkeit gebührt [Popper, in den 40er Jahren, hatte es fortgeführt].

Polos: Der Redner wirke doch auf die Staatsmacht ein; und was die Staatsmacht bewirke, das sei doch Recht; also sei das, was der Redner bewirke, *Recht.* Noch nicht einmal das kleine Ein-Mal-Eins der Macht/Recht = Dialektik ist unserem Polos bekannt! Sokrates hält ihm eine konkrete Situation vor Augen:

„Wenn ich auf dem vollen Markt mit einem Dolch unter dem Arm zu dir spräche: O Polos, zu einer wie wunderbaren Gewalt und Herrschaft bin ich jetzt gelangt! Denn wenn es mir gefiele, daß irgendeiner von diesen Menschen, die du hier siehst, sogleich sterben sollte: So wird der tot sein, von dem es mir gefällt ... Soviel Macht habe ich in dieser Stadt! ... Aber heißt das wirklich mächtig zu sein, auf diese Art zu tun, was einem gut dünkt?" (469 e)

Die Problemstellung mündet ein in die jeden Staat betreffende Legitimationsfrage, die Thrasymachos noch schärfer stellen wird.

Was Gorgias – sei es der historische, sei es der platonische Gorgias – neu in die Staatsphilosophie eingeführt hat, ist verallgemeinert das Problem der Taktik. Für den Staatsmann, so belehrt er uns, genügt es keineswegs, das Beste zu wollen und viel zu können, er muß an die Macht kommen und sich in der Macht halten. Von der dafür erforderlichen Technik ist die Redekunst ein Teil, und sie ist, wenn wir Gorgias glauben wollen, so wichtig, daß der gute Wille und das hohe Können demgegenüber kaum noch Gewicht haben. Maßgebend ist allein der Erfolg; jedem Versuch einer ethischen Problematisierung begegnet Gorgias mit blankem Unverständnis. Wenn es so ist, daß der von ihm geschulte Redner bei der Masse nur Illusionen erzeugt: Na wenn schon! (Beinahe: Um so besser!).

Die Demokratie ist kaum geboren, da zeigen sich auch schon die ihr eigenartigen Gefahren. Die menschliche Vernunft, auf den Thron gehoben an die Stelle religiöser Überlieferung, erweist sich als wankelmütig und beeinflußbar. Schnell bieten sich Virtuosen an, auf diesem Instrument zu spielen, mit Freude am Effekt, gleichgültig für die weiteren Wirkungen ihres Spiels. Was Adorno und Horkheimer später „Dialektik der Aufklärung" nennen, ist so früh nachweisbar.

Jahrhunderte nach Gorgias wird *Macchiavelli* beträchtliche Aufregung verursachen, wenn er dem Fürsten zum Zwecke der Machterlangung oder -erhaltung jede Lüge erlaubt. Noch später wird *Lenin* sagen, daß der Wille zur Revolution jede List und jede Verstellung rechtfertige. Und im Deutschland der Nazi-Zeit nannte sich ein Ministerium ungescheut Propaganda-Ministerium (noch schlimmer: „für Volksaufklärung und Propaganda").

IV. Kallikles und das Recht des Stärkeren

Hatten wir in Protagoras einen echten Volksfreund kennengelernt (in Gorgias einen scheinbaren), so müssen wir uns jetzt mit jemandem befassen, der das Volk, jedenfalls dessen Mehrheit, die große Menge, *verachtet.* So jedenfalls tritt uns Kallikles im platonischen Dialog Gorgias entgegen (selbst kein Sophist, deren eitler Gastgeber). Er nimmt Anstoß daran, mit welcher Selbstverständlichkeit die anderen Teilnehmer an diesem Dialog von der Alternative Recht/Unrecht ausgehen und mit welcher weiteren Selbstverständlichkeit sie Unrecht als „gegen die Gesetze verstoßend" begreifen. Dem hält er seine radikale Kritik entgegen:

> „Diejenigen, die die Gesetze geben, das sind die Schwachen und die große Masse. In bezug auf sich selbst und auf das, was ihnen nützt, bestimmen sie die Gesetze und das Gute, das gelobt und das Schlechte, das getadelt werden soll."

Kallikles zieht die legislatorische Berechtigung der demokratischen Mehrheit in Zweifel, er deckt eine Legitimationsschwäche auf. Der methodische Ansatz, mit dem er das erreicht, wird später rechtssoziologisch genannt werden. Denn rechtssoziologisch war in unseren 70er Jahren die Vermutung (Verdächtigung), das richterliche Verhalten lasse sich aus der Herkunft der Richter erklären, z.B. aus ihrer Herkunft von der Oberschicht. So erklärt Kallikles das gesetzgeberische Verhalten aus zwei soziologischen Thesen, daß (1) die Mehrheit des Volkes aus den schwächeren, weniger leistungsfähigen Genossen bestünde und daß (2) diese Mehrheit diese ihre Eigenschaften zum Maßstab nehme für alle. Wenn man so weit gegangen ist, führt ein kleiner Schritt zur demonstrativen Hochhaltung des Leistungsprinzips, zur Kritik sozialistischer Ideen, vornehmlich der Gleichheit:

> „Um leistungsfähigere Menschen, die mehr erreichen könnten, in Furcht zu halten, damit diese nicht mehr haben mögen als sie selbst, sagen sie (die Gesetzgeber), es sei häßlich und ungerecht, für sich immer auf mehr auszugehen; und das sei nun das Unrecht, wenn man sucht, mehr zu haben als die anderen. Denn sie selbst, meine ich, sind ganz zufrieden, wenn sie nur gleiches erhalten, da sie die Schlechteren sind." (483 c)

Damit hat Kallikles ein politisches Argumentationsschema von Langzeitwert entdeckt. Dies ist besonders erstaunlich, weil er zwar den demokratischen Staat kannte, doch den Sozialstaat noch nicht kennen konnte. Leicht hört man in seiner Klage den heutigen Unternehmer, der über Steuern, Mitbestimmung, bürokratische Hindernisse klagt. Kallikles hat offenbar die im demokratischen Staat angelegten sozialstaatlichen Tendenzen herausgeahnt, ihrer Realisierung schon Flüche vorweggeschleudert. Der Typus einer politisch „rechten" Argumentation wird uns bei Cicero noch beschäftigen, hier ist er vorgebildet.

Staatsphilosophisch noch dramatischer wird es, wenn Kallikles die *Natur* für seine zweifelhaften Ansichten einspannt, dadurch zum Begründer eines frühen Naturrechts wird, das eigentlich jeden künftigen Naturrechtler hätte abschrecken müssen.

> „Die Natur selbst, denke ich, beweist, daß der Edlere mehr habe [haben soll] als der Schlechtere und der Tüchtige als der Untüchtige" (483 d)

Kallikles verweist auf die Kriege, z.B. den Krieg des Xerxes gegen Hellas. Alle Kriege stünden offenbar unter dem Gesetz des Stärkeren. Wenn die Staatsmänner danach handeln, dann

> „... tun sie dieses der Natur gemäß, und, beim Zeus, auch dem Gesetz gemäß, nämlich dem der Natur ..."

Damit wird die Doppelbedeutung des Ausdrucks „Gesetz" (Naturgesetz/Rechtsgesetz) rhetorisch ausgebeutet. Der nächste Hieb ist weniger außen- als innenpolitisch gedacht:

> „... aber freilich nicht nach dem Gesetz, welches wir selbst willkürlich machen, die wir die Besten und Kräftigsten unter uns gleich von Jugend an ... knechtisch einzwängen, indem wir ihnen vorsagen, alle müßten gleich haben, und dies sei eben das Schöne und Gerechte." (483 e)

Für ihn sind schon Erziehung und Lehre viel zu sehr vom Egalitätsdenken bestimmt, darauf gerichtet, „das Löwenjunge" nimmermehr zum Löwen werden zu lassen.

Sein Gegenmodell ist von kruder, schon fast wieder unphilosophischer Eindeutigkeit.

> „Wenn aber, denke ich, jemand mit einer richtig tüchtigen Natur zum Manne wird: so schüttelt er das alles ab, reißt sich los, durchbricht und zertritt alle unsere Schriften und Gaukeleien und Beschwörungen und unnatürlichen Gesetze und steht auf,

> offenbar als unser Herr ..., und eben darin leuchtet hervor das Gesetz der Natur." (484 a)

Kallikles macht es uns leicht, einen Steckbrief für seinen Typ, der schon eher rechts-extrem als rechts ist, zu entwerfen. Kallikles ist gegen demokratische, für autoritäre Herrschaft. Er glaubt an den starken Mann. Diesem räumt er pauschal ein das Recht auf gewaltsame Lösungen, fahrlässigerweise ohne zu sagen, wer genau durch welche Eigenschaften die Voraussetzungen der „tüchtigen Natur" erbringt. Der Triumphzug des Siegers werde dies nachträglich erweisen, meint er wohl.

Der demokratisch eingestellte Leser wird sagen, daß tiefer als mit Kallikles die Philosophie des Staates nicht sinken könne, abgesehen von den Gedanken Nietzsches über Herrenmoral und Sklavenmoral. Diese Parallele findet sich auch bei Camus, Der Mensch in der Revolte, 1951/53, im Abschnitt „Die Söhne Kains". Aber nachdenken darf man darüber, aus welchem Grund die Position des Kallikles immer wieder Anhänger findet. In jeder Regierungserklärung einer jeden im Staatsstreich erfolgreichen Militär-Junta wird Kallikles berufen, natürlich nicht namentlich. Platon hat im „Staat" auf eine gefährliche Dialektik hingewiesen: je demokratischer eine Demokratie sei, desto attraktiver werde die Lösung des Kallikles, diese Demokratie auszuhebeln.

Sokrates, auf zauberhaft ironische Art, schlägt Kallikles mit dessen eigenen Waffen: Der Stärkere sei besser als der Schwächere? – Kallikles: Aber ja! – Die Mehrheit der Stimmen gäbe doch nach der Verfassung Athens den Ausschlag? – Kallikles: Ja. – Also sei die Mehrheit der Stärkere? – Ja. – Also auch der Bessere? ... (vgl. 488 a - 489 b)[2].

Am Ende muß Kallikles einräumen, daß bloße Körperkraft seinen Natur-Helden nun auch nicht ausmachen könne.

> „Oder glaubst du, ich meine, wenn sich ein Haufen Knechte versammelt oder allerlei andere Leute, an denen weiter gar nichts ist, als daß sie vielleicht körperliche Kräfte haben, und damit auch drohen, daß dann eben dieses [was sie erpressen wollen] das Gesetzliche sei?"

---

2 Es ist aber leicht zu sehen, daß dem nur ein Begriffsaustausch von natürlicher Stärke/rechtlicher Stärke zugrundeliegt.

(Dieser Unterschied zwischen der Staatsgewalt und der erpresserischen Gewalt beginnt sich in unserer Zeit gehäufter Geiselnahmen zu verwischen.) Was aber dann, fragt Sokrates, worauf soll es ankommen? Auf die höhere Einsicht, die größere Tapferkeit? Darauf will sich *Kallikles* nicht festlegen lassen, schließlich in die Enge getrieben, bricht er aus wie folgt:

> „... wer richtig leben will, muß seine Begierden so groß werden lassen wie nur möglich und darf sie nie einzwängen. (492 a) Dazu aber sind die meisten nicht imstande. Deshalb genau tadeln die meisten, ihr eigenes Unvermögen verbergend, die Ungebundenheit; und weil sie selbst, auf diesem Wege, doch nie Befriedigung erlangen können, so loben sie lieber die Besonnenheit, ihres eigenen Unvermögens nur allzusehr bewußt. (492 b)

Zur Illustration kommt, so lange schon vor Nietzsché, eine Renaissance-Fürsten-Vision:

> „Denn, die entweder schon Söhne von Königen waren oder sich kraft eigener Natur ein Reich, eine Macht, eine Herrschaft gründen konnten: was wäre für sie wohl übler und hinderlicher als die (sog.) Besonnenheit? Damit würden sie sich nur einen neuen Herren setzen, der sie daran hindern kann, alle Güter zu genießen: ... des großen Haufens Gesetz, Geschwätz und Gericht."

Des großen Haufens Gesetz, Geschwätz und Gericht: das also ist die Rechtsordnung in der Sichtweise des Kallikles.

V. Thrasymachos, ein theoretischer Anarchist

Auch das Denken des Thrasymachos kreist um den Stärkeren im Recht, seine Konsequenzen werden noch bitterer sein als die des Kallikles.

Thrasymachos bestimmt im ersten Buch des „Staat" den Dialog so stark, daß nach der Forschung dieser ursprünglich selbständige Teil seinen Namen getragen hat. Diskutiert wird über das Wesen der Gerechtigkeit. Zu dieser Frage war man auf Umwegen gelangt: zuerst wurde vom Alter gesprochen, seinem Schrecken und seinen Vorzügen[3]; dann über den Reichtum, der doch auch das Alter erträglicher

3 Der greise Sophokles hebt als Vorzug des Alters hervor, von der Sexualität, „wie von einem wilden und strengen Herrn", endlich frei zu sein.

mache; dann darüber, wieviel leichter es einem Reichen doch falle, gerecht zu handeln und immer ein gutes Gewissen zu haben. Ein Reicher gerate erst gar nicht in Versuchung, „Brot zu stehlen oder unter den Brücken zu schlafen" (so eine viel spätere, das Problem weiterführende Formulierung von Anatole France). Damit war das Stichwort „Gerechtigkeit" gefallen: was bedeutet es eigentlich? Darüber stellen Sokrates und die Gefährten einige etwas idealistische Betrachtungen an, bis Thrasymachos es einfach nicht mehr aushält, weiter zu schweigen. „Er konnte nicht länger Ruhe halten, sondern raffte sich auf und kam auf uns los, recht wie ein wildes Tier, um uns zu zerreißen: in was für leerem Geschwätz seid Ihr doch schon lange befangen, Sokrates?" (336 b) (Den „Staat" läßt Platon von Sokrates als Ich-Erzähler bringen.) Ein so heftiger Angriff läßt sich nur rechtfertigen durch einen einigermaßen interessanten Beitrag zur Sache. Thrasymachos:

> „Ich nämlich behaupte, das Gerechte sei nichts anderes als das dem Stärkeren Zuträgliche." (338 c)

Sokrates versucht zuerst, dies ins Lächerliche zu ziehen: ob, wenn dem starken Athleten Polydamas Rindfleisch sehr zuträglich sei, es dann gerecht sei, wenn wir alle Rindfleisch äßen? Thrasymachos muß also deutlicher werden: eine Demokratie gäbe sich demokratische, eine Tyrannis tyrannische und die Aristokratie aristokratische Gesetze.

> „Und indem sie sie so geben, zeigen sie also, daß dieses ihnen Nützliche das Gerechte ist für die Regierten. Und den dieses Übertretenden strafen sie als gesetzwidrig und ungerecht handelnd."

Ergebnis: Es sei in allen Staaten das der herrschenden Gewalt Zuträgliche gerecht. Entgegengehalten wird ihm, ob nicht der gerechte Staatsmann, ebenso wie der gute Hirte, weniger an sein eigenes Wohl als an das der ihm Unterstellten denke. Hier bricht Thr. schon wieder einmal aus. Wie könne man nur so naiv sein, zu glauben,

> „... daß die Schäfer und Hirten das Gute für die Schafe und Rinder bedenken, und, wenn sie sie fett machen und pflegen, auf etwas anderes sehen als was gut ist für ihre Herren und für sie selbst: die Tiere zu schlachten." (343 b)

So dächten auch die Regierenden „bei Tag und bei Nacht" nur an ihren eigenen Vorteil. Weit habe sich Sokrates von der Erkenntnis der Gerechtigkeit entfernt, wenn er nicht wisse,

> „..., daß die Gerechtigkeit und das Gerechte eigentlich ein fremdes Gut ist, nämlich des Stärkeren und Herrschenden Nutzen, des Gehorchenden und Dienenden aber eigener Schade.“ (343 c)

Bei jedem Rechtshandel stünde am Ende der Ungerechte besser da als der Gerechte: bei Verträgen wisse er besser zu übervorteilen, in Steuersachen weniger zu zahlen, und bei der Verwaltung eines Amtes werde er volle Taschen bekommen, während der Gerechte sich auch noch bei seinen Freunden verhaßt mache, weil er ihnen keine Gefälligkeiten erweise. Richtig glücklich aber werde der, der im Großen zu übervorteilen verstehe.

Wir müssen uns Thr. als einen bitter-traurigen Menschen vorstellen, einen gekränkten Idealisten, der gern die Welt von Gerechtigkeit erfüllt gesehen hätte, aber das Gegenteil erfahren hatte. „Die Götter“, so sagt er, „haben das menschliche Tun nicht im Auge; denn sonst hätten sie nicht das größte unter den Gütern der Menschen außer acht gelassen, die Gerechtigkeit; denn wir sehen die Menschen diese nicht anwenden“. (Diels S. 130, Fragment 8). Deshalb kann er nicht dulden, wenn andere von Gerechtigkeit so sprechen, als sei sie schon gegeben – er wird dann gereizt und zynisch, kann selbst Sokrates, den Meister der verwirrenden Frage, mit noch destruktiveren Fragestellungen verwirren.

> „Am leichtesten wirst du (gemeint Sokrates) es erkennen, wenn du dich an die vollendete Ungerechtigkeit hältst, welche den, der Unrecht getan, zum Glücklichsten macht, die aber das Unrecht erlitten haben und nicht wieder Unrecht tun wollen, zu den Elendesten. Dies aber ist die sog. Tyrannei.“ (344 a)

Der Tyrann handle klug und richtig, sich nicht im Kleinen fremdes Gut mit List und Gewalt zuzueignen, sondern gleich *insgesamt alles*!

> „... was, wenn es einer einzeln raubt und danach entdeckt wird, ihm die härtesten Strafen einbrächte. Denn Tempelräuber und Menschenhändler, Räuber und Betrüger und Diebe heißen die, die einzelne von den gleichen Übeltaten begehen. Wenn aber einer außer dem Vermögen seiner Mitbürger auch noch sie selbst in seine Gewalt bringt und zu Knechten macht, der wird stattdessen glückselig und preiswürdig genannt; nicht nur von seinen Mitbürgern, sondern auch von den anderen, sobald sie nur hören, daß er die volle Ungerechtigkeit begangen hat ...“ (344 c)

Ein scharfer, ein unerhörter Angriff! Der Staat, den man sich sonst als Hüter von Recht und Ordnung denkt, wird hier mit dem Kriminellen auf eine Stufe gestellt oder über diesen noch auf die höchste Stufe der Kriminalität! Der Ausdruck „Staatsgewalt" bekommt einen anrüchigen Sinn. Und wenn noch heute in den Büchern steht, daß der Staat das „Gewaltmonopol" für sich in Anspruch nehme, so wirkt dies aus Sicht des Thr. so, als wolle der Staat diese Untaten lieber selbst begehen als sie privaten Untätern zu gönnen. Der Begriff des Kriminellen wird noch zusätzlich relativiert: welches Verhalten der Staat „kriminalisiert", das tut er im Eigeninteresse, je nach seiner Interessenlage.

Nun wird man Thr. entgegenhalten, daß er, mit dem Blick auf die Tyrannis, nicht allgemein vom „Staat" sprechen dürfe. Aber wiederum ist richtig, daß, wenn es Tyrannen gibt und die von ihnen mit ihren Helfern und Helfershelfern veranstaltete Gewalt „Staat" genannt wird, dies die ganze Innung in Verruf bringt. Das *Völkerrecht* – das weniger ein Recht der Völker als der Staaten ist – hat sich bis heute mit der reinen Effektivität der Machtausübung begnügt und es abgelehnt, zusätzliche qualitative Bedingungen zu stellen, etwa im Sinne des Augustinus, der in Staaten ohne Gerechtigkeit nur große Räuberbanden (magna latrocinia) erkennen wollte (unten S. 151 ff.).

Anhang

Thrasymachos und der Marxismus

Am 6.12.1991 fand sich in der Tageszeitung DIE WELT auf S. 21 eine kühne Verbindung vom Denken des Thr. zu Marx. Hier ein Ausschnitt.

Ob es eine marxistische Rechtsphilosophie überhaupt je gegeben hat, ist höchst zweifelhaft. Zwar gibt es Unmengen bedruckten Papiers unter diesem Titel, aber sie enthalten kaum etwas anderes als Diffamierungen fremder und Lobhudeleien über eigene Rechtsordnungen. Das marxistische Wortgebräu gab sich als Philosophie, war aber eher eine Anleitung zur Bildung krimineller Vereinigungen und, nach deren geglückter Installierung an der Macht, zur Verschleierung ihrer Kriminaltaten.
Genau sind so die zynischen Vorschläge des Sophisten Thrasymachos verwirklicht: Der den erfolgreichen Weg beschreitende Kriminelle solle nicht im kleinen morden, stehlen und rauben; erst wer ein ganzes Land mit allen Gütern und Menschen geraubt und sich unterworfen

habe, könne dort ungestraft weiter kriminell sein, habe Aussicht auf höchste Ehren und ein Staatsbegräbnis.

Unter allen kriminalgeschichtlich bekannten Lösungen [für Thr.] ist der Marxismus die einzig wirklich geniale. Man formuliere folgende Lehre (kurzgefaßt): 1. Alle Besitzenden besitzen zu Unrecht; 2. Aller Besitz gehört dem Volk; 3. Wir nehmen diesen Besitz stellvertretend für das Volk an uns; 4. Das Volk hat uns dafür dankbar zu sein [und wird für uns arbeiten]; 5. Eventuelles Auftreten von Undankbarkeit wird in Lagern, psychiatrischen Kliniken [usf.] wirksam behandelt.

Eine „Lehre", die politisch und moralisch so katastrophal in sich zusammenbricht, kann auch philosophisch nicht wahr gewesen sein. Es handelt sich keineswegs um einen unverschuldeten Unglücksfall, einen Mißbrauch von Gedanken der edlen Menschenfreunde Marx und Engels. Wer ihren „Briefwechsel 1844 bis 1883 " liest, kann nur abgestoßen sein von soviel Gift und Häme, Diffamierung und Intoleranz, die noch nicht einmal vor antisemitischer Verunglimpfung halt macht (Lassalle = „Jüdel Braun"; „Jakob Wieseltier"; „Ephraim Gescheit"; „Baron Itzig"). Golo Mann charakterisierte richtig: „unreine Freude am Denken". In dem unbarmherzigen Zunichtemachen jedes geistigen Konkurrenten (wie Proudhon, Düring, Lassalle, Bebel) wurde die stalinistische „Säuberung" vorweggenommen. Man wußte, was man – einen künftigen Lenin vorausgesetzt! – anrichten werde, und freute sich auf die mephistophelische Zerstörung. Mißratene Söhne mußten sich an den allzu erfolgreichen unnahbaren Vätern rächen: am Notar Marx in Trier, am Fabrikanten Engels aus Wuppertal, an der „Bourgeoisie".

2. Teil

Von griechischer Klassik

I. Sokrates begründet die Menschenrechte

Am Anfang der abendländischen Rechtsphilosophie steht der Prozeß des Sokrates, im Jahre 400/399 vor Christus. Sokrates war also 70 Jahre alt, als man ihn wegen Gottlosigkeit und wegen Verführung der Jugend anklagte. Der Prozeß und die Verurteilung zum Tode gelten als denkwürdiges Beispiel für Ungerechtigkeit in Justizform; härter formuliert: für *Justizmord*. Jeder Freund des klassischen Athen kommt hier in Schwierigkeiten. Daß Sokrates vielen Leuten mit seinen radikalen Fragen auf die Nerven gehen durfte, auch den Herrschenden, war doch gerade der Ruhm dieses liberalen Staatswesens. Dessen Liberalität hatte, nur 50 Jahre zuvor, Perikles in einer schönen Rede – aus traurigem Anlaß, für die im griechischen Bruderkrieg Gefallenen – berufen, in große Form gebracht. Athens nunmehriger Verrat am Freiheitsgedanken kann nur erklärt werden aus dem gerade eben verlorenen peloponnesischen Krieg (404), dem Gefühl des Besiegt-Seins gegen alle historische Gerechtigkeit.

An dieser Niederlage war leicht jemand die Schuld zu geben, der die griechischen Götter, alle Tugendwerte rationalistisch in Frage gestellt hatte! Jedenfalls fand sich ein Ankläger, und, so dürftig die Anklage war, nach der bezaubernd ironischen, aber nun wirklich nicht geschickten Verteidigungsrede des Angeklagten (Apologie) die richterliche Mehrheit für die Todesstrafe. (Die „Apologie“ ist eine Anti-Argumentationslehre.)

Der Tod durch den Giftbecher ist nicht sofort vollstreckbar, sondern aufgrund religiöser Bräuche („das Schiff von Delos“) um einige Tage verzögert. Sokrates, im Kerker diesen Tod erwartend, überrascht und irritiert Freunde und Schüler schon wieder einmal, diesmal durch seine heitere Bereitschaft, das offenbar unvermeidlich Kommende entgegenzunehmen.

Am Vortage seines mutmaßlichen Todes erscheint sein Schüler Kriton, fest entschlossen, ihn zu retten. Er hat für alles gesorgt, die Wärter bestochen, den Weg gesichert, eine Geldsumme bereitgestellt. Ein kleiner Schritt: der Kerker ist vergessen.

Bekanntlich hat Sokrates diesen Schritt nicht getan. Sondern er verwickelt den erklärlicherweise ungeduldigen Kriton in ein Gespräch, dessen Resultat ist, daß ein Bürger Athens mit einigem Sinn für seinen Staat zu bleiben habe; auch jetzt; *gerade* jetzt.

In der Argumentation glaubt man den *wirklichen* Sokrates zu hören, den echten, den nicht von eigenen philosophischen Absichten des damals 27jährigen Berichterstatters Platon verfälschten. Dazu ist der Anlaß zu ernst, auch das sich stellende Problem.

Sokrates ringt seinem nervösen Gesprächspartner („Es ist nicht die Zeit, sich zu beraten, sondern sich beraten zu haben!") eine Reihe primärer Zugeständnisse ab; daß auch eine Notlage nicht das Prinzip der Sittlichkeit aufhebe; daß Unrechttun in jedem Falle verwerflich sei; daß erlittenes Unrecht (z.B. eine gesetzwidrige Verurteilung) für sich genommen noch kein eigenes Unrecht rechtfertige („... also weder wiederbeleidigen darf man, noch irgendeinen Menschen mißhandeln, und wenn man auch, was es immer sei, von ihm erlitten hat"); schließlich, daß man ein gegebenes Versprechen halten müsse (49 e). Damit hat Kriton den Disput eigentlich schon verloren. Sokrates leitet dessen Endphase ein mit einem poetisch schönen Bild, das uns sein Lebensgefühl als athenischer Bürger widerspiegelt: er läßt die Gesetze Athens wie menschliche Wesen auftreten und (mit-)disputieren, wobei die Gesetze zugleich auch [als hätte man Kelsen gelesen] der Staat sind.

> „Erwäge es denn so. Wenn, indem wir von hier davonlaufen wollten – oder wie man dies sonst nennen soll – die Gesetze kämen und das Gemeinwesen dieser Stadt und, uns in den Weg tretend, fragten: Sage mir, Sokrates, was hast Du im Sinne zu tun? Ist es nicht so, daß Du durch diese Tat, welche Du unternimmst, uns, den Gesetzen und also dem ganzen Staat den Untergang zu bereiten gedenkst, soviel an Dir ist? Oder kannst Du Dir vorstellen, daß ein Staat noch bestehe und nicht in volle Unordnung gerate, in dem die gesprochenen Urteile keine Rechtskraft haben, sondern von Einzelpersonen infrage gestellt und umgestoßen werden?" (50 b).

Kriton, von den Fluchtvorbereitungen noch erschöpft, jetzt eklatant geistig überfordert, hat nur noch ein Argument: das Gericht habe falsch entschieden, „die Klage nicht recht gerichtet".

Sokrates argumentiert dagegen nicht selbst, er läßt die Gesetze argumentieren, wobei, wie nebenher, die Vertragstheorie der Rechtsordnung entsteht: ein *Abkommen* sei es, das Bürger und Staat geschlossen hätten: der Staat werde für Ruhe sorgen, durch bindende Entscheidung aller auftretenden Konflikte, der Bürger werde den Gesetzen des Staates gehorchen.

Damit wird ein großer Gedanke in die Geschichte der Staatsphilosophie eingeführt oder, wenn ihn schon Sophisten vertreten hatten, in den Mittelpunkt gerückt. Die Staat/Bürger-Beziehung als *Vertrag* zu sehen ist, typisch sokratisch, doppeldeutig: auf den ersten Blick rechtfertigend und affirmativ, auf den zweiten Blick revolutionär, weil dieser „contrat social“ allen Einwendungen aus der Dogmatik des Vertrages ausgesetzt wird: Anfechtung wegen Irrtums, wegen Täuschung oder Drohung; Nichtigkeit bei Ausbeutung einer Notlage, bei späterem Wegfall der Geschäftsgrundlage („clausula rebus sic stantibus“). Also sind das Widerstandsrecht, die Justifizierung des Tyrannenmordes, der gewaltsamen Revolution mögliche Implikationen dieser Theorie. Mit der Wendung „... dem ganzen Staat den Untergang bereiten“ wird auch die charakteristische Verletzlichkeit eines liberalen, auf demokratischen Konsens gegründeten Staatswesens ausgesprochen: ein bloßer Sinneswandel genügt, sofern er die Mehrheit für sich gewinnt, und alles bricht ein; die noch Staatstreuen begreifen nicht, wie der Gegenstand ihrer Treue sich so schnell verflüchtigen konnte.

Sokrates will aber nur Verdienste der athenischen Gesetze ansprechen: das Familienrecht habe ihm schon beim Zur-Welt-Kommen den Status eines ehelichen Kindes verschafft, ihn also vom juristischen Standpunkt aus gesehen *geboren*, die Gesetze über die Schulbildung hätten für seine geistige Reifung gesorgt, ihn also eigentlich aufgezogen. Das Staat/Bürger-Verhältnis wird hier, in autoritärer Abwandlung des Vertragsmodells, dem Eltern/Kind sowie dem Lehrer/Schüler-Verhältnis gleichgestellt, eine Gleichstellung, aus der später Nietzsche die Wahrheit ableiten wird, daß die Demokratie im Staate eine Demokratisierung von Familie sowie von Schule und Hochschule notwendig nach sich zieht[1].

Sokrates läßt, verdoppelt ironisch, die Gesetze ironisch gegen sich argumentieren:

1 Vgl. meinen Aufsatz „Nietzsches ‚Blick auf den Staat‘“, Festschrift *Gerhard Müller* 1981, S. 823, 826. Nietzsche gehört zum Thema, weil er lebenslang den Ehrgeiz hatte, der letzte und eigentliche Vorsokratiker zu sein.

> „oder bist Du so weise, daß Du nicht weißt, wieviel höher als Vater und Mutter und alle anderen Vorfahren das Vaterland geachtet ist und um wieviel ehrwürdiger und heiliger bei den Göttern und bei allen Menschen, welche Vernunft haben?" (31 a).

Also soll Kriton auch zustimmen dem Satz, daß

> „... Gewalt nicht ohne Frevel gebraucht werden kann gegen Vater und Mutter und noch viel weniger als gegen sie gegen das Vaterland" (51 b).

und („Was sollen wir hierauf sagen, o Kriton?") dieser stimmt natürlich zu.

Sokrates könnte hier die gewonnene Partie abbrechen, aber er eröffnet eine neue gedankliche Linie, mit neuer, immens gesteigerter Problematik. Kriton ist nur scheinbar sein Dialog-Partner, er darf dabeisein bei einem sokratischen In-sich-Dialog. Das bisherige Denk-Ergebnis hätte man positivistisch nennen können: „Hier sind wir, die Gesetze, also gehorche!" Aber: hängt nicht doch die bürgerliche Gehorsamspflicht von der Beschaffenheit dieser Gesetze ab? Sind nicht qualitative Anforderungen zu stellen? Sokrates stellt sie, indem er vordergründig nur den Gesetzen neue Argumente für ihren Anspruch auf Bürger-Gehorsam in den Mund legt, genau bedacht diesen Anspruch relativiert.

> „Wir, die wir [...] alles Gute, was wir konnten, Dir und jedem Bürger getan haben, halten es so, daß jeder Athener jederzeit die Freiheit hat – nachdem er den Zustand der Stadt und uns, die Gesetze, kennengelernt hat – [...] das Seinige zu nehmen und fortzugehen, wohin er nur will. Keins von uns Gesetzen steht ihm im Wege [...]. Wer aber von Euch geblieben ist, nachdem er gesehen hat, wie hier Prozesse geführt werden und sonst die Stadt verwaltet wird, von dem behaupten wir dann, daß er uns durch sein Verhalten versprochen habe, zu tun, was wir nur immer befehlen". (51 d).

Zumal noch, so sagen die Gesetze, „wir" zuerst als Gesetzesvorschläge eingebracht und zur allgemeinen Diskussion gestellt worden sind, also nicht autoritär angeordnet: jeder Bürger hat die Chance gehabt, den Gesetzgeber von etwas Besserem zu überzeugen (51 e). Wäre es also nicht so, daß Du, als weglaufender Sokrates

> „... Deine Verträge mit uns und Deine Versprechungen übertrittst, die Du doch nicht gezwungen abgelegt hast noch über-

> listet noch' unter dem Druck, Dich in kurzer Zeit zu beraten, sondern siebzig Jahre lang, während derer Du hättest fortgehen können?"

Du aber hast

> „ – weder Sparta vorgezogen noch Kreta [...], noch irgendeinen von den hellenischen Staaten oder von den unhellenischen, sondern weniger hast Du Dich von hier entfernt als Lahme, Blinde oder andere Verstümmelte" (52 e).

Probleme des Emigranten (53 a - 54 c) werden ihm noch zusätzlich vor Augen gehalten, einige könnten Brechts Flüchtlingsgesprächen entnommen sein [„... was denn tun als schmausen in Thessalien?" 53 e], aber davon wird nur die denkerische Intensität von 51 d/e abgeschwächt. Hier hat nämlich Sokrates als Bedingung für seinen Gesetzesgehorsam das erdacht und formuliert, was wir später die Menschenrechte nennen werden: die Minimalbedingung für Gesetzesgehorsam. Ein Staat, der diese Bedingung nicht erfüllt, ist kein Staat des Rechts, sondern ein Staat des Unrechts. Die harte Testfrage des Thrasymachos, wodurch die Gewalt des Staates sich von der Gewalt des Verbrechers unterscheide, kann der Unrechtsstaat nicht beantworten, er scheitert an dieser Frage. Und darin liegt auch die Antwort auf die Frage des Thr. –

Ob er das Rechte erkannt habe, läßt Sokrates nach seiner Art offen:

> „Dies, lieber Kriton, mein Freund, glaube ich zu hören, ähnlich wie die, die das Ohrensausen haben, die Flöte zu hören glauben". (54 d).

Kriton fällt absolut nichts mehr ein, sein Lehrer wird am Abend des folgenden Tages eigenwillig sterben. Kriton muß sich als gescheitert fühlen, wird nicht gemerkt haben, wieviel Erkenntnis das Gespräch erbracht hat.

Sokrates hatte keineswegs einen unbedingten, positivistischen Gesetzesgehorsam erklärt[2], sondern einen bedingten. Er stellt qualitative Forderungen an die Gesetze, denen er gehorchen soll. Nämlich folgende Forderungen: einmal müßten Gesetze und Gerichtsverfahren jedem Bürger bekannt sein: *Informationsfreiheit*, *Öffentlichkeit*. Dann müsse jeder die Chance haben, den Gesetzgeber von besseren Gesetzen zu

2 So aber *H. Honsell*, Das Gesetzesverständnis in der römischen Antike, Festschrift H. Coing 1982, 129, 145.

überzeugen: *Meinungsfreiheit*, ein Minimum demokratischer *Mitwirkung*. Schließlich müsse jeder Bürger, dem die Gesetze seines Staates nicht zusagten, diesen Staat mit seiner Familie und seiner Habe verlassen dürfen: *Ausreisefreiheit*. Elementar: das *Verbot der Folter*, wozu Sokrates, die Barbarei künftiger Jahrhunderte nicht ahnend, nichts sagen zu müssen vermeint hatte.

Damit (mit dem Gesagten wie mit dem Ungesagten) hat Sokrates eine elementare Staatsphilosophie aufgestellt und vorentwickelt, künftige Entwicklungslinien vorgezeichnet, Grund- und Menschenrechte begründet.

Die United Nations Organization (UNO) hat der Menschenrechtskonvention vom 19.12.1966 internationale Anerkennung verschafft. Für Europa hatten sich die Teilnehmerstaaten der Konferenz über Sicherheit und Zusammenarbeit im August 1975 in Helsinki besonders verpflichtet, diese Menschenrechte zu verwirklichen. Die EU bereitet eine Grundrechts-Charta vor (*Tettinger*, NJW 2001 S. 1010). Was die normative Anerkennung von Grundrechten betrifft, ist also unsere Zeit über die 24 Jahrhunderte zurückliegende Zeit des Sokrates hinausgekommen.

Anhang

Menschenrechte und Rechtsphilosophie

Im August 1991 fand der 15. Weltkongreß der Vereinigung für Rechts- und Sozialphilosophie im unerwartet wiedervereinigten Deutschland, in Göttingen statt, an einem traditionellen Universitätsort (1737), der früher nah an der innerdeutschen Grenze gelegen hatte. Das Archiv für Rechts- und Sozialphilosophie, der deutschen Sektion der Vereinigung eng verbunden, publizierte im Beiheft 44/91 eine Vorstellung der deutschen Kollegen, daraus folgender Beitrag. Der Text bringt zu 3. eine Konfrontation, die aber, wenn man die Idee der Menschenrechte philosophisch ernst nimmt, ganz unausweichlich ist. – Der Text ist für die 3. Auflage ergänzt.

1. Eine philosophische Erfolgs-Story

Man hat es gelegentlich den „Skandal der Philosophie“ genannt, daß ein jahrhundertelanges Bemühen so vieler glänzender Köpfe kein einziges unbestrittenes Ergebnis hervorgebracht hat (von einigen

Elementarsätzen der Logik abgesehen). Sicher beruht diese Kritik auf einem Mißverständnis, weil nämlich das philosophische Denken nicht ergebnisbezogen ist, vielmehr in sich selbst genüge findet. Bei Cervantes steht: „Der Weg ist besser als die Herberge". Man darf aber einen großen Erfolg der philosophischen Denkanstrengungen verbuchen; die internationale und rechtlich verbindliche Anerkennung der Menschenrechte, besonders durch die „Allgemeine Erklärung der Menschenrechte" der UNO vom 10.12.1948, durch die „Europäische Konvention zum Schutz der Menschenrechte" vom 4.11.1950 und durch die Schlußakte der „Konferenz über Sicherheit und Zusammenarbeit in Europa" in Helsinki vom 1.8.1975, zuletzt weitergeführt durch die „Charta für ein neues Europa" auf der 4. Folgekonferenz November 1990 in Paris. Im neuen 21. Jahrhundert erwartet man jetzt alsbald eine EU-Charta, wenn nicht gar eine EU-Verfassung mit Grundrechten.

Die Idee der Menschenrechte ist im Prinzip wie im Detail Ergebnis philosophischen Denkens. Freilich ist auch diese Idee nicht unbestritten. Man wird berühmte Namen von Philosophen aus vielen Ländern aufführen können, deren Denken der Menschenrechtsidee so fern steht, daß mit ihrer Opposition noch heute zu rechnen wäre: Nietzsche etwa, bei seiner unberechenbaren Koketterie mit der Anti-Moral; Schopenhauer wohl auch, aus biedermeierlichem Vertrauen in die Staatsautorität; der Macchiavelli des „Principe", seinen Fürsten ungern eingeschränkt sehend; überhaupt alle Befürworter der totalen und dann auch gleich totalitären Staates wie Lenin, Mussolini und Hitler (wobei die letzten drei Namen nicht zur Geschichte der Philosophie zählen; aber ihre Träger haben nun einmal über Staat und Recht nachgedacht, konnten ihre Gedanken leider publizieren und propagieren – hier stößt sogar die Menschenrechtsidee der freien Rede auf ihre Grenzen! – und durften, zum Schrecken für Völker und Menschheit, an deren Verwirklichung gehen); dazu gehören dann auch die jeweiligen kommunistischen bzw. faschistischen Erfüllungsphilosophen (zu einem gleich unter 3.); Verständnislosigkeit gegenüber der Menschenrechtsidee muß man auch bei allen Anarchisten[3] aus der Schule von Proudhon und Bakunin vermuten, auch – jedenfalls früher! – bei Teilen unserer Öko-Bewegung; rätselhaft ist die Einstellung der islami-

3 Zum Anarchismus zuletzt *Massimo La Torre*, Bologna, Anarchismus, Naturrecht und Rechtspositivismus, in: Rechtstheorie 1990, S. 474-485.

schen Philosophie, in der jedenfalls eindeutig positive Bekenntnisse auch für eventuelle Rechte von „Ungläubigen“ nicht auszumachen sind[4].

Diese sicher unvollständige Negativliste wiegt aber gering gegenüber dem Pantheon großer Geister, die aus der Geschichte der Menschenrechtsidee nicht wegzudenken wären und in ihrer Gesamtheit für die politische Realisierung dieser Idee ebenso eine „condicio sine qua non“ darstellen wie die Enzyklopädisten für die französische Menschenrechts-Deklaration 1789. Die Franzosen können sich vieler Namen berühmen, nur einige seien genannt: der von Gedanken übersprudelnde Rousseau, aber unbändig und schwer auf eine Linie festzulegen; der weise Montesquieu, mit soviel Einsicht in das Wirken von Institutionen und das notwendige Gleichgewichtsprinzip; Voltaire, Meister und Vorbild aller Intellektuellen, mit dem unsterblichen Satz, er werde die Irrtümer seiner Gegner bekämpfen, solange er lebe, aber ebenso entschieden dafür kämpfen, daß sie das Recht behielten, ihre Meinung an die Öffentlichkeit zu bringen. Als Deutscher darf man dazu assoziieren, daß Friedrich II. von Preußen ein Voltaire-Schüler war und mit seinem Befehl „Niedriger hängen!“ – es handelte sich um eine volkstümliche Karikatur des Königs, hoch an einen Baum genagelt, wo die Menge sich die Hälse ausreckte, und die Entourage wollte natürlich das Blatt entfernen – ein frühes praktisches Beispiel für Meinungsfreiheit aufzeigte. Aus England ist John Locke an die erste Stelle zu setzen, mit seinem „Second Treatise of Government“, obwohl die Amerikaner[5] ihn als einen der ihren sehen und Jefferson und J. Adams ihren Stolz darin fanden, seinen Ideen zu folgen. Thomas Hobbes gehört auch dazu, obwohl er oft verdächtigt wird, ein autoritärer Denker zu sein, was aber in solcher Vereinfachung nicht stimmt (Chapter XXI: „Of the Liberty of Subjects“). Sein Buchtitel „Leviathan“ muß eher als Warnung verstanden werden, und den Freiheitsbedürfnissen des Bürgers wird in diesem Buch umfassend Rechnung getragen, freilich in den Grenzen – sehr ähnlich insofern Montesquieu! – des in-

4 Vgl. *Ali M. Mazrui* über islamische Traditionen im afrikanischen Rechtsdenken, in dem unter Fn. 10 angegebenen Sammelband S. 252 ff.

5 Vgl. *Carl Wellman*, Saint Louis, Locke's Right to Revolution Reexamined, in: „Revolution and Human Rights“, Proceedings of the 14th World Congress in Edinburgh, August 1989, ed. by *W. Maihofer* and *G. Sprenger*, Beiheft ARSP Nr. 41, Stuttgart 1990, S. 14 ff.

stitutionellen Realitätsprinzips[6]. Auch Thomas Morus gehört in die Story, aber weniger durch das, was er dachte, als durch das, was er tat und erlitt: Gewissensaufstand gegen den Herrscher, Opfertod. Das berühmte Buch „*Utopia*" ist eine denkerische Entgleisung, aber doch verzeihlich, wenn man den Text ironisch nimmt. Die Bewohner dieser hoffentlich auf ewig im „Nirgendwo" verbleibenden Insel werden in eine unbarmherzige totalitäre Disziplin eingebunden. Hier unterliegt Th. Morus der totalitären Versuchung, der früher Platon im „Staat" unterlag, was die Kritik Poppers (1940) umfassend herausarbeitete: „Die offene Gesellschaft und ihre Feinde"[7]. In den vom Marxismus beherrschten Staaten mußte es in der historisch – hoffentlich! – abgeschlossenen Zeit ab 1917 den schroffen Gegensatz von Wächtern und Bewachten geben wie in Platons „Staat" und in „Utopia".

Die Arbeit an der Menschenrechtsidee in der Philosophie der frühen Neuzeit war, recht betrachtet, ein europäisches „joint venture". Hugo Grotius aus den Niederlanden gehört dazu, mit seiner frühen Begründung des Völkerrechts in „De iure belli ac pacis" von 1625, nach seinem spanischen Vorgänger Vitoria aus Salamanca, der in den „Relectiones de Indis" (etwa 1520) sich bereits die Vorstellung einer Völkerfamilie erträumte.

Das Pantheon ist von größtem Ausmaß, bei einem flüchtigen Rundgang, wie hier vorgenommen, übersieht man leicht wichtige Ehrentafeln und Denkmäler. Bei einer Tafel bleibt man gern stehen und verweilt: Immanuel Kant, 1724–1804 (geboren nicht, wie in einigen internationalen Wörterbüchern inzwischen steht, in Kaliningrad, sondern in Königsberg; es wäre gut, wenn diese Stadt, wie inzwischen vorgeschlagen, Kantstadt oder Kantograd heißen könnte). Der Menschenrechtsidee am stärksten verbunden ist „Zum ewigen Frieden" von 1795, mit der strahlendsten, fast schon religiösen irdischen Vision, die wir kennen. In diesem Buch steht, daß ein Volk, dem die Vorteile des internationalen Handelsverkehrs bekannt sind, davon Abstand nehmen wird, an den Krieg als Mittel der Bereicherung zu denken. Das Wort eines Hansestädters! Hiervon darf man eine Linie zie-

---

6 Vgl. *Béla Pekol*, Budapest, Law as a System of Professional Institutions, in: Rechtstheorie 1990, S. 335-351.

7 Vgl. auch *Peter Häberle*, Bayreuth/St. Gallen, Ethik „im" Verfassungsrecht, in: Rechtstheorie 1990, S. 269-282; *Guido Pincione*, Buenos Aires, Liberty and Property Rights, in: Rechtstheorie 1990, S. 486-510.

hen zur Gründung der Europäischen Wirtschaftsgemeinschaft von 1957 (die seit langem keine bloße Wirtschaftsgemeinschaft mehr ist) und zur „Charta für ein neues Europa“ vom November 1990 mit der auffälligen Betonung der „Marktwirtschaft“ als Freiheitsgarant, unterschrieben auch von der damaligen Sowjetunion und den früher kommunistisch gewesenen Randstaaten des früheren Ostblocks. Wirtschaftsfreiheit gehört danach zu den freiheitlichen Menschenrechten, und so gehört auch Adam Smith mit seinem schwergewichtigen Buch „Der Wohlstand der Nationen“ von 1776 zu den Gründungsvätern[8].

2. Sokrates begründet die Menschenrechte

Der Ursprung der Menschenrechtsidee ist leicht lokalisierbar, nämlich auf europäische Denker (was vielleicht ungerecht ist gegenüber großen Weisen aus Indien und China) und leicht temporalisierbar, nämlich auf die *frühe Neuzeit.* Im Mittelalter wird niemand Gedankenarchitekturen vergleichbaren Ranges erwarten. Dies war eine andere Welt, in der auch ein Denker mit Phantasie bald auf vorgegebene Grenzen stieß, etwa Marsilius von Padua (1280–1342). Es war wohl so, daß man, das ewige Seelenheil als wichtiges Ziel vor Augen, eine wirkliche und dauerhafte Verbesserung der irdischen Politik und Staatlichkeit gar nicht wollen konnte (daraus erklärt sich dann auch die entschlossene Neuorientierung in der Philosophie der frühen Neuzeit, parallel zu setzen den Taten des Columbus und des Galilei). Es schwebte über dem Staatsdenken des Mittelalters das Verdammungsurteil des Kirchenvaters Augustinus, Staaten ohne Religion und damit ohne Gerechtigkeit – also eigentlich alle Staaten! – seien nichts mehr wert als große Räuberbanden. Es sollen aber diese zugespitzten Notizen über das Mittelalter niemandes religiöses Empfinden verletzen. Wer diese Sphäre verteidigt sehen will, der lese in Thomas Manns Zauberberg das Kapitel über den Jesuiten/Leninisten Naptha, mit bestürzenden Vorahnungen über die Katastrophen dieses Jahrhunderts: Konzentrationslager, Archipel Gulag (Solschenizyn).

Von der Antike ist, wenn man die Ursprünge der Menschenrechtsidee auffinden will – und zwar als juristisch weiterzuführende Idee! – selten die Rede. Sophokles hat seiner Antigone mutige Worte gegen den

8 Vgl. auch *Christoph E. Hauschka*, München, Internationalisierung der Wirtschaft und ordoliberales Rechtsdenken, in: Rechtstheorie 1990, S. 374-389.

Herrscher auf die Zunge gelegt. Thukydides läßt die Melier vor den militärisch stärkeren Athenern jammern, daß Macht vor Recht gehe, aber politisch geht eben Macht vor Recht. Seneca versuchte, das menschliche Ungeheuer Nero zur Güte zu erziehen („de clementia"), aber dies mußte spektakulär scheitern (unten S. 140 ff.).

Wenig bewußt ist, daß es Sokrates war, der zuerst die Menschenrechte begründet hat.

Man weiß, daß Sokrates von den Athenern zu Tode verurteilt war (wegen zu freier Rede!) und daß seine Schüler und Freunde ihm die Möglichkeit zur Flucht eröffneten (Kriton). Er sagte: durch die Gesetze habe er die Ordnung der Stadt und deren Zustand kennengelernt. Nach deren Familienrecht und Bildungsrecht sei er aufgezogen worden. Auf die Entwicklung dieser Gesetze habe er einwirken dürfen, vermittels freier Rede als Bürger dieser Stadt. Auch habe er jederzeit gehen können, mit den Seinen und mit der gemeinsamen Habe, wohin er nur immer gewollt habe. Genau dies habe er nicht getan, und so wäre ein widersprüchliches Verhalten, (römisch ein „venire contra factum proprium"), dies jetzt zu tun.

Damit zeichnete er, durch Schilderung der unabdingbaren Grundzüge, ein freies Gemeinwesen, eine unter der Geltung der Bürgerrechte stehende Politeia, und nur deshalb fühlt er sich zum Gehorsam gebunden. Einige Interpreten sehen in diesem dem Sokrates in den Mund gelegten Text Platons ein Bekenntnis zum Positivismus, was nicht richtig ist. Vielmehr wird der bürgerliche Gesetzesgehorsam an liberale Bedingungen geknüpft. Die Folgerungen aus diesen Bedingungen gehen weit. Der „Staat", von manchen als Platons rechtsphilosophisches Hauptwerk betrachtet, ist eine sozialistische Utopie ohne das Recht als Person, das Recht der Familie, das Vertragsrecht, das Eigentumsrecht, hat damit einen urtümlichen Konstruktionsfehler: es gibt keinen Bürger, nur Untertanen, und es gibt kein ethisches Motiv, den repressiven Gesetzen zu gehorchen. Ein solches Motiv spendet nur die freie Demokratie ihren Bürgern. Es würde also Sokrates, der mit Kriton im Gespräch war, in den „Staat" verschlagen und *dort* zum Tode verurteilt, kein Interesse gehabt haben, dessen unliberalen Gesetzen zu gehorchen. Insofern hat sich Platon, nimmt man sein Werk als Einheit, selbst widerlegt: war er bei „Kriton" im Recht, dann im „Staat" im Unrecht (und das ist besser als umgekehrt!). Aristoteles kehrt später zur sokratischen Einsicht zurück: unten S. 85 ff. („Naturrecht und Rechtspositivismus").

3. Klenner: „Marxismus und Menschenrechte"

Dieses Buch (Akademie-Verlag Berlin-Ost 1982) war nach Helsinki 1975 zu erwarten gewesen. Vorhergegangen war ein Aufsatz im ARSP 1978, S. 456 ff.: „Human Rights: A Battle Cry for Social Changes or A Challenge to Philosophy of Law?", hervorgegangen aus einem Vortrag anläßlich der Eröffnung des Weltkongresses der IVR 1977 in Canberra. Von einem „Schlachtruf" ist damals schon, sehr militant, die Rede, also unter grobem Mißverstehen, wenn nicht einer Verfälschung der Menschenrechtsidee.

Die Schlußakte der KSZE in Helsinki 1975 hatte alle Unterzeichner-Staaten verpflichtet, „die Menschenrechte und Grundfreiheiten einschließlich der Gedanken-, Gewissens-, Religions- oder Überzeugungsfreiheit für alle ohne Unterschied der Rasse, des Geschlechts, der Sprache oder der Religion zu achten" (Art. VII). Dies hatten auch damals die Staaten wie die DDR, Jugoslawien, Polen, Rumänien, Tschechoslowakei, Ungarn, UdSSR unterzeichnet, obwohl die fehlende Bereitschaft der jeweiligen Regime, diese Rechte zu verwirklichen, vielmehr deren fester Wille, genau das Gegenteil zu tun und die Verwirklichung dieser Rechte entschlossen zu verhindern, für jedermann offen lag. Die Gedanken der Herrschenden in Moskau, Prag, Warschau und Ostberlin gingen offenbar etwa in folgende Richtung: „Was kann das uns schon schaden, es ist bedrucktes Papier, nicht mehr; die Unterzeichnung im internationalen Rahmen macht sich gut, besonders im Fernsehen, dann regieren wir ungestört weiter."

So lief es aber nicht! Die Texte der KSZE-Akte mußten vereinbarungsgemäß veröffentlicht werden, waren also in „Neues Deutschland", „Rude Pravo" etc. nachzulesen. Es bildeten sich Bürgerrechtskomitees mit nicht mehr ganz leicht abweisbaren, international-rechtlich unterstützten Argumenten. Vielen dieser Kämpfer für Menschen- und Bürgerrechte ist es schlecht ergangen, manche sind ermordet worden, viele gefoltert und für den Rest des Lebens menschlich zerstört (nervenkrank, mit zitternden Händen, tags von Wahnideen, nachts von Schlaflosigkeit oder Alpträumen geplagt). Freie Worte oder Ideen konnten die dortigen Regimes nicht ertragen, so wenig wie das Hitler/Goebbels-Regime eine entschiedene Aufführung von „Wilhelm Tell" oder „Don Carlos". Gab man Gedankenfreiheit, dann war es aus für diese Herrschenden. Es ist international beachtet worden, wie sehr sich der Leipziger Ruf vom 9.10.1989 „Wir sind das Volk!" in die europäische Tradition von Freiheitsbewegungen einordnete. Die Teilnehmer an diesem Umzug hatten unglaublichen Mut gezeigt –: das Militär war zusammengezogen, die Kliniken mit Blutkonserven versorgt, ein noch amtierender Staatsmann hatte die chinesischen Führer kürzlich beglückwünscht, ihren Studentenaufstand wirksam zusammengeschossen zu haben, auch noch auf einem Platz, der „Himmlischer Frieden" heißt. Die Regierenden solcher Unterdrückungsstaaten hatten ab 1975 mehr noch als zuvor die Menschenrechtsidee zu fürchten. Sie hatten zu deren Bekämpfung Erfüllungsgehilfen, regimeeigene Philosophen. Klenner sah die Gefahr, „Menschenrechte als eine Art Trägerrakete für Konterrevolutionsexport umzurüsten", S. 12. Es war schrecklich zu sehen, wie die gute und menschenfreundliche Idee der Menschenrechte durch ihn in einem menschenfeindlichen schwefligen Säurebad aufgelöst wurde.

Philip Kunig, jetzt Kollege an unserer Rechtsfakultät der Freien Universität, hat unter dem Titel „Peinlicher Zynismus – Wo Menschenrechte ignoriert werden", DIE ZEIT Nr. 14/1984 das Nötige gesagt: „Innerhalb seines Lagers braucht Klenner Menschenrechte nicht. Klenner darf – anders als die Masse seiner Mitbürger ausreisen; ... kein Wort über automatische Schußanlagen, über Folter, Zwangsarbeit, Repression ...: dokumentiert sich hier die „Tugend des Terrors?", die der Autor so schätzt? – Klenner will glauben machen, daß Menschenrechte Unterdrückungsmechanismen seien. Aber glaubt er das wirklich? und wer glaubt es ihm?"

Wer glaubt es ihm? Klenner ist nur ein individuelles Beispiel für philosophische Beihilfe zu totalitärer Staatspolitik, allerdings ein prominentes Beispiel. Man hat seine Texte gelesen und seinen Vorträgen auf Kongressen der IVR zugehört, aus diplomatischer Rücksicht. Es lag über vielen Diskussionen bei IVR-Kongressen, die eigentlich, bei einer Zusammenkunft von Philosophen, auf Wahrheit verpflichtet waren, der Geist der Unwahrheit: man wollte es genau nicht wissen, man ließ z.B. Klenner über Menschenrechte reden, als sei es diesem wirklich um Menschenrechte im unverkürzten Sinne zu tun. Die Wahrheit über das Verhältnis „Marxismus und Menschenrechte" durfte nicht ausgesprochen werden und liegt erst heute offen im Licht des Tages: so lange der Marxismus herrschte, blieben die Rechte der Menschen unterdrückt. Hier wäre von allen Mitgliedern und Offiziellen der IVR kollektive Buße zu tun[9].

9 Dazu *Adomeit*, Rechtsphilosophie, Marxismus und Menschrechte, Zum Erscheinen einer Festschrift für Hermann Klenner, Juristenzeitung 1998 S. 186 ff.

Der IVR-Kongreß 1989 in Edinburgh brachte zum Thema „Human Rights and Socialism“ großen Erkenntnisgewinn[10]. Klenner hatte sich isoliert, indem er als einziger Sprecher aus dem Osten unberührt weiterhin für die marxistische Orthodoxie eintrat. Die Gegenstimmen sind dokumentiert in dem von Maihofer und Sprenger edierten Beiheft Nr. 41 vom ARSP. Besonders hervorzuheben sind Sokolewicz (S. 190) und Lopatka (S. 226) aus Warschau, Samu (S. 233) aus Budapest und die gedanklich zusammenfassende Arbeit „Liberal Rights and Socialist Goals“ des Kollegen Bellamy aus Edinburgh (S. 249). 200 Jahre nach der französischen Revolution war wieder, im positiven Sinne, Philosophie zur materiellen Gewalt geworden, hatte Befreiung bewirkt, freilich, wie immer in der politischen Welt, eine gefährdete Freiheit.

4. Grenzen der Menschenrechtsidee

Mit der politisch realisierten und rechtlich verbindlichen Menschenrechtsidee hat die Zunft der Philosophen und speziell die der Rechtsphilosophen sehr guten Grund (causa) für Stolz und Zufriedenheit. Philosophie heißt aber: unzufrieden sein; nachdenken darüber, was *nicht* stimmt. Dies Thema ist unausschöpflich, nur 3 im Vordergrund stehende Themen seien hier angesprochen:

1. *Armut*. In vielen Staaten dieser Welt herrscht Armut. Auch in unserem Staat, vielleicht als Randerscheinung, vielleicht nicht nur am Rande, sieht man Armut. Hierzu kann die Menschenrechtsidee, die eine liberale Idee ist, ernsthaft nichts beitragen außer der mittelbaren Idee: allgemeiner Wohlstand, hohes Steueraufkommen, daraus viel Geld für Sozialhilfe, Asylanten usw., dies ist ein Aufgabenbereich für Praktiker im Gefolge von A. Smith, Der Wohlstand der Nationen, 1776. Es ist bei globaler Betrachtung wichtig, daß unser hiesiger Sozialhilfesatz bei vielen Ländern Reichtum wäre. Was würden Locke, Montesquieu, Vitoria, Kant, Grotius zu unseren Asyl- und Einwanderungsfragen sagen?

2. *Überbevölkerung*. Es ist nachgewiesen, daß die gegenwärtige Menschheit von etwa 6 Milliarden Einzelpersonen, wenn sie dem alt-

10 Vgl. Enlightenment, Rights and Revolution, Essays in Legal and Social Philosophy, ed. *N. MacCormick* und *Z. Bankowski*, Aberdeen 1989; vgl. auch *Adomeit*, Glasnost in Edinburgh, Juristen-Zeitung 1989, S. 990.

testamentarischen Gebot „Seid fruchtbar und mehret Euch!" folgte, binnen weniger Jahrzehnte die knapp bemessenen Ressourcen dieses Planeten – Wasser, Luft, Wälder, Bodenschätze – bis zum dürren Ende ausgebeutet haben würde. Es ist evident, daß die erforderliche Bremsung in der Bevölkerungspolitik nicht pur liberalen Regeln folgen kann. Vielleicht wird man das autoritäre China international noch einmal hoch schätzen, weil es durch drakonische Gesetze die Ein-Kind-Ehe durchgesetzt hatte, als zugelassener Sonderfall die Zwei-Kind-Ehe. Es darf darauf aufmerksam gemacht werden, daß hier ein international wichtiger Problembereich liegt. Das deutsche Recht, mit der halb bestraften und halb gewünschten Abtreibung nach § 218 StGB, bringt keineswegs eine vermittelbare Lösung.

3. *Israel/Palästina.* Der Autor hat Gesprächspartner in beiden Bereichen, hat auf seinen Reisen viele Unterhaltungen geführt. Man würde, auf der Suche, auf der man ist, Gotthold Ephraim Lessing (1729–1781) zitieren, Nathan der Weise: „... ein jeder strebe mit dem andren um die Wette ...", aber das Verständnis für so viel Toleranz ist eben jetzt nicht da, auch nicht in anderen ethnischen Konflikten.

Es bleibt die Entschlossenheit, diese Idee aufrechtzuerhalten als eine wichtige, vielleicht die wichtigste Aufgabe[11].

Abstract: The idea of human rights can be considered to be the greatest achievement of philosophy and a valuable contribution to the political world. This idea is a result of – sit venia verbo! – an early european joint venture, of philosophers like Montesquieu, Voltaire, John Locke, Vitoria, Immanuel Kant. There have been philosophers and perhaps there are some even today, who expressively stood or stand against the idea of human rights, Platon in his „State", Macchiavelli in his „Principe", Nietzsche and, politically with horrible consequences, Marx and all marxist thinkers in his tradition. It was in vain and beyond the philosopher's duty to bei truthful, when Klenner (East-Berlin) tried to reconciliate Marxism and the idea of human rights. This was obviously false: more politics, than philosophy. Human rights have had no chances in the marxist-governed countries, and the peoples have to thank Sacharow in Russia and Havel in Tchechoslavia for having fought to establish liberal ideas, after all with success. But freedom is always threatened and the IVR will have to watch carefully and not allow the reestablishment of totalitarian propaganda.

---

11 Ebenso *Nicolás Lopez-Calera*, Naturaleza dialéctica de los derechos humanos, in s. Fn. 3, S. 86 ff.

II. Bürgerliche Demokratie und sozialistische Demokratie bei Platon

1. Die Unruhe der politischen Welt

Einen Anstoß, das Bild seines Idealstaates zu entwerfen, empfing Platon offenbar aus der Unruhe der politischen Welt, der wie gehetzt wirkenden Abfolge verschiedener Regierungen, verschiedener Systeme. Die Vielfalt der griechischen Staaten bot dem philosophischen Beobachter reiche Anschauung, bis hin zum sizilischen Syrakus, wo Platon politisch handeln wollte, doch ohne Glück. Allein Athen hatte im 5. Jahrhundert drei Verfassungsreformen gesehen, zuletzt mußte es, nach der durch Sparta erlittenen Niederlage (404), die tyrannische Staatsform sich aufzwingen lassen.

Die Wechselhaftigkeit war für Platon der Beweis, daß man die Idee des Staates bisher nur unvollkommen erfaßt hatte. Der von ihm konzipierte Idealstaat schließt Veränderungen aus, soll ewig bleiben, wie er ist. Damit wird notwendig der Gedanke gesellschaftlichen Fortschritts aufgehoben, ebenso der Gedanke politischer Freiheit. *Jaspers* und, noch schärfer, *Popper* (Die offene Gesellschaft und ihre Feinde, Bd. I, zuerst 1945), haben Platon für alle Totalitarismen dieses Jahrhunderts verantwortlich gemacht, von Lenin bis Hitler, und das wäre eine schwere Schuld. Jedenfalls wäre Platons politeia, als real existierend gedacht, wohl für kaum einen von uns attraktiv. Denn wer möchte schon leben in einem strengen Kastensystem, ohne eigenen Besitz, unter einer Behörde, die notwendige von überflüssigen Bedürfnissen abscheidet – nur notwendige werden befriedigt –, mit Weiber- und Kindergemeinschaft, bei strenger Zensur von Schrifttum, Musik und wohl auch Privatgespräch, bewacht von „Wächtern“, die man sich, nachdem ihre Erziehung minutiös geschildert ist, wie SS-Männer oder wie Stasi-Offiziere vorstellen muß? Wo man das Recht, eine Familie und Eigentum begründen zu dürfen, allenfalls unter der Voraussetzung erlangt, daß man, „weil aus unedlem Metalle gebildet“, zur Erwerbsarbeit abgestellt wird?

Glücklich kann in diesem System allenfalls sein der Philosophen-König, und Platon ist dem Vorwurf nicht entgangen (Popper!), sich selbst diese ideale Rolle auf den Leib geschneidert zu haben. Aber kann ein Philosoph wirklich glücklich sein als König eines Staates, in dem die Philosophie aufgehört hat? Denn wenn Platons Werk durch die Jahrhunderte hinweg den Geist bewegt, für manche der Inbegriff von Philosophie ist („alles spätere Denken nur Fußnoten zu Platon"), dann gerade durch seine Offenheit, durch das freie gedankliche Experiment, durch die Vielfalt der Stimmen, Positionen, Urteile. Sicher hatte Platon es leicht, diese Fülle zu bringen, weil die erregenden Diskussionsrunden, die Sokrates sich mit den Sophisten geliefert, denen er atemlos gelauscht hatte, voll in seinem göttlichen Gedächtnis waren. Für Nietzsche ist das Protokoll, das Platon uns von den Sophisten überliefert hat, seine größere Leistung als der ihm eigene Beitrag. So läßt Platon den leidenschaftlichen Demokraten auftreten (Protagoras), den kalten Taktiker (Gorgias), den anarchistischen Zyniker (Thrasymachos), der jeden qualitativen Unterschied zwischen der Staatsgewalt und der Gewalt der Verbrecher verneint: und an solchen Gegensätzen entzündet sich seine Philosophie.

Diese Kollegen würden im Platon-Staat nach ihren ersten Worten von Spitzeln denunziert, von Wächtern abgeführt werden[12]. Dies ist wohl der Beweis, daß Platons Staat das Prädikat „ideal" nicht verdient. Literarische Bestätigung ist, daß „Der Staat", vom II. Buch ab, aufhört, ein Dialog zu sein: einer doziert („Sokrates"), die anderen Anwesenden, wie der arme Adeimantos, dürfen nur noch den Mund zu „Ei freilich!" oder „Vortrefflich geschildert!" auftun, allenfalls mit einem „Wie meinst du das!" den Dozenten zu noch weiterem Ausholen veranlassen. Sie sind keine Partner mehr, nur noch Ja-Sager.

2. Die Möglichkeit einer politischen Theorie

Nicht, daß damit die Akte über „politeia" zu schließen wäre. Buch II bis VII, die Schilderung des Idealstaates, laden ein zu einer geistigen Weltreise, man erhält eine betäubende Fülle von Eindrücken, aus denen viel zu lernen ist, auch wenn man *diese* Welt ganz schön ekelhaft findet.

Unsere schärfere Aufmerksamkeit sollte gelten dem VIII. Buch. Hier wird nicht ein idealer Staat geschildert, sondern der reale, unter dem Gesetz der Unruhe und des Wechsels stehende, wie Platon ihn in der Wirklichkeit erlebt hatte und wie er bis heute unser Schicksal geblieben ist. Wie viele Staatsgründungen seit Platon, viele mit dem Pomp des Ein-für-alle-Mal, des Ewigen, des 1000jährigen begleitet, sind

12 Vgl. *Popper*, Der Zauber Platons, Platons politisches Programm, Die totalitäre Gerechtigkeit, geschrieben wohl um 1941.

zerfallen! Der Ost-West-Gegensatz hatte das Angebot auf zwei große Modelle reduziert; aber nach dem ökonomisch bedingten Zusammenbruch des östlichen Systems bleibt die Frage nach der Staatsform umkämpft, es drohen Bürgerkriege. In den früher von Europa kolonisierten Erdteilen wird die ganze Skala denkbarer Systeme durchgespielt, so als wollte man experimentelle Staatsphilosophie betreiben, nur fallen dabei „Menschenopfer unerhört", und von einem wirklich positiven Ergebnis – „jetzt haben wir's, und dabei werden wir bleiben" – hört man nichts. Und unser Staat, Bundesrepublik Deutschland, als Provisorium gegründet, im Hinblick auf die schon fast klinische Nervosität der germanischen Geschichte unvermutet dauerhaft, ist seit der Wiedervereinigung ein definitivum (?), aber es gibt immer erneute Verfassungsdebatten und Forderungen nach einer einschneidenden Revision des Grundgesetzes.

Also haben wir Anlaß zuzusehen, wie sich unsere Welt ewiger politischer Unruhe dem Blick Platons zeigt. Er versucht Ordnung zu stiften: geistige Ordnung. Dazu unterscheidet er drei reine Typen: Alleinherrschaft, Gruppenherrschaft, Volksherrschaft. Jeder dieser Formen ist eine Verfallform zugeordnet: die Alleinherrschaft wird zur Tyrannis entarten, die Gruppenherrschaft zur Oligarchie, wo man nur noch seine Privilegien kultiviert, die Demokratie zur Herrschaft des Pöbels. Jede Verfallform rufe den Wunsch hervor, das nächste Organisationsmodell einzurichten: der Tyrann wird dann von einer aristokratischen Gruppe gestürzt; die Oligarchie vom neidisch erregten Volk; in der Pöbelherrschaft wird der Ruf laut nach dem starken Mann, dem künftigen Tyrannen.

Damit liefert Platon eine beschreibende, die ganze Fülle von Vorgängen erklärende *politische Theorie*, die, weil es offenbar schwer ist, über einem so chaotischen Bereich eine Theorie zu errichten, bis heute durch keine andere abgelöst werden konnte. Nur Karl Marx lieferte ein ebenso umfassendes Erklärungsmodell: der jeweilige Staat als das Ergebnis des Kampfes von Klassen. Sonst ist weit und breit nichts ersichtlich. Max Weber's großartige Untersuchungen bleiben partikulär. Nietzsches Lamentieren über die zunehmende Dekadenz mag Europas Schicksal[13] erklären, nicht aber die globale Wiederholung (heute schon in Afrika z.B.) dieser Entwicklung ohne Zwischenversuchung zur Kultur.

13 Vgl. *Raymond Aron*, Plädoyer für das dekadente Europa, 1977, dt. 1978.

Zunächst darf der Vergleich mit Marx einiges erläutern. Die marxistische Lehre stellte sich unter die Idee gesellschaftlichen Fortschritts, die platonische nicht. Bei Marx wird in der Abfolge der Systeme am Ende der Kommunismus als guter Zustand erreicht, bei Platon ist nach der Demokratie der Tyrann wieder da, sein Modell ist ringförmig, es geht wieder von vorn los. Man kann es auch tragisch nennen, vom Verhängnis sprechen. Damit kann Platon, und dies ist des Lobes wert, die Erscheinung des „Bonapartismus" erklären, die der marxistischen Lehre nur als zu vermeidender Betriebsunfall erschien – der starke Mann reißt die durch die Revolution frei gewordenen Kräfte an sich – nicht sehend, daß Lenin zugleich schon Bonaparte war, jedenfalls war es sein Nachfolger, nur finsterer, nie berührt von mediterraner Geistigkeit. Nach den Prüfungskriterien formaler Wissenschaftstheorie – Ausmaß der Interpretationskraft gerade auch für posttheoretische Vorfälle – kann Platon Punkte sammeln, Marx nicht.

Marx offeriert einen Idealzustand, den Kommunismus, den wir inhaltlich nicht kennen, weil Marx Einzelheiten nicht schildert, über den es aber kein Hinaus geben darf. In diesem Moment des Stationären, Arretierten sind sich beide Modelle gleich. Platon suspendiert seine Philosophie, Marx seine Dialektik. Platon ist aber redlicher: einmal, weil er seinen Idealstaat detailliert schildert: wer ihn wählt, weiß, was er wählt; zum zweiten, indem er seine politische Theorie von der politischen Tagträumerei abhebt, was Marx nie unterscheiden wollte.

In Platons Staat wird erörtert, was es im Kommunismus zu essen geben wird (372 a f.); von Marx und Engels sind zu diesem Thema statt theoretischer Äußerungen nur private Champagner-Rechnungen überliefert. Sokrates (nicht mehr der wirkliche, jetzt eine platonische Kunstfigur) will zugestehn: Graupen aus Gerste, Kuchen und Brot aus Weizenmehl, mäßigen Genuß von Wein. Auf Glaukons Protest bietet er auch Zukost an (372 c): Oliven, Käse, Zwiebeln und Kohl; zum Nachtisch Feigen, Myrtenbeeren, in der Asche geröstete Kastanien. Der Genuß von Fleisch wird nur nach langem Zögern legitimiert, weil dies den an sich unnötigen Einsatz von Schweinehirten bedingt. Einige Kommentatoren zu Platon hielten es geniert für unphilosophisch, so in die Einzelheiten zu gehen. Hoffentlich hatten sie gelernt durch Polen 1980/81, wie sehr die Frage Fleisch oder Nicht-Fleisch eine eminent politische ist, in allen früher kommunistisch gewesenen Staaten bis zu deren Ende geblieben war.

3. Platonische Elemente im Sowjetsystem

Die praktische Durchführung der Lehre von Marx nach der geglückten Revolution von 1917 in Rußland hatte etwas Improvisiertes, es fehlte eine Rezeptur. Ob damals jemand der Gesellschaftsveränderer Platons Staat, II–VII, gelesen hat? Evident ist aber, wie sehr der dann geschaffene Staat platonisch wurde.

Auf drei Elemente dieses nunmehr untergegangenen, jedoch noch nicht durch ein neues stabiles Ordnungssystem ersetzten Sowjetstaates darf hingewiesen werden. Einmal auf die Abkoppelung des Kommunismus, der privaten Besitzlosigkeit, von der sozialen Idee: denn von dieser war Platon nachweisbar am wenigsten bewegt; und Lenin hatte die soziale Idee offen als „Hebel" eingesetzt, also ihren Verheißungscharakter ausgebeutet. Der Nichtbesitz Privater an den Produktionsmitteln diente nicht dazu, jemandem wohl zu tun, sondern der Herrschaftssicherung. Alle politische Veränderung der Geschichte – so weit wir sehen – war nicht von den besitzlosen Massen, sondern von ehrgeizigen Besitzenden bzw. von deren des Besitzes überdrüssigen Sprößlingen ausgegangen. Deswegen galt es, die Entstehung von Privatbesitz zu verhindern, schon durchschnittlichen Wohlstand nur als jederzeit entziehbares Lehen des Kollektivs zuzulassen. Die ökonomische Struktur war eine Funktion der staatlichen, diente keinem anderen Zweck; daß diese ökonomische Struktur sehr wenig effektiv war, sprach unter diesem Gesichtspunkt nicht gegen, sondern für ihre Beibehaltung. Der Überbau bestimmte die Basis, diese Umkehrung einer angeblich waltenden materialistischen Dialektik ist kaum zu leugnen. Der Zusammenbruch war aber unvermeidlich, als man den Anschluß an die internationale technische und ökonomische Entwicklung verloren hatte und deshalb der Staatskonkurs drohte.

Das zweite Element war die strenge Kontrolle von Literatur, jeder anderen Kunst. Man hatte immer wieder Tauwetter erhofft, aber es mußte beim Frost bleiben. Mancher liberale Journalist aus dem Westen hatte die große Sowjetunion zu beschwören versucht, die liberale Ansicht zu übernehmen, daß ein Lyriker ihr doch wohl nicht schaden könne, aber diese hielt sich lieber konsequent an Platon, der sogar den poetischen Heros aller Griechen, Homer, nicht verschonte, ihn einer brutalen Zensur unterwarf, seine Texte nur gelten ließ, solange sie das Erhabene, das Positive zum Ausdruck führten („Götter weinen nicht"). Entsprechend wurden in der Musik bestimmte Tonarten zugelassen, andere verworfen: wenn das Ohr sich an Disharmonie von

Tönen gewöhnt habe, werde auch die gesellschaftliche Harmonie enden. Die Memoiren von Schostakowitsch zeigten, wie ein Komponistenleben in solchem System ausschaute. Auch hierüber war ein Verwundern nicht angebracht. Denn, noch vor dem Besitz, ist der Geist mögliche Quelle von Veränderung: also ist, wenn man ein totalitäres System bewahren will, mit allen Mitteln zu verhindern, daß die Stimme des freien Geistes ertönen und gehört werden kann. Ein sowjetischer Marquis Posa hätte im Kreml nicht sagen dürfen, was sein Vorbild im Escorial gesagt hatte (vgl. Friedrich Schiller, Don Carlos).

Das Dritte ist die offizielle Stellung der Philosophie, die auf den Thron gesetzt wird, als Staatsphilosophie, d.h. im leblosen Zustand, als geschminkte Leiche. Der König hat, bei Platon, Philosoph zu sein, die Philosophie wird zum König. Wohl kein Regime in der Geschichte hat, wie das leninistische, seine Untertanen, ihnen sonstigen Druck auch nicht gerade ersparend, so mit Philosophie genervt. Es ist rührend zu sehen, wie Lenin sich ein philosophisches Werk abringt, über den Empirio-Kritizismus, eine Auseinandersetzung mit Mach[14] –: seine Begabung lag auf ganz anderem Felde, in der Praxis, im Ersinnen und Durchführen von Handlungsanweisungen, aber Philosophie mußte sein. Später wird Stalin dafür sorgen, daß jedes Buch, jedes Lexikon ihn als Philosophen Nr. 1 feiert. Solschenizyn hat das Kapitel über den Diamat-Unterricht für Lagerhäftlinge, aus dem „Ersten Kreis der Hölle", später gesondert herausgegeben und uns eine Ahnung vermittelt, welche Qual oktroyierte Philosophie bedeutet. Es ist eine präzis kalkulierte Qual.

„Hier wird Platon schon wieder einmal beschimpft", noch lauter als bei Popper, könnte man sagen, aber eigentlich wird er bewundert, zwar nicht als Ratgeber, aber als Seher. Über 2.300 Jahre hinweg jemanden für eine politische Entwicklung verantwortlich zu machen, das ist nach unserem Begriff der Kausalität (der adäquaten) absurd. Wie steht es mit der Schuld? Man kann Platons politische Ratschläge als bedingte sehen: *wenn* jemand Stabilität über alles schätzt, dann gehe er diesen Weg. Platon stellt uns vor die unerbittliche Alternative: *staatliche Stabilität oder politische Freiheit.* Es kann niemand sagen, daß für uns heute diese Alternative überwunden sei. Der Idealstaat

---

14 Über *Ernst Mack*, 1838–1916, einen Physiker und Philosophen, der vor allem in Wien lehrte, wird gesagt, daß er die Relativitätstheorie von *Einstein* vorbereitet habe.

Platons ist zwar nicht ideal, aber die typologische Schilderung des stabilen Staates im Gegensatz zum nervös-freiheitlichen ist als solche über alle Maßen gelungen.

4. Was heißt Oligarchie?

Der theoretische Platon (Buch VIII) unterscheidet den Einzelnen, die Gruppe und das Volk als jeweils regierendes Subjekt. Über den Alleinherrscher, der sich schnell als Tyrann erweist, wissen wir genug. A. Hitler hatte sich alle Mühe gegeben, den von Platon geschilderten Typ noch zu überbieten, sogar den Nero des Seneca („de clementia"); zuletzt haben Joachim *Fest* und Sebastian *Haffner* uns aufgeklärt[15]. Dieses Modell steht nicht in ernsthafter Diskussion, ist damit unpolitisch geworden, dient nur als Schreckbild oder als Warnung für indirekt darauf zulaufende Varianten, eine Art von Absurditätsbeweis.

Zu sprechen ist über den Gegensatz von Oligarchie und Demokratie. Zur Abscheidung dieser beiden Systeme fällt uns sofort Frankreich 1789 ein: vorher der aristokratische Feudalismus, dann – jedenfalls gewollt, wenn auch nicht oder nicht sofort erreicht – die Herrschaft des Volkes –: diese Vorstellung haben wir ererbt. An ihr auch bei der Lektüre Platons festzuhalten, wäre aber philosophisch wie historisch falsch. Das vom Mittelalter hervorgebrachte Feudalsystem war nur *eine* Erscheinungsform der Aristokratie. Die auf sie folgende Demokratie war so unaristokratisch nicht: der Bonus der Geburt war abgeschafft, um so mehr aber freigesetzt der Bonus privater Tüchtigkeit, der jemanden ganz nach oben kommen lassen konnte. Platons Demokratie[16] war die Versammlung *aller* gleichberechtigten Bürger, jeder gleichen Rechts, direkt, nicht etwa repräsentativ, durch die jede Cliquenbildung verhindernde Institution des Losverfahrens noch verstärkt. Die real existierende Verfassung der heutigen westlichen Staaten, die stolz von ihrer Demokratie sprechen, wäre ihm höchst oligarchisch erschienen: es gibt weder eine alles beherrschende zentrale Macht (wie Reichskanzlei, Kreml oder Moneda), noch wahre Gleichheit aller Bürger, sondern eine Vielfalt herrschender Zentren. Es gibt Großunternehmen (wenn auch kaum mehr industrielle Dynastien, wie Krupp oder Rothschild), deren Vorstände und Leitende beträchtlich

15 *Joachim Fest*, Hitler; *Sebastian Haffner*, Anmerkungen zu Hitler.
16 Aristoteles: Der Staat der Athener, bringt Einzelheiten.

„gleicher" sind als Normalbürger. Die marxistische Kritik hat insofern treffend ein Moment der Unwahrheit in der Selbstbezeichnung „bürgerlich" hervortreten lassen, die eine „egalité" aller suggeriert, wie sie vielleicht in der Stunde null der Revolution gegeben ist, dann bald aber nicht mehr.

Deshalb könnte man Platons Zerschneidung von Gruppenherrschaft und Demokratie als für uns nicht interessant abtun; besser wäre zu versuchen, sie für unsere staatlichen Verhältnisse modifiziert zurückzugewinnen. Denn die Frage der Gleichheit (einige/alle) steht wie keine andere für die Grenze beider Systeme. Mit der Organisationsform Demokratie ist keineswegs vorentschieden, ob und inwieweit einige sich private Kraftzentren durch Einsatz individueller Robustheit erobern dürfen, als Fabrikherren über Arbeitende, als Hausbesitzer über Mieter, als Produzenten über Verbraucher herrschen dürfen. Der demokratische Staat kann sein Denken eher um die *Anbieter* von Leistungen oder um die *Abnehmer* von Leistungen kreisen lassen, in der ersten Variante ist er bürgerlich, in der zweiten sozial bzw. egalitär. Der platonische Gegensatz oligarchisch/demokratisch prägt sich *innerhalb* des Systems aus, das wir formal demokratisch nennen, und es gehört zu den großen Faszinationen unserer täglichen Zeitungslektüre und Bildschirmbetrachtung, auszumachen, wohin und wie weit sich seit gestern zu heute diese Grenze verschoben hat. Der Kampf zwischen oligarchisch und egalitär, zwischen bürgerlich und sozialistisch (kennzeichnend der Höchststeuersatz, etwa im Unterschied zwischen USA und – bisher! – Schweden) hat *innerhalb* der Demokratie-Theorie Platons seinen streng definierten Platz: so lautet die These (sogar noch die Demokratie mit konservierten feudalherrlichen, timokratischen Beständen, wie Japans Industriesystem).

Diese These bedingt eine Uminterpretation des Urtextes, besser: eine Sinnfortbildung. Wenn Platon oligarchisch sagt, werden wir bürgerlich lesen, wenn er demokratisch sagt, dann lesen wir egalitär. Aus den Details wird folgen, ob überhaupt und inwieweit diese Adaptation berechtigt war. In der Schilderung, die Platon vom oligarchischen Mann und später vom demokratischen Mann gibt, können wir jedenfalls leicht eine Typologie vom Gegensatz bürgerlich/sozialistisch erkennen. Dieser Gegensatz und seine Zwischenstufen sind – nachdem die totalitären Denkmodelle von der Geschichte verworfen sind – aktueller denn je. (Wieviel Gewinn darf sein? Welche Umverteilung muß sein?).

5. Die bürgerliche Welt

Das Bürgertum, das den Tyrannen oder die Adelsherrschaft endlich abgeschüttelt hat, *seine* Form der Freiheit verwirklicht, wird nicht sehr sympathisch dargestellt:

> „... geldgierig werden diese sein, ... eigene Schatzkammern haben, ... und Umzäunungen um ihre Häuser, recht wie eigene Nester; in denen sie an Weiber und an wen sie sonst noch wollen vieles verwenden können." (458 a)

Kann er sich eine sinnvolle Verwendung von Reichtum nicht vorstellen? Sie sind, so heißt es,

> „wohl auch karg mit dem Gelde, da sie viel darauf halten ..., fremdes (Geld) aber werden sie eher aus Lüsternheit verwenden, sich heimliche Freuden pflücken, dann aber vor dem Gesetz davonlaufen wie Kinder vor dem Vater ..." (548 b).

Ihre Schatzkammer füllen sie mit Geld an, genau aber das verdirbt die Verfassung (550 a). Die daraus erstehende Staatsorganisation lasse sich so beschreiben: „die Reichen herrschen, die Armen haben keinen Anteil an ihr." (550 c). Dann treiben sie es immer weiter mit dem Gelderwerben, und legen immer weniger Wert auf die – ihnen mehr und mehr altmodisch erscheinende – Tugend (550).

> „Aus hochstrebenden und ehrsüchtigen Männern [aus der Zeit der Adelsherrschaft] werden zuletzt erwerbslustige und geldliebende: den Reichen loben und bewundern sie und ziehen ihn in Ehren, den Armen aber achten sie gering."

Die Vorstellung des Klassenkampfes ist bereits voll da. Platon erkennt die Explosivität der Gleichheitsidee, die ganze Staatssysteme sprengen kann. Weil die Reichen immer reicher, die Armen immer ärmer würden, sei nicht mehr zu übersehen,

> „daß ein solcher Staat notwendig nicht einer ist, sondern zwei: den einen bilden die Armen, den anderen die Reichen, welchen beide, sich immer gegenseitig auflauernd, zusammenwohnen." (551 d)

Diesen Krieg könnten die Bürgerlichen nie gewinnen,

> „weil sie sich entweder der Menge bedienen müßten, vor welcher sie sich ... mehr fürchten als vor den Feinden, oder, weil sonst ihre Macht im Gefecht ... nur erschiene als eine Macht von Wenigen." (551 e).

Die bürgerliche Welt sei voll von Mängeln. Ein großer Fehler:

> „... daß einer das Seine vertun kann, ein anderer es erwerben, und der, der es vertan hat, weiter in der Stadt wohnen ...; als jetzt der Arme und Unbemittelte" (552 a).

Das Auftreten von Bettlern sei ein wichtiges Indiz:

> „In einem Staat, wo du Bettler antriffst, dort sind auch Diebe verborgen und Beutelschneider und Tempelräuber und andere Verbrecher" (552 d)

Adeimantos, jetzt der Gesprächspartner, muß zustimmen: soziales Defizit als großer Einwand gegen die bürgerliche Welt.

> „Und sollen wir nicht sagen, es habe seinen Grund in der Bildungslosigkeit und in der schlechten Erziehung und Einrichtung des Staates, daß sich solche Mängel finden?" (552 e)

Platon erinnert daran, wie entschlossen und rigoros sein Idealstaat sich der Erziehungsaufgabe widmet. Daß in späteren Zeiten das Bürgertum sich auf Besitz *und* Bildung hat stützen wollen, war dann im Prinzip politisch richtig. (Ebenso richtig, daß unsere Gesellschaftsveränderer bei eben dieser Bildung den Hebel ansetzten.) Es fragt sich nur: was jetzt?

Diese ganze Schilderung der bürgerlichen Welt ist ziemlich ungerecht. Platon hatte, vom pädagogischen Eros wohl ganz in Anspruch genommen, keinen persönlichen Familiensinn ausgebildet: – insofern sind Abstriche zu machen, wenn er sich gegen das bürgerliche Heim wendet. Auch brachte er allen nicht von ihm konzipierten politischen Systemen eine eifersüchtelnde Gehässigkeit entgegen – ein Staat, der sich nicht von ihm beraten läßt, kann nicht geraten – insofern sind weitere Abstriche nötig. Aber, was dann bleibt, ist eine Wahrheit, die erst nach 2.200 Jahren *Marx* für sich wiederentdecken wird: das Erwerbsstreben ist nicht nur tragendes Prinzip des Bürgertums, sondern auch schon der Keim zu dessen Gefährdung. Die Disparität reich/arm in der bürgerlichen Welt ist schwerer zu ertragen, als die Disparität hoch/niedrig in der feudalen: denn während letztere auf sagenhaften Zufällen beruhen kann, sich leicht romantisch verklären läßt, beruht erstere normalerweise auf privater Tüchtigkeit, demonstriert jedem nicht Hochgekommenen seine private Untüchtigkeit, verärgert schon den ursprünglich Armen, mehr noch den, der den Aufstieg unter Mißerfolg versucht hat. Wer verspricht, diese Disparität und damit die Möglichkeit der bürgerlichen Welt revolutionär aufzuheben, konnte bisher die immer eine Mehrheit bildenden Untüchtigen sofort für sich einnehmen.

6. Tendenzen zur Veränderung

Das Entstehen dieser bürgerlichen Welt war psychologisch erklärt worden – wie andere Übergänge auch – aus Vater/Sohn-Konflikten. Der Jüngling im Feudalismus (Timokratie) hatte Königreiche gesehen, in denen jemand zu politischer Bedeutung gelangt war, „der sich nur mit der Tiara, mit der Halskette, mit dem Prachtsäbel" (553 c) schmükken konnte. Davon wollte er los, zu rationalen Organisationsformen, wollte

> „nichts anderes bewundern und verehren als Reichtum und die Reichen, nichts anderes erlangen als Geldbesitz und alles, was damit zusammenhängt." (553 d)

Es soll in Zukunft auf die Tüchtigkeit ankommen, die dieser Jüngling in sich spürt, er will, was er erreicht, *durch sich* erreichen. Die durch ihn endlich eingerichtete bürgerliche Welt führt aber, politisch gesehen, nicht zu seinem Glück.

> „Ist doch, in dieser Stadt, der Sparsame ein schlechter Bewerber um eine Stelle oder einen Preis, weil er ... kein Geld aufwenden will, indem er sich immer fürchtet, die verschwenderischen Begierden zu erregen." (555 a)

„So führt er recht oligarchisch den Krieg immer nur mit den Seinigen, wird also gewöhnlich überwunden (a.a.O.)." Skizziert werden hier aristokratische Restbestände in der bürgerlichen Welt, auch die eigentümliche Ungeschicklichkeit des bürgerlichen Typs, sobald er sich in der Politik bewegen soll. Er kann nicht in die Vollen gehen.

Die bürgerliche Welt habe Reichtum zum Prinzip erhoben, und genau deshalb könne sie mit der nächsten Generation, die nur an Verschwendung denke, nicht fertig werden. – Wieso denn nicht?

> „Weil ja die Reichen in diesem Staat vermöge ihres Reichtums herrschen; so können sie nicht die Jünglinge, die durch vererbten Besitz ausschweifend werden, in Schranken halten" (555 c),

weil dies ein Verstoß gegen das Eigentumsprinzip, gegen die Philosophie des Vermögens überhaupt wäre. Echte psychologische Schwierigkeiten!

> „Es ist doch wohl klar, daß in einem Staat unmöglich der Reichtum geehrt und zugleich Besonnenheit und Mäßigung in den Bürgern hervorgebracht werden kann." (555 d)

Die Stunde des offenen Klassenkampfes in den Städten sei bald da:

> „Einige, so denke ich, sitzen in der Stadt wohlbewaffnet und gut gerüstet, einige verschuldet, andere ihrer bürgerlichen Stellung beraubt, noch andere beides, alle aber [den Reichen] zürnend und auflauernd, ... nach Neuerung begierig." (555 e).

„Drohnen und Arme" gibt es jetzt in dieser Stadt, Drohnen, die nichts tun und trotzdem ernährt werden, Arme, denen noch nicht einmal dies gelingt.

Die jetzt auftretende, alle beschäftigende Frage sei die nach den richtigen Sozialgesetzen.

> „Entweder wollen sie das lodernde große Unheil löschen, ... daß ... immer noch jeder nach Gutdünken mit dem Seinigen schaltet, oder dies gesetzlich aufheben." (556 a).

Diese Unklarheit ist auch durch unseren Verfassungssatz „Eigentum verpflichtet" nicht behoben, das Willkür-Moment ist vom Eigentum niemals ganz zu trennen.

Gibt es eine Lösung? „Tugend" ist die Antwort Platons. Die Bürger sollen Tugend üben, nicht Wucher treiben, nicht schamlos auf Gelderwerb ausgehen. Mehr als zweitausend Jahre später wird ein Robespierre sich ausdrücklich auf dieses Tugendprinzip berufen, in manchen Köpfen damit Angst erregen, andere rollen lassen.[17]

7. „Freiheit" und „Gleichheit"

Die Entwicklung nimmt aber den entgegengesetzten Verlauf: zur Untugend. „Machen sie" – die Bürgerlichen – „nicht ihre Jünglinge schwelgerisch, zu leiblichen und geistigen Anstrengungen untüchtig, weichlich und träge?" (556 b) „Ist nicht" – die Stadt – „dann voll Freiheit und Zuversicht, weil nunmehr jeder die Erlaubnis hat zu tun, was er will?" (557 b) „Am Ende" – so ironisch Platon – „mag dies die schönste aller Verfassungen sein, ein buntes Kleid, in das viele Blumen eingewirkt sind" (557 c). In diesem Staat

---

17 Vgl. dazu Bd. II S. 90 ff.: „Robespierre: Die Tugend und der Schrecken"; auch die dichterische Gestaltung von *Georg Büchner*, Danton's Tod, 1835.

„... bist du nicht gezwungen, an der Regierung mitzuwirken, auch wenn du noch so begabt dazu bist, noch auch zu gehorchen, wenn du nicht Lust hast, noch auch mitzukämpfen, wenn die anderen Krieg führen, noch Frieden zu halten, wenn die anderen dies tun“ (557 e).

„Noch auch mitzuarbeiten, wenn andere arbeiten“ – wird deshalb nicht gesagt, weil der griechische Bürgerstaat seinen Söhnen – es herrschte Sklavenwirtschaft! – die Wahl zwischen „Geschäften“ (negotium) und philosophischer Muße (otium) glücklich freistellen konnte; aber jetzt kann man auch pur alternativ faul und wollüstig leben.

„Ist dies nicht eine wundervolle und anmutige Lebensweise?“ Und die „Wohlgestimmtheit der Verurteilten“, werde daran nicht bestens gedacht? Die übertriebene Aufmerksamkeit für Fragen des Strafvollzugs als Indiz. Dieser Staat wolle überzeugen durch seine Fähigkeit zur Nachsicht, sei nicht ernst, sondern lustig, frage niemanden nach Zeugnissen oder Verdiensten, wenn der Bewerber nur bereit ist zu versichern, er meine es gut mit dem Volk. „Anmutig“, „regierungslos“, „buntscheckig“, das seien die Eigenschaften dieses Staates, dem es bald nur darum gehe, „Gleichen wie Ungleichen eine gewisse Gleichheit gleichmäßig auszuteilen.“ (558 c)

Am Anfang des Bürgertums stand der Ruf nach liberté und egalité, zur Emanzipation von der Adelsherrschaft. Der wortgleiche, aber sinnverschiedene Ruf läutet auch den Anfang vom Ende des Bürgertums ein.

Die bürgerliche Gleichheit ist die an der Startlinie, die sozialistische die an der Ziellinie. Das Auge des Bürgers ist erfreut, wenn im Wettbewerb das Feld dramatisch sich auseinanderzieht, der Sozialist erwartet das gleichzeitige Eintreffen aller Teilnehmer, wird ein Zurückfallen des Schwachen eher verzeihen als das Vorpreschen des leider immer noch existenten Starken. Leicht folgt daraus, daß die sozialistische Fortbewegung gar nicht anders vonstatten gehen kann als durch gemeinsames Marschieren unter Befehl.

8. Der neue Vater/Sohn-Konflikt

Der bürgerliche Vater hat einen nicht mehr bürgerlichen Sohn (eine Tochter?), der Vater denkt sparsam, der Sohn verschwenderisch, der Vater denkt an die gewinnbringenden Lüste, der Sohn an die geschlechtlichen. Auch über „ausländische Leckereien“ (559 b) wird im

Hause diskutiert, zum Nachteil des Hausfriedens. Der Nachwuchs wird von unbezähmbaren Begierden beherrscht, von schwülstigen, drohnenhaften = leistungsfeindlichen (559 d). Kaum jemand will ihm noch zuhören.

Der Umgang, so sagt Platon, den jetzt der Jüngling hat, das sei entscheidend. Durch den Umgang kann in des Jünglings Seele die bürgerliche Tugendhaftigkeit verwandelt werden in egalitäre libertinage. Am Ende nehmen sie – die Libertinen – „die Burg in der Seele des Jünglings in Besitz", 560 b, nachdem sie gemerkt haben, daß es darin fehlt an soliden Kenntnissen, schönen Bestrebungen, richtigen Grundsätzen.

Dann ist es aus: der Jüngling geht mit den Lotophagen, ihn an das politische Rauschgift Bringenden. Er sagt mit ihnen – im alten Griechenland sprach man gern im Chor: Scham ist Dummheit; Besonnenheit unmännlich; Mäßigkeit und häusliche Ordnung bäuerisch und armselig; Übermut prima; Unordnung gleich Freiheit; Schwelgerei die richtige und große Lebensweise. – Die Bewußtseinsveränderung als Voraussetzung für den politischen Wechsel spielt in Platons Theorie eine ebenso große Rolle wie bei Marx und den Neomarxisten, nur daß sie in das Programm eines erklärten Idealisten sehr gut paßt, in das der sich selbst Materialisten nennenden Denker dagegen nicht. Von einer „bacchischen Begeisterung" wird dieser Jüngling fortgerissen, nur eventual findet er, „nachdem er etwas älter geworden ist und das große Getümmel sich verlaufen hat", wieder in den alten Kreis zurück, der „dann die Vertriebenen zum Teil wieder aufnimmt." (560 b) (Seltener Hinweis auf die Möglichkeit einer Contra-Bewegung, heute für viele Biographien höchst aktuell).

9. Der Gedanke des Wechsels: unabweisbar

Um sich blickend, findet der Mensch der Übergangszeit dies und das, das Willkürliche, die Buntheit, „so daß keine irgendwie geartete Ordnung und Notwendigkeit über sein Leben schaltet", 561 d. „Die Unersättlichkeit des Reichtums aber und die Vernachlässigung alles übrigen um des Geldmachens willen" (562 b), das findet er schlicht widerlich. Er hat nicht gemerkt, daß gar nicht mehr so viel verdient wird, eher brennende wirtschaftliche Probleme bestehen. Nach dem von Tocqueville entdeckten Trägheitsgesetz der Politik werden Mißstände immer erst dann und dort bekämpft, wenn und wo sie nicht mehr bestehen (eines der wenigen, vielleicht das einzige Gesetz der Politologie).

Er lacht nur, wenn ihm jemand von der bürgerlichen Freiheit spricht.

> „Denn von dieser wirst du immer im demokratischen Staat hören, daß sie das Größte sei.“ (562 c)

Schlechte Wirte schenkten schlechten Wein! Die Idee der Freiheit mache schnell betrunken! Mit irgendwelchen Grenzen zwischen Vernunft und Unvernunft sei nicht zu rechnen.

> „Wird nicht die Idee der Freiheit sich in die Häuser einschleichen und am Ende auch dem Vieh die Ungebundenheit einpflanzen?“ (526 d)

Der Sohn wird versuchen, sich dem Vater gleichzustellen! Alle Kinder ihren Eltern! Die Schüler den Lehrern!

> „Der Lehrer zittert in solchen Zuständen vor den Hörern und schmeichelt ihnen; die Hörer aber machen sich nichts aus den Lehrern und den Wächtern. Überhaupt stellen sich Jüngere den Älteren gleich und treten mit ihnen in die Schranken mit Worten wie mit Taten. Die Alten aber setzen sich unter die Jugend und suchen es ihr gleichzutun an Fülle des Witzes und lustigen Einfällen, damit es nicht so aussähe, als seien sie mürrisch oder autoritär.“ (563 b)

In den hier beobachteten Szenen ist der Gedanke der Demokratisierung antizipiert, vom Staat auf andere gesellschaftliche Bereiche übertragen, etwa – für Platon gewiß die schlimmste Vorstellung – auf die von ihm gegründete Akademie.

Zwischen Sklaven und Freien, das ist die nächste Stufe der Dekadenz, gäbe es dann keinen Unterschied mehr; zwischen Männern und Frauen, das ist die allerletzte Stufe, auch nicht, schließlich:

> „... Pferde und Esel sind gewöhnt, ganz frei und vornehm immer geradeaus zu gehen, wenn sie einem auf der Straße begegnen ... und ebenso ist alles andere voll von Freiheit.“ (563 c)

Dieser Hohn gegen den Sozialgedanken, gegen das noch gar nicht in die Welt gesetzte christliche Mitleid, wirkt nicht besonders schön. Was Platon gut gelingt, ist, das Zwanghafte des politischen Denkens abzubilden: wenn eine Tendenz sich erst einmal durchgesetzt hat, dann ist kein Halten mehr, auch nicht bei absurden Konsequenzen, nicht einmal bei schädlichen Folgen, die einen selbst treffen, also im strikten Gegensatz zu Marx, der alles politische Handeln von (materiellen) Interessen determiniert gesehen hatte.

Platon läßt der Gleichheitsidee nicht einen Hauch von Gerechtigkeit zukommen. Das ist schwer begreiflich, weil doch *er* der große programmatische Kommunist ist. Wieso ist der Gedanke der Gleichheit in seinem Idealstaat gut (sogar die Absurdität der Weiber- und Kindergemeinschaft), in anderen, nicht nach seiner Idee konzipierten Staaten aber nur des Hohnes wert? Kann es sein, daß er, die christliche Ideal-Konkurrenz antizipierend, schon jetzt von Konkurrenzneid gepackt wird? Wahr scheint zu sein – wenn auch traurig – daß der Gleichheitsgedanke für die Demokratie destabilisierende, für die Diktatur aber stabilisierende Wirkung hat.

Richtig sieht auch Platon, wie die Gleichheitsidee in der Transitionsphase, gerade durch ihre Verkoppelung mit der noch nicht aufgehobenen Freiheit, surrealistische, wahnhafte Züge annimmt. Homosexuelle machen ihre laute Propaganda – ein „Hetero" zu sein, ist schon fast eine Schmach. Säufer lassen sich Kranken gleichstellen („Alkoholkranke"), mit Anspruch auf alle Wohltaten der Sozialversicherung. Minderbemittelte heißen jetzt, auch wenn ihre Armut auf parasitärer Einstellung beruht, „Sozialschwache", was Mitleid erregen und die gesamte Sozialpolitik ins Unrecht setzen soll, jedoch eigentlich ungeheuer beleidigend für jeden Armen ist: er ist finanziell schwach, wieso aber sozial? Die Gesetzgebung verlernt, die bürgerliche Normallage zum Ausgangspunkt und Maßstab zu nehmen: Randgruppen, Abweichler und Ausflipper beschäftigen die legislatorische Phantasie. „Unkraut" darf, weil es bisher unter diesem Namen gelitten hat, sich als Wildkraut bezeichnet wohler fühlen.

10. Jetzt kommt die Diktatur

Der psychologische Zustand, der den letzten Schritt unvermeidbar macht, ist das Verlangen nach Sanftheit überall, auch im Staat, der nur noch als softy unter softies hingenommen wird. („Die sanfte Republik")

> „Es wird allmählich die Seele der Bürger so verzärtelt, daß, wenn ihnen einer auch noch so wenig Zwang auferlegen will, sie echt grantig werden und dies gar nicht vertragen." (563 d)

Damit haben anarchistische Ideen Konjunktur. Zuletzt, so sagt uns Platon,

> „kümmern sie sich auch nicht um die Gesetze, seien es geschriebene oder ungeschriebene Gesetze, damit auf keine Weise jemand ihr Herr sei." (563 e).

Frühere Berliner Wortspiele über legal/egal oder „Your home is my castle!" wären zur Illustration geeignet. Ein Gemütszustand heiterer und spielerischer Verantwortungslosigkeit breitet sich aus.

„Dies ist die treffliche und jugendliche Wurzel!" höhnt Platon, „aus der die Tyrannei hervorwächst!"

> „Das äußerste Tun in irgend etwas pflegt immer eine große Neigung zum Gegenteil zu bewirken ... So wird auch die äußerste Freiheit im Staat wie bei den einzelnen sich in nichts anderes umwandeln als in die äußerste Knechtschaft ... Aus keiner anderen Staatsform kommt nämlich die Tyrannei, als aus der Demokratie, aus der übertriebenen Freiheit die strengste und wildeste Knechtschaft." (564 a)

Es zeigt sich besonders deutlich, daß er unter „Demokratie" nicht jede, sondern die Demokratie „der übertriebenen Freiheit", die demokratisierte Demokratie versteht.

Die Details des Übergangs sind schnell erzählt. Es gäbe in jedem Staat „ein Geschlecht fauler und verschwenderischer Menschen." Diese würden sich in der egalitären Demokratie eher durchsetzen als in anderen Verfassungen. Während sie in der bürgerlichen Welt nicht in Ehren gehalten und von den obrigkeitlichen Ämtern zurückgedrängt wurden, haben sie jetzt bald mit wenigen Ausnahmen überall den Vorsitz (564 d). Eine abweichende politische Meinung werde von ihnen nicht geduldet, sie paßten auf, daß ein jedes Amt im Staate von ihrer Gattung verwaltet werde, wobei große Zufälligkeit herrsche, manches Amt durch Losentscheidung besetzt werden müsse (557 a).

> „Von nun an, denke ich, fließt für die Drohnen der meiste und reichlichste Honig."

Dies werde die Reichen verärgern, die sich als „Weide der Drohnen" fühlen müßten. Aber auch das Volk – „alle die mit eigenen Händen arbeiten und sich der Staatsgeschäfte enthalten" (565 a) – werde bald unzufrieden sein und den Regierenden vorwerfen, das meiste von dem Honig, den sie den Vermögenden geraubt hätten, vor der Verteilung für sich zu behalten. Die Regierenden würden die Schuld auf die Vermögenden abwälzen, ihnen politische Absichten unterstellen, etwa die Gründung einer Oligarchie, obwohl diese im Grunde unpolitisch seien, nur in Ruhe gelassen werden möchten. Schließlich, mit zunehmender Verleumdung, faßten sie doch Pläne zur Veränderung, nicht aus eigenem Antriebe, „sondern auch dieses bringt ihnen jenes Unheil, die Drohne, durch ihre Stiche bei" (565 c).

Die Existenz von Drohnen und der zuerst dosiert, dann immer reichlicher fließende Honig deuten auf das fortgeschrittene, dem Ende sich nähernde Stadium des Kapitalismus: den Wohlfahrtsstaat. Es handele sich um ein korrektives Moment im bürgerlichen System, teils aufgezwungen, teils wohl auch im Interesse der Systemerhaltung freiwillig eingeführt. Mit dem Ausdruck „Drohnen" hat Platon aber auch schon gesagt, weshalb dies keine Dauerlösung sein kann: die Untüchtigen, die sich vom System aushalten lassen, werden kein Selbstgefühl finden können, werden statt Dankbarkeit – psychologischer Irrtum! – eher Spott/Hohn/Haß aufbringen, Feindbilder entwickeln (Schumpeter).

Das Volk werde jemanden an seine Spitze stellen, mit wohlwollender Duldung der Reichen. Dieser werde die Menge überraschend leicht lenkbar finden, von ihr als „Parteihaupt gegen die Vermögenden" anerkannt, „wobei er auf Niederschlagung der Schulden und Verteilung der Grundstücke von fern hindeutet" (566 a), das genüge schon („Brechung der Zinsknechtschaft"). Einmal die Macht gekostet, werde der Volksmann davon immer mehr begehren wie ein Opfernder – Platon greift jetzt in die Grausamkeit der archaischen Mythenwelt – „der menschliches Eingeweide gekostet hat, wenn dergleichen unter anderes von anderen Opfertieren mit hineingeschnitten ist, notwendig zum Wolf wird." (565 d). Weil die Zahl seiner Feinde wachse, müsse der Wolf das Volk um eine Leibwache bitten, „damit doch der Beschützer des Volkes selbst sicher sei." Dies sei das letzte Signal für viele, in die Emigration zu gehen. „Denn wer sich, denke ich, fangen läßt, der wird in den Tod gehen." Der vom Volk kommende Mann „aber sitzt nun nicht etwa nur groß in großer Herrlichkeit, sondern, nachdem er viele andere zu Boden geworfen, steht er offen in dem Wagen des Staates und lenkt ihn allein und ist aus einem Führer vollständig ein Tyrann geworden." (566 d)

Da Platon sowieso alles weiß, ist es schon nicht mehr verwunderlich, wie viel er über den Tyrannen weiß; trotzdem ist dessen Portrait beklemmend genau. Dieser wird „in der ersten Zeit wohl alle anlächeln und begrüßen, wem er nur begegnet ... und ihnen vielerlei versprechen." Aber dann „regt er zuerst immer irgendeinen Krieg auf, damit das Volk des Anführers bedürfe." (566 e). Auch damit die Volksgenossen, „durch starke Abgaben verarmend, genötigt werden, an den täglichen Bedarf zu denken und ihm weniger nachstellen können." Aus vielerlei Ursachen ist es „einem Tyrannen immer notwendig, Krieg zu erregen." Er werde dann immer mehr verhaßt, müsse sich vieler Gegner entledigen, könne nicht ruhen, bis er die Stadt gesäubert habe. („Eine schöne Säuberung! Entgegengesetzt der, wie die Ärzte den Leib reinigen. Denn diese führen das Schlechteste aus und lassen das Beste übrig, er aber umgekehrt" (567c)). Schließlich könne er nur noch auf seine Leibwache bauen, vielleicht noch auf „die jungen Bürger", die gern etwas zum Bewundern haben; immer aber auf irgendwelche Literaten, die sein Lob singen und „mit einschmeichelnden Stimmen" andere Staaten, besonders die Demokratien, zur Tyrannei hinüberlocken möchten in den „Rausch der Knechtschaft", weil die bürgerliche Welt für sie immer zu langweilig und undramatisch sei, keine Lösung für die ihnen eigenen psychischen Schwierigkeiten bereithalte (Platons Kritik könnte hier zur Selbstkritik überleiten: ist nicht *auch er* ein vom Rausch der Knechtschaft faszinierter Literat? Fasziniert von den fasces?).

11. Ein schwacher Trost

Ein Trost nur, daß der Tyrann nicht das letzte Wort ist: er wird gestürzt werden, eine andere Staatsform wird an die Stelle der tyrannischen treten. Aber ein rechter Trost ist das auch wieder nicht, weil unsere Staatsform der Demokratie auch nicht das letzte Wort ist, nicht einmal das vorletzte.

III. Aristoteles als Politologe

1. Wissenschaft durch Methode

Wenn wir Platons „politeia" beiseite legen und des Aristoteles „Politik" aufschlagen, so kann der Gegensatz nicht größer sein: anstelle der künstlerischen Komposition die trockene Erörterung; statt des großen Wurfs begriffliche Detail-Arbeit; nicht mehr Parabeln, Mythen, Metaphern, sondern sachbezogene Denkdisziplin. So kann man keine großen Fehler machen – aber auch schwerlich jemand mitreißen! *Aristoteles* war durch seine Geistesgaben dazu bestimmt, die Logik zu begründen, *jede* strenge Wissenschaft als Systemgebäude, durch die Erfindung des „Allgemeinen Teils". Seine Arbeitsweise charakterisiert, daß er für die von ihm geplante Verfassungslehre eine Sammlung aller nur erreichbaren griechischen Verfassungen anlegen ließ, wobei er auf 158 gekommen sein soll – „Der Staat der Athener" allein ist überliefert (*empirisch-sammelnde Methode*).

Schon der erste Satz seiner „Politik" ist bezeichnend:

> „Da wir sehen, daß jeder Staat eine Gemeinschaft ist und jede Gemeinschaft um eines Gutes willen besteht (denn alle Wesen tun alles um dessentwillen, was sie für gut halten), so ist klar, daß zwar alle Gemeinschaften auf irgendein Gut zielen, am meisten aber und auf das unter allen bedeutendste Gut jene, die von allen Gemeinschaften die bedeutendste ist und alle übrigen in sich schließt: und dies ist der Staat und die staatliche Gemeinschaft."

Dieser verwickelte Satz ist ein Gefüge von nicht weniger als drei Syllogismen:

1. Alle Wesen erstreben ein Gutes.
   <u>Jede Gemeinschaft ist ein Wesen.</u>
   Also erstrebt jede Gemeinschaft ein Gutes.
2. Jede Gemeinschaft erstrebt ein Gutes.
   <u>Jeder Staat ist eine Gemeinschaft.</u>
   Jeder Staat erstrebt ein Gutes.
3. Die bedeutendste Gemeinschaft erstrebt das bedeutendste Gut.
   <u>Der Staat ist die bedeutendste Gemeinschaft.</u>
   Der Staat erstrebt das bedeutendste Gut.

Mit solch strenger *logisch-begrifflicher* Arbeit hat Aristoteles später die Scholastik des Mittelalters für sich gewonnen, genauer: durch die Übernahme des aristotelischen Denkens ist der Thomismus erst zur Scholastik geworden. Vorausgesetzt wird eine geordnete Welt, eine hoch aufragende Begriffspyramide, die es erlaubt, „Staat" unter „Gemeinschaft", diese unter „Wesen" zu subsumieren.

Man möchte A. fragen, ob sein fundamentaler Satz

> „Alle Wesen erstreben ein Gutes!"

eigentlich synthetisch ist (wo ist dann der empirische Beweis?) oder rein analytisch, weil nämlich „erstreben" schon die intentionale Beziehung auf ein Gut voraussetzt. Diese Frage ist zwar in solcher Zuspitzung kantisch, aber der große Logiker hätte sofort, mindestens bald, verstanden.

Im folgenden zeigt er, welche weitere Methode es nach der syllogistischen gibt: die *vergleichende*, die bei ähnlichen Phänomenen Gleichartigkeit und Verschiedenheit herausarbeitet.

> „Diejenigen nun aber, die da meinen, daß die Aufgabe des Staatsmanns (politikos), des Fürsten (basilikos), des Gutsverwalters (oikonomikos) und des Herren (despotikos) eine und dieselbe sei, haben Unrecht ..."

A. wird die Unterschiede dieser Herrschaftspositionen herausarbeiten und zwar, indem er dafür die einzelnen Elemente des Staates betrachtet:

> „Wie man nämlich auch anderswo das Zusammengesetzte bis zu den nicht mehr zusammengesetzten Teilen zerlegen muß (denn diese sind die kleinsten Teile des Ganzen), so müssen wir auch beim Staate erkennen, woraus er zusammengesetzt ist, und wir werden besser begreifen, worin sich jene Verhältnisse voneinander unterscheiden und ob sich über jedes einzelne etwas wissenschaftlich Brauchbares feststellen läßt."

Diese hier etwas pedantisch aber unüberbietbar genau skizzierte *analytische* Methode wird später in den Naturwissenschaften große Karriere machen, die Suche nach dem chemischen Element, dem „Atom", nach der Zelle beherrschen. Für die Politik wird des A. große Entdeckung sein, daß der Einzelmensch bereits ein politisches Wesen ist (zoon politikon), von diesem wird er zur Zweierbeziehung (Mann/Frau, Herr/Diener) übergehen, dann zum Hauswesen und so fort.

Aber er stellt noch eine weitere Verfahrensweise zur Verfügung, die *historische*:

> „Die beste Methode dürfte hier wie bei anderen Problemen sein, daß man die Gegenstände verfolgt, wie sie sich von Anfang an entwickeln."

Bemerkenswert ist zunächst einmal die methodenbewußte Einstellung, die den A. Betrachtungen dieserart an den Anfang seines Werkes stellen läßt. Hinter den so erreichten Reflexionsgrad wird niemand in Zukunft zurückfallen dürfen, die *Wissenschaftstheorie* wird die Entwicklung der Wissenschaften begleiten, einige vorantreiben, für andere tödlich sein (Kant und die Theologie). Bemerkenswert ist weiter, daß A. nicht *eine* Methode anbietet, sondern gleich fünf: die empirisch-sammelnde, die begrifflich-logische, die vergleichende, die analytische, die historische. Damit wird gesagt, daß die Politikwissenschaft auf einen *Methodenpluralismus* angewiesen ist, heute ganz unbestritten[18]. Und diese Pluralität ist eigentlich schon vollständig entfaltet, ganz neuartige Verfahrensweisen sind nicht hinzugekommen, allenfalls unterstützende (Sprachwissenschaft, Psychoanalyse).

Was A. aus Sicht heutiger, nachkantischer, von M. *Weber* und *Popper* verfeinerter Wissenschaftstheorie unreflektiert läßt, das ist der Übergang von der Deskription zur Wertung. Auch dem A. wird sich die Frage nach der richtigen, der besten Staatsverfassung stellen; mit seiner Antwort: die gemischte! geht er den Weg des geringsten Anstoßes, exponiert sich nicht, stellt sich auf den geschütztesten Platz seines Systems, ein Mann der Mitte. Trotzdem hat er eine Wertentscheidung getroffen; denn weshalb soll man nicht, wie z.B. Platon, als Autor von „Der Staat", Extremist sein? Also: der Wissenschaftstheoretiker A. hat viel gesehen, das Wertfreiheit-Problem aber noch nicht.

2. Aristoteles und die Sklaven

Es ist seine analytische Methode, die A. ganz zu Anfang (I, 3 ff) ein Problem aufdrängt, das seiner Welt kaum als Problem bewußt war, uns dagegen die halbe Antike verleidet: die Sklavenwirtschaft. Denn

> „... jeder Staat ist aus Häusern zusammengesetzt. ... Das vollständige Haus setzt sich aus Sklaven und Freien zusammen."

A. spricht von einem ihm selbstverständlichen gesellschaftlichen Phänomen; seine theoretische Sicht führt ihn zur Distanz.

> „[Wir wollen] über den Herrn und den Sklaven reden, um die praktische Notwendigkeit zu erkennen und zu sehen, ob wir hierüber nicht theoretisch Besseres erreichen können als die gegenwärtig geltenden Meinungen."

A. sichtet die vorhandene Literatur, ordnet sie und setzt sich mit den vertretenen Meinungen auseinander: auch hiermit stilprägend für jede künftige Wissenschaft. Ein Jammer nur, daß er selten Namen nennt: was gäben wir für Fußnoten aus seiner Feder!

> „Die einen meinen nämlich, das Herrenverhältnis sei eine Wissenschaft (episteme) ... Andere behaupten, das Herrenverhältnis

18 Methoden der Politologie, hrg. von *Robert H. Schmidt*, „Wege der Forschung", Wiss. Buchgesellschaft 1967; auch: Aufgabe und Selbstverständnis der Politischen Wissenschaft, hrg. von *H. Schneider*, daselbst 1967.

> sei gegen die Natur; nur durch das Gesetz (nomo) sei der eine ein Sklave und der andere frei, während von Natur (physei) kein solcher Unterschied zwischen ihnen bestehe, daher das ganze Verhältnis nicht in der Gerechtigkeit (dikaiosyne) begründet sei, sondern durch Gewalt (bia)."

Wohl das Äußerste an Einsicht für einen antiken Autor! Er wird das Drängende, die Brisanz dieser These nicht länger aushalten können, vielmehr abwiegeln. A. tut dies mit einer ökonomisch-funktionalen Erwägung:

> „Da nun der Besitz ein Teil des Hauses ist ... (denn ohne die notwendigen Güter kann man weder leben geschweige denn vollkommen leben), und da wie für die einzelnen Künste die zugehörigen Werkzeuge vorhanden sein müssen, wenn diese Aufgabe erfüllt werden soll ..., so ist auch für den Gutsherrn der Besitz ein Werkzeug zum Leben ... und der Sklave ein beseelter Besitz; jeder Diener ist eigentlich ein Werkzeug, das viele andere Werkzeuge vertritt."

Ohne Sklaven kämen wir nicht aus –; dies ist der harte Kern der Argumentation. Interessant ist eine futuristische Hilfserwägung: hätten wir schon Roboter, dann könnten wir auf Sklaven verzichten.

> „Wenn nämlich jedes Werkzeug auf Befehl hin (oder einen solchen schon vorausahnend) seine Aufgabe erfüllen wollte – wie man das von den Standbildern des Daidalos oder von den Dreifüßen des Hephaistos erzählt, von denen der Dichter sagt, sie seien von selbst zur Versammlung der Götter erschienen – wenn also das Weberschiffchen allein webte und das Plektron allein die Kithara schlüge, dann brauchten die Minister keine Gehilfen und die Herren keine Sklaven."

Damit hat er seine Zustimmung zur Sklavenwirtschaft an eine auflösende Bedingung geknüpft und zwar eine materialistische Bedingung: die Verbesserung des Zustands der Produktionsverhältnisse. Mit soviel Progressivität müßte selbst ein Marxist zufrieden sein. Schlimmer ist die zweite Hilfserwägung. Sie ist logisch-begrifflicher Art. Hier zeigt sich der scholastische Aristoteles, der auch die Kontrolle der Logik abschüttelt, gern von einer petitio principii zur nächsten übergreift.

> „Von einem Besitzstück redet man wie von einem Teil. Dieser Teil ist nicht nur der Teil des anderen, sondern gehört auch ganz und gar diesem anderen ... Daher ist der Herr bloß Herr der

Sklaven, gehört ihm aber nicht; der Sklave hingegen ist nicht nur Sklave des Herrn, sondern gehört ihm ganz."

Zu alldem noch ein Mißbrauch des werbewirksamen Wortes „Natur":

„Welches die Natur (physis) und die Fähigkeit (dynamis) des Sklaven ist, wird hieraus klar. Der Mensch, der seiner Natur nach [?] nicht sich selbst, sondern einem andern gehört, ist von Natur ein Sklave."

Da kann etwas nicht stimmen! Immerhin spürt unser Autor dies auch.

„Ob es nun einen Menschen gibt, der von Natur derart ist oder nicht, und ob es gerecht (dikaion) und besser ist, wenn es Sklaven gibt oder nicht, ob vielleicht jede Art von Sklaverei (douleia) naturwidrig ist, das ist jetzt zu untersuchen."

Um eine Rechtfertigung zu finden, experimentiert A. mit fragwürdigen Analogien: ein jeder Mensch bestünde aus Leib und Seele, die Seele müsse über den Leib herrschen, also gäbe es schon in jedem Menschen ein herrschen-Sollendes und ein beherrscht-sein-Sollendes. Auch für Tiere sei es gut, beherrscht zu werden, nämlich vom Menschen. Und nun kommt ein Satz, für welchen der Autor dieses Buches jede Mit-Verantwortung ablehnt:

„Dergleichen ist das Verhältnis des Männlichen zum Weiblichen von Natur so, daß das erste besser, das zweite geringer ist und daß das erste regiert, das andere regiert wird."

Es ist also klar, daß es von Natur Freie und Sklaven gibt und daß das Dienen für diese zuträglich und gerecht ist – sagt A.! Aber so klar sei es auch wieder nicht.

„Daß aber auch jene, die das Gegenteil behaupten, in einer gewissen Weise recht haben, ist nicht schwer einzusehen."

Ein eigenartiger Denker: erhaben, entrückt, leidenschaftslos. Interessiert ihn überhaupt die Sache, oder nur der Denkprozeß?

Jedenfalls ist Genauigkeit im gedanklichen Prozedieren, die Berücksichtigung jedes schon erhobenen oder noch zu erhebenden Einwandes, ihm Wert an sich!

Sein Denken birgt die Lehre, daß volle methodische Instrumentation und Hoffnung auf das sichere Ergebnis einander fast ausschließende Werte sind. Das objektive, jeden Weg probierende, jeder Weisung folgende Denken kann eigentlich *nie* zum Ziel finden, nur irgendwann erschöpft abbrechen und den zufällig erreichten Ort für sein Ziel erklären. Dieser Versuchung zur Unwahrhaftigkeit widersteht Aristoteles, er läßt lieber offen, ob er am Ende eines thematischen Abschnittes überhaupt zu einem Ergebnis gefunden hat, und wenn ja, zu welchem. Manche seiner Kommentatoren kreiden ihm das als schriftstellerische Unvollkommenheit an, wollen gar spätere Bearbeiter für den Zustand des Textes verantwortlich machen. Viel eher ist wahrscheinlich, daß es sich um die Nachschrift einer Vorlesung handelt, in der der Lehrer, als guter Lehrer, nie mehr sagt, als er sicher erdacht hat, lieber etwas offen läßt, als Sicherheit zu heucheln. Daß A. das Ergebnis des Nicht-Ergebnisses nicht scheut, sich Sokrates, dem Produzenten von Fragezeichen, nähert, beweist, daß er *doch* ein Philosoph ist, kein Dogmatiker, kein Scholastiker. Es war ein Mißbrauch seines Namens, wenn Aristoteliker in Mittelalter wie Neuzeit versuchten, die Sicherheit, mit der er im Bereich des Formalen allerdings aufgetreten war und mit vollem Recht, auch angeblich von ihm abgeleiteten Thesen aus dem Bereich Wertung/Ethik/Politik zu *imputieren*. Sie verstießen damit gegen den schon transzendentalphilosophischen Satz aus der Nikomachischen Ethik (I, 1, 1094c), daß es von einem Mangel an [wissenschaftstheoretischer] Bildung zeugt, wenn jemand im Bereich der Wertung von Denkenden gleich sichere Auskunft erwartet wie im Bereich des Formalen (s. unten S. 78).

Der Sklave – wir haben das Thema nicht verloren – kann schwerlich Sklave von Natur sein, weil

> „es auch Leute gibt, die bloß das Gesetz (nomos) zu Sklaven gemacht hat. Dieses Gesetz besteht in der allgemeinen Übereinkunft, daß die im Kriege Besiegten Eigentum der Sieger sind."

Damit könnte die große Feldschlacht Natur – gegen – Recht beginnen, aber A. hat erst noch das Vorfeld zu bereinigen. Das genannte griechische Völkerrecht könnte gesetzwidrig sein,

> „weil es doch zu arg ist, wenn einer nur die Macht dazu hat, einen anderen zu überwältigen und keinen anderen Vorzug vor ihm als den der größeren Macht besitzt, dennoch der Besiegte ihm gehorchen und als Sklave dienen soll."

Das Recht/Macht – Problem ist für unseren Denker offenbar interessanter als das Natur/Recht = Problem. Er versucht, für die Macht etwas zu retten mit der Erwägung,

> „daß es bis zu einem gewissen Grade [?] die Tugend (arete), sobald [?] sie sich im Besitz der erforderlichen [?] Mittel befin-

det, dasjenige ist, was am meisten Macht dazu verleiht, andere zu überwältigen, und daß immer der Sieger dem Besiegten nach irgendeiner [?] Richtung hin an Trefflichkeit überlegen ist, so daß die Gewalt (bia) nie ohne eine gewisse Tugend zu sein scheint ..."

Also etwa: der Stärkere hat immer Recht? Nein!

„Denn die Ursache des Krieges kann ja möglicherweise eine ungerechte[19] gewesen sein, und den, der ganz unverdientermaßen der Sklaverei anheimfällt, wird man doch wohl nicht als einen Sklaven [von Natur] bezeichnen wollen."

Sogar von Platon wird berichtet, daß er auf der Rückfahrt von Sizilien Piraten in die Hände gefallen, auf dem Sklavenmarkt von Ägina feilgeboten und verkauft worden sei – glücklicherweise an einen Freund der Philosophie, der ihn mit Geld und Segenswünschen nach Athen derelinquierte. A. unterscheidet naiv zwischen Griechen und Barbaren: der griechische Adel sei überall adelig = nicht versklavbar; der evtl. barbarische Adel aber nur im Land der Barbaren. Dies ist offenbar tagespolitisch gedacht, vielleicht schon gegen die drohend am Horizont auftauchenden Römer. Nur zwei Jahrhunderte später wird ein gelehrter griechischer Sklave als Lehrer der Kinder zu jedem römischen Hauswesen von einigem Ehrgeiz gehören! Daran konnte A. nicht denken, aber er denkt nach über die Ungenauigkeit des Adels-Begriffs, der bisher immer auch die Sprößlinge von Adeligen umfaßt habe,

„denn der Begriff geht offenbar davon aus, daß, wie von einem Menschen auch wieder ein Mensch und von Tieren auch ein Tier, so von adeligen Menschen auch wieder adelige herkommen. Die Natur strebt zwar nach diesem Ziel, vermag es aber in vielen Fällen nicht zu erreichen."

Damit bricht der Diskurs ab; es kommt noch eine Ermahnung an den Herrn, seine Herrschaft nicht zu mißbrauchen; auch nicht die Wissenschaft (episteme!!) von den richtigen und falschen Befehlen für die Sklaven ganz den Haushofmeistern zu überlassen. Schlußsatz:

„Soviel denn also über Herrn und Sklaven."

---

19 Über den ungerechten Krieg mehr in Bd. II „Rechtsdenker der Neuzeit", S. 51 ff. zu *Hugo Grotius*.

3. Kritik am platonischen Kommunismus

Der Scharfsinn des Aristoteles will sich nicht recht entfalten bei der Suche nach einer konstruktiven Lösung, kommt dagegen ganz auf seine Höhe in der Kritik einer fremden. Platons „politeia", dessen Konzeption eines als endgültig gedachten Staates, stand im Wege, forderte zur Auseinandersetzung heraus. Diese liefert er, hart in der Sache, verbindlich in der Form, exemplarisch für alle Zeiten: daß ein Gelehrter den vor ihm stehenden Gelehrten freundlich aber gnadenlos unter sich treten darf, um, auf dessen Schultern stehend, vielleicht etwas mehr Überblick zu bekommen.

> „Da wir uns vorgenommen haben, zu untersuchen, welches von allen die beste staatliche Gemeinschaft (politiké koinonia) ist, ... so müssen wir auch die anderen Staatsverfassungen in Betracht ziehen ..., auch diejenigen, welche von einzelnen vorgeschlagen sind und Beifall gefunden haben, damit sich zeige, was an ihnen richtig und brauchbar ist, und damit nicht, wenn wir, über sie hinausgehend, noch etwas neues suchen, der Schein entstehe, als entspringe das nur aus der Absicht, uns geistreich zu zeigen, sondern vielmehr zutage trete, daß wir lediglich durch die Mangelhaftigkeit aller dieser bisher gegebenen Verfassungen zu unserer Nachforschung getrieben werden."

In der nun folgenden Kritik nimmt Aristoteles Platon beim Wort, unbarmherzig genau, fast schon unphilosophisch genau. Er zeigt keinen Sinn für die große Linie des platonischen Denkens, schon gar nicht für die literarische Qualität des kritisierten Textes. Was A. kritisiert, war von Platon vielleicht nicht wörtlich gemeint, nur eine Utopie[20], ein Lehrstück über Denkbarkeiten, eine Umsetzung des Prinzips Hoffnung. Die Kritik des A. trifft jede Einzelheit genau und verfehlt trotzdem das Ganze. So müssen der Utopist und der Realist ewig aneinander vorbeireden. Später wird sich dies im Verhältnis Rousseau und Voltaire, Hegel und Schopenhauer, Marx und Max Weber, Adorno und H. Albert (der sog. Positivismusstreit) wiederholen. Ob man das Wirkliche als solches akzeptiert (der Realist) oder nur als Schatten sieht einer höheren Wirklichkeit (das *Höhlengleichnis*, die schönste Parabel des Idealismus), das trennt. Und nur so erklärt sich, daß, nachdem Popper und Topitsch Hegel vollständig widerlegt haben und kein Hegelianer Popper und Topitsch widerlegt hat, die Zahl der Hegelianer

20 Über den Ausdruck Utopie vgl. Bd. II S. 15 ff. zu *Thomas Morus*.

trotzdem nicht kleiner geworden ist. (Und daß, nachdem der real existierende Kommunismus schmählich versagt hat, seine Idee doch weiterleben soll.)

4. Der Staat als Einheit

Platon hatte, um die Notwendigkeit des Kommunismus zu begründen, mit einer rhetorischen Frage eingesetzt:

> „Gibt es wohl ein größeres Übel für den Staat, als was ihn zerreißt und zu einer Vielheit macht statt zu einer Einheit?"

und:

> „Entsteht nun dergleichen nicht daraus, daß die im Staat Zusammenlebenden solche Worte aussprechen wie ‚mein' und ‚nicht mein'?"

So ist es wohl. Folglich darf im vollkommenen Staat kein Unterschied im Eigentum bestehen. Dessen Bewohner

> „... dürfen weder Häuser zu eigen haben noch Land noch sonst ein Besitztum, sondern sollen den als Lohn für ihre Arbeit gewährten Unterhalt gemeinsam verzehren."

Konsequent muß A. den Ausgangspunkt, den Gedanken der Einheit angreifen. Ist nicht der Staat seiner Natur nach eher eine Vielheit? Jedenfalls könne man den Einzelnen oder auch noch die Familie viel eher eine Einheit nennen, und wollte man den Staat einem *solchen* Einheitscharakter annähern, so würde man ihn aufheben.

> „Es ist nämlich doch offenbar, daß ein Staat, wenn er nach dieser Richtung immer weitergeht und eine immer strengere Einheit zu werden sucht, zuletzt gar kein Staat mehr bleiben wird."

In jedem Staat gebe es eine Vielzahl von Menschen, die der Art nach verschieden seien.

> „Denn aus ganz gleichen Menschen entsteht kein Staat."

Wie soll man das verstehen? Der notwendige Unterschied besteht für A. in der Teilhabe an der *Macht* und ist durch kein noch so intensives Gleichheitsbemühen – also: auch durch keinen Kommunismus – aufzuheben.

> „Denn alle zugleich können unmöglich regieren."

Selbst in einer Verfassung, die ständigen Wechsel der Regierenden vorsähe, damit alle Bürger möglichst oft an der Regierung teilnähmen, breche dieser Unterschied immer neu auf.

> „Auf diese Weise regiert der eine und gehorcht der andere Teil der Bürger so, wie wenn beide andere geworden wären.“

Schließlich gäbe es noch wirtschaftliche Argumente. Denn jeder Staat müsse nach Selbstgenügsamkeit (Autarkie) streben. Dies aber bedingt Arbeitsteilung, Entfaltung verschiedener Talente, Unterschiede im Vermögen.

5. Die Weiber- und Kindergemeinschaft

In Platons Staat darf kein Bürger eine Frau oder ein Kind sein eigen nennen, jedenfalls nicht in exklusiver Bedeutung, vielmehr sind Weiber und Kinder vergemeinschaftet (auch dann die Männer, genau besehen). A. fühlt sich zuerst als Logiker herausgefordert. Erstrebt war doch gewesen, den Gegensatz der Zuordnungen „mein“ und „nichtmein“ aufzuheben, und zwar so weit, daß alle alles zugleich „mein“ nennen können. A. arbeitet heraus, daß „alle“ dann doppeldeutig sei: „jeder einzelne“ dürfe es nicht bedeuten, nur „alle gemeinsam“. Als Jurist hätte er sicher noch gefragt, ob die Frauen den machistischen Eigentümern nach Bruchteilen oder zur gesamten Hand zustehen sollten. Hinter den logisch-semantischen Problemen stehen politische Sachfragen, wie sich zeigen läßt am Begriff des Volkseigentums (z.B. volkseigene Betriebe in den früheren sozialistischen Staaten), das dem einzelnen Volksgenossen mindest so unzugänglich war wie fremdes Privateigentum dem Nicht-Eigentümer.

Der nächste Einwand betrifft die Erziehung der vaterlosen Söhne. Wer wird sich ihrer annehmen?

> „Je mehr etwas vielen gemeinsam gehört, desto weniger wird für dasselbe Sorge getragen. Für das Eigene sorgt man bevorzugt, das Gemeinsame aber ... vernachlässigt man schon deshalb mehr, weil hier jeder denkt, ein anderer kümmere sich darum.“

Wenn kein Bürger einen richtigen Sohn hat, sondern jeder Knabe jedes beliebigen Bürgers Sohn ist, so wird

> „davon die Folge sein, daß alle gleichmäßig alle vernachlässigen werden.“

Fur A. ist offenbar die Fürsorge der Eltern durch keine noch so gut organisierte Kollektiverziehung ersetzbar, die Kinderkrippen der DDR hätten seine Billigung nicht gefunden. Im übrigen werde sich, gegen den Willen des Erfinders, die Stimme der Natur doch durchsetzen. Es werde

> „sich gar nicht vermeiden lassen, daß manche doch ihre wirklichen Brüder, Kinder, Väter und Mütter erraten ...",

womit dann wieder das normale, unkommunistische Familienleben begönne. Wenn nicht, dann drohe die Gefahr des Inzestes. Es sei unverständlich, daß Platon gegen Liebesverhältnisse zwischen Eltern und Kindern bzw. zwischen Geschwistern keine Vorsorge getroffen habe. Ein Vorwurf, der sitzt.

Später bringt A. noch einen Einwand weniger dramatischer Art: wenn keine Frau jemanden angehört, wer wird dann eigentlich dem Mann das Haus führen? Schon der insofern feministische Platon erreichte ein höheres Niveau, volle Gleichberechtigung von Mann und Frau in Haus und Gewerbe fordernd. Immerhin war, wie man hörte, in den Wohngemeinschaften unserer Tage die Frage der Haushaltsführung durchaus wieder zum Streitpunkt geworden (vgl. *Adomeit*, Hausarbeit: Männersache!, NJW 1996 S. 299).

6. Die Gütergemeinschaft

Gesondert untersucht A. vernünftigerweise die ökonomische Seite der Dinge, den *Kommunismus des Besitzes*, für den beträchtlich mehr spricht als für die Sozialisierung von Weibern und Kindern.

A. sieht in der Gemeinschaftlichkeit des Besitzes „etwas Schwieriges", eine sozial-historisch zauberhafte Untertreibung.

> „Das sieht man schon an denen, die gemeinsam verreisen; denn wohl die meisten entzweien sich, indem sie über Kleinigkeiten ... aneinandergeraten."

Im gesellschaftlichen Maßstab werde dies zu ernsten Konflikten führen,

> „weil ja doch nicht alle gleich sind im Genuß wie in der Arbeit, vielmehr große Ungleichheiten bestehen –: und so entsteht notwendig eine Unzufriedenheit gegen die, die viel genießen oder empfangen, aber wenig arbeiten, bei denen, welche weniger empfangen und mehr arbeiten."

Die Gegenüberstellung von Arbeiten und Empfangen, die schon Platon gebracht hatte, findet sich viel später an einer zentralen Stelle bei *Marx*, nämlich in seiner Kritik des Gothaer Programms der Sozial-Demokratischen Partei von 1875. Nach Marx wird im Kommunismus ein jeder arbeiten nach seinen Fähigkeiten und empfangen nach seinen

Bedürfnissen. Nie hat M. beantwortet, weshalb man, nachdem der Lohn von der Arbeit abgekoppelt ist, denn so viel arbeiten wird (das Motivations-Problem), es sei denn aus *Angst vor Terror*. Und nie hat Marx sich dem Problem der Grenzenlosigkeit von Bedürfnissen gestellt (das Luxus-Problem), wohl aber vorwegnehmend Aristoteles.

> „Denn die Menschen sind unersättlich, und sind ihnen zuerst wohl zwei Obolen genug, so verlangen sie, wenn diese erst Gewohnheit geworden sind, immer mehr und steigern so ihre Forderungen bis ins Unendliche. Denn die Natur der Begierde kennt keine Grenzen ...".

Nicht näher begründet hatte A., weshalb für ihn offenbar unvermeidlich „doch nicht alle gleich sind im Genuß wie in der Arbeit". Dies folgt aber zwingend daraus, daß Platons Staat nicht ein Staat von Gleichen, sondern ein Klassenstaat ist, in dem sich die Wächter von den Normal-Bürgern abheben. A. fragt, weshalb sich insbesondere die Bauern die Herrschaft der unproduktiven Wächter, „die nicht selbst den Acker bestellen", ruhig gefallen lassen sollten, und welche Art von Gemeinschaft eigentlich das Ganze verbinde.

> „Notwendig würden hier in einem Staat zwei Staaten entstehen, und noch dazu zwei in feindlichem Gegensatz zueinander stehende, da ja [Platon] die Wächter *zu einer Art Besatzung* und Bauern, Handwerker und alle sonstigen zu [einfachen] Bürgern macht."

Von hier bis zur Leipziger Nikolaikirche im Oktober 1989 mit Chorgesängen wie „Stasi in den Tagebau!" läßt sich durchaus eine Linie ziehen.

Platon, so wird erkannt, der ausgezogen war, den alle bisherigen Staaten zerreißenden Gegensatz von Reichen und Armen zu beseitigen, ist bei dem mindest ebenso zerreißenden Gegensatz von *Wächtern und Bewachten* in seinem Staat gelandet, hat, indem er „immer dieselben regieren läßt", d.h. keinen demokratischen Wechsel vorsieht, einen

> „Anreiz zum Aufstand geliefert sogar für Leute, die wenig Selbstgefühl besitzen, wie aber erst für mutige und kriegerische Männer!"

Dabei ist A. kein Feind des Gemeineigentums, sieht in seiner grenzenlosen Objektivität auch dessen Vorteile, wünscht sich, daß besonders Freunden alles gemeinsam sei, manches aber auch allen, z.B.

> „wenn es an Wegzehrung fehlt, die Feldfrüchte auf dem Land."

Aber das Privateigentum müsse bestehen bleiben, es werde alles viel besser gedeihen,

> „weil dann ein jeder mit Sorgfalt für den eigenen Vorteil arbeitet."

Diese sozial nützliche Funktion des (Eigen-)Interesses sähen die Kommunisten nie ein, auch nicht, wie sehr es doch zur Lebensfreude gehöre, „irgend etwas sein eigen nennen zu können", sei es aus Selbstsucht, sei es, um

> „seinen Freunden, Gästen und Gefährten gefällig und hilfreich zu sein." (s. unten S. 82 zur Ethik dieses Tuns) –:

„und dies ist nur möglich, wenn es ein Eigentum gibt." Die Kommunisten zerstörten eine besonders sympathische Tugend, die der Freigiebigkeit.

> „So ergeht es also denen, die nach übermäßiger Einheit des Staates trachten!"

Stattdessen würden sie nicht müde, ihre doch nicht realisierbaren Utopien auszumalen.

> „Ganz hübsch aussehen mag freilich eine solche Art von Eigentumsordnung und sie mag den Schein großer Menschenfreundlichkeit haben; und wer dies hört, mag leicht geneigt sein, dies zu billigen und zu glauben, eine wunder wie große Solidarität aller entstehe hier, zumal wenn er an die bei den bestehenden Ordnungen hervortretenden Übel denkt und sich sagt, sie entstünden alle daraus, daß das Vermögen nicht gemeinsam sei, vor allem die Prozesse über Verträge, die Verurteilungen wegen Meineids, die Kriechereien gegenüber den Reichen."

Aber:

> „Es wäre nicht gerecht, bloß die Übel anzugeben, von denen wir durch den Kommunismus befreit würden. Wir denken auch an die Güter, derer er uns beraubte: dann erweist es sich als ganz unmöglich, ein solches Leben zu ertragen."

Ein lautes Wort, das, bei einem Denker, der sonst laute Worte scheut, um so länger nachklingt. A. hat, wie wir heute alle wissen, recht gehabt und zuletzt auch bekommen.

7. Seine Lösung

Das reich/arm-Problem erkennt A. durchaus als Problem an, sonst würde er nicht diesem Thema so eingehende Erörterungen widmen. Aber er sieht es nur als Spezialfall der überhaupt problematischen menschlichen Eigenart. Schon am Anfang des I. Buches der Politik hieß es, daß der Mensch

> „in seiner Vollendung das edelste aller Lebewesen ist, wiederum, losgerissen von Gesetz und Recht, das schlimmste."

Er glaubt nicht, daß für alles Unrechttun (adikein) das Gegenmittel in der Gleichheit des Besitzes gefunden sei, weil der Mensch nicht nur von Frost oder Hunger zum Diebstahl getrieben werde, sondern ebensosehr vom Streben nach Genuß oder Befriedigung von Begierden. A. ist kein Tiefenpsychologe, daß er uns, wie Platon, durch analytischen Einblick in dunkle Schichten unserer Person erschreckte, aber ein Menschenkenner mit viel Sinn für das praktische Leben, vielleicht vom väterlichen Arztberuf her. A. gilt als ein abstrakter Denker und die Aristoteliker meinen, ihrem Vorbild, je abstrakter sie dächten, desto näher zu sein. A. dachte aber, methodisch höchst genau unterscheidend, nur dann abstrakt, wenn es um abstrakte Fragen ging, kulminierend in der Logik. Der Politologe A. denkt *konkret*, stützt sich auf Beispiele aus elementaren menschlichen Beziehungen: Hauswesen, Handwerk, Freundschaft, Kunst. Die Beispiele sind vom schriftstellerischen Standpunkt einfach und anspruchslos, auch hier im Gegensatz zur Artistik der platonischen Metapher, doch gerade durch ihre Schlichtheit menschlich berührend und zum Nach-Denken herausfordernd. Gerät er dagegen in ein Feld politischer Hochspannung, wie hier, dann kann sein Vorgehen leicht allzu schlicht wirken.

Der reich/arm-Gegensatz stellt sich A. als Erscheinungsform des unaufhebbaren Gegensatzes von Tüchtigen und Untüchtigen dar.

> „Hiergegen nun ist weit mehr als die Ausgleichung des Besitzes dies das geeignete Mittel, die von Natur Edelgearteten so heranzubilden, daß sie gar keinen Vorzug vor anderen haben wollen, die Untüchtigen aber in solcher Lage zu halten, daß sie es nicht können; dies geschieht aber, indem sie in Unterworfenheit gehalten werden, ihnen jedoch sonst kein Unrecht zugefügt wird." (1267 b - 5 ff.)

Der Text ist nicht sozial und klingt in den Ohren eines Westeuropäers in unserer späten nachchristlichen ins Soziale hinein säkularisierten

Zeit schrill, dissonant. Man wird A. einfach unsympathisch finden. Aber es ist *nicht* Aufgabe des Denkers, sympathisch zu sein, schon gar nicht, wenn er sich einem so unbarmherzigen Gegenstand widmet: dem Staat. A. denkt ein bißchen reaktionär: das stimmt. Aber sein Aufruf zur allgemeinen Bescheidenheit, sowohl an die, die dazu keinen Grund besitzen, wie an die, die dazu allen Grund besitzen, hat das Erziehungsideal mancher Jahrhunderte geprägt, besonders die große Zeit Preußens, wo man sich für das semper talis! immer auf Immanuel Kant berief, bei dem – wenn Verf. genau gelesen hat – kein solcher Ratschlag zu finden ist, wohl aber bei Aristoteles.

8. Die gemischte Verfassung

Aristoteles ist ganz in seinem Element bei der Klassifizierung der Herrschaftsformen in Monarchie, Aristokratie und Demokratie, die so sehr der Aufreihung logischer Quantoren einer/einige/alle entspricht. Er wird nicht müde, die Eigenarten dieser Systeme herauszuarbeiten, auch, unter Verwendung seines empirischen Materials, ihre möglichen Varianten. Von Platon übernimmt A. die Lehre von den jeweiligen Verfallsformen – Tyrannis, Oligarchie, Pöbelherrschaft – sowie, wenn auch nicht explizit, aber aus Einzelbemerkungen erschließbar, die Lehre vom Kreislauf der Systeme. Im V. Buch wird er sich ausschließlich der Frage widmen, „aus welchen, wie vielen und was für Ursachen die Verfassungen sich verändern, was die besondere Gefahr für die jeweilige Verfassung ist, welche Verfassungen vorzugsweise in welche anderen umschlagen und was bei allen und jeder einzelnen den Bestand sichert, wodurch sie am ehesten erhalten werden kann.“ Er liefert also, in einem, eine Revolutionstheorie und eine Theorie der Staatserhaltung: das ist wirklich erhabene wissenschaftliche Objektivität! Der Konservative – d.i. jemand, der die unvermeidliche Bewegung der politischen Welt bremsen möchte, z.B. wenn er den derzeitigen Zustand für akzeptabel hält – kann hier ebenso Ratschläge finden wie der Progressive – d.i. jeder, der diese Bewegung beschleunigen möchte, sich vom kommenden Zustand mehr verspricht. (Deshalb müssen sich der Reaktionär, der gegen die Bewegungsrichtung läuft, und der extrem Progressive, der schon dem übernächsten Zustand entgegeneilt, zu beiderseitigem Entsetzen begegnen). Ein wichtiger Auslöser für Veränderung ist, wie bei Platon, das Übermaß der das jeweilige System prägenden Eigenart: der Monarch, der absolute Macht kumuliert – die ihre Privilegien pflegende Oligarchie – die nur noch der Gleichheitsidee opfernde Demokratie: sie nähern sich, wie das Flußwasser der Stromschnelle, ihrem Untergang. Daraus folgen paradoxe Ratschläge wie die, daß der wahre Freund der Demokratie die in seinem System vorhandenen aristokratischen Restbestände zu stärken habe.

Denn die gemischte Verfassung ist die beste Verfassung „für die Mehrzahl der Staaten und der Menschen". Für die Mehrzahl –: A. will also nicht ausschließen, daß unter außergewöhnlichen Bedingungen auch einmal – zeitweilig? – die reine Form das Glück bringt (nicht nur verheißt). Wenn etwa ein einzelner, alle an Tugend überragend „wie ein Gott unter den Menschen" erscheint, so werde man ihm das Recht auf Alleinherrschaft schon zugestehen müssen. Das Fehlen dieses Vorbehalts hätte ihm auch wohl sein Schüler Alexander (später der Große) schwer verübelt! Im übrigen denkt A. gerade an den Normalfall, für den er eine Normallösung empfehlen will, was niemals gelingen kann, wenn man den Fehler macht, (1295 b - 25 ff.)

> „von einer Tugend auszugehen, die überdurchschnittlich hoch ist, oder von einer Bildung, die guter Anlage und glücklicher äußerer Umstände bedarf, oder von einer Konstellation, wie man sie sich wünschen mag –: statt von dem Leben, das die Mehrzahl zu führen vermag, hin zu einer Verfassung, die sich die Mehrzahl der Staaten zu eigen machen kann."

Keine utopische Lösung! A. ist der Anti-Utopist schlechthin, seine Denkweise ist nüchtern und vernünftig, der Verstand ist sein Ansprechpartner, nicht das Gemüt. Als Volksredner kann man sich ihn nicht vorstellen, gern aber hätte man seinem Seminar gelauscht, lieber noch richtig daran teilgenommen.

Die Lösung, auf die nun alles hinsteuert, wird von A. *Politie* genannt, also der Staat schlechthin, der richtige Staat. Der richtige Staat ist eine Mischung von Aristokratie und von Demokratie:

> „man muß ihre Unterscheidung heranziehen und von beiden gewissermaßen jeweils einen Zuschuß nehmen und sie zur Politie zusammensetzen."

Erst die Mischung aus Elite und Gleichheit

> „wird den Reichen und Armen, dem [Gedanken von] Reichtum und dem Gedanken von Freiheit gerecht. Und bei den meisten scheinen die Wohlhabenden die Stelle der Edlen einzunehmen." (Eine kritische Bemerkung!)

Es werden immer stärker Aristokratie und Oligarchie in eins gesehen und gleich behandelt. Was Platon nur mit Hohn sehen wollte, den Übergang vom Vorzug der Geburt zum Vorzug des Reichtums durch private Tüchtigkeit, erscheint ihm eine reguläre Entwicklung: Adligkeit war gewesen alter Reichtum plus Tugend, Bürgerlichkeit ist einfach nur Reichtum und hoffentlich Tugend dazu.

A. spricht jetzt von einem praktischen, politisch aber bezeichnenden Problem: Sitzungsgelder. Aristokratisch: Reiche werden bei Abwesenheit bestraft, Arme ignoriert. Demokratisch: Reiche werden ignoriert, Arme erhalten Sitzungsgeld. Die *Politie*: Reiche werden bei Abwesenheit bestraft, Arme erhalten (bei Anwesenheit) Sitzungsgeld. Unsere Hochschulreform hat, diesen Gegensatz auf Professoren und Studenten übertragend, die aristotelische Lösung übernommen.

Wie jede Tugend in der Mitte zwischen zwei Extremen liege – Sparsamkeit zwischen Geiz und Verschwendung, Tapferkeit zwischen Feigheit und Tollkühnheit –, so sei auch der richtige Staat in der Mitte angesiedelt zwischen der Oligarchie, die nur den wenigen Reichen diene und der [sozialen] Demokratie, die den vielen Minderbemittelten gefällig sein wolle. Für diese politische Mitte entdeckt A. eine neue tragende Schicht (1295 b -1):

> „In allen Staaten gibt es drei Teile, die sehr Reichen, die sehr Armen und die Mittleren. Wenn nun das Maß und die Mitte anerkanntermaßen (?) das Beste sind, so ist auch in Bezug auf die Glücksgüter der mittlere Besitz von allen der beste. Denn in solchen Verhältnissen gehorcht man am leichtesten der Vernunft."

Alles Übermaß wie alles Untermaß ist persönlich wie politisch gefährlich: in Schönheit, in Körperkraft, im gesellschaftlichen Stand, im Besitz.

> „Die einen werden übermütig und schlecht im Großen, die anderen bösartig und schlecht im Kleinen."

Die vom Glück Begünstigten wollten nie und könnten auch nicht gehorchen: schon in der Kindheit zeige sich das, in der Schule seien sie arrogant und undiszipliniert, als Erwachsene geborene Despoten. Kinder der Not dagegen seien ohne Stolz, sie könnten nur gehorchen in sklavischer Weise. (Fehlt der Gesichtspunkt, sich für sein Schicksal rächen zu wollen: Richard III., Hitler). Mit beiden Gruppen könne man einen Staat von Herren und Knechten schaffen, aber nicht von Freien.

„Die einen beneiden und die anderen verachten, und beides widerstrebt im höchsten Maße der Freundschaft und politischen Gemeinschaft." (1295 b - 20 ff.)

Politisch viel versprechender sei die Mittelschicht!

„Diese Schicht der Bürger hat im Staate am meisten Sicherheit. Denn sie begehren nicht nach fremdem Besitz, wie die Armen, noch begehren andere nach dem ihrigen, wie dies den Reichen gegenüber geschieht. Und da ihnen keiner nachstellt und sie keinem nachstellen, leben sie ohne Gefahr."

A. rät dem Staatsmann, mit Nachdruck Mittelstandspolitik zu treiben.

„Offensichtlich ist die auf diese Mitte aufgebaute staatliche Gemeinschaft die beste, und solche Staaten haben eine gute Verfassung, in denen die Mitte stark und den beiden Extremen überlegen ist ..." [**Deshalb** will der Freund des Umsturzes immer wieder den Mittelstand ruinieren!]

Unversehens ist A., der doch von der besten Verfassungs*form* sprechen wollte, in der Wirtschaftspolitik gelandet. Er spricht Wahrheiten aus, von denen rätselhaft ist, wie er sie, in vorindustrieller Zeit, inmitten einer alle wirtschaftlichen Daten verfälschenden Sklavenwirtschaft, entdecken konnte. Denn erst heute zeigt sich mit voller Deutlichkeit, z.B. in Lateinamerika, wie sehr in von sozialen Extremen beherrschten Ländern jede Anstrengung vergeblich ist, eine erträgliche politische Ordnung zu schaffen, wie sehr diese Hoffnung davon abhängt, daß erst einmal eine unabhängige Mittelschicht von Bauern, Handwerkern, Kaufleuten, freien Berufen, gewerkschaftlich vertretenen, damit dem Proletariat entstiegenen Arbeitern und Angestellten entsteht. In der Aktualität ist dies auch existenzentscheidend für die Staaten der früheren Sowjetunion.

„So ist es für den Staat das größte Glück, wenn die Bürger einen mittleren und ausreichenden Besitz haben; wo dagegen die einen sehr viel haben und die anderen nichts, da entsteht entweder die äußerste [d.i. sozialistische] Demokratie oder eine reine Oligarchie oder aus beiden Extremen eine Tyrannis." (1295 b - 40)

Der von ihm erwünschten Mitte erlaubt A., als wäre er Chefideologe der F.D.P., skrupellos Schaukelpolitik:

„Denn wenn sie sich [die Mitte] der einen Seite anschließt, gibt sie den Ausschlag und verhindert die Übertreibung nach der anderen Richtung."

Die Mitte habe allen Anlaß zu politischem Selbstbewußtsein.

> „Denn sie allein führt zu keinen Revolutionen, und wo die Mittleren zahlreich sind, da gibt es bei den Bürgern am wenigsten Aufstände und Konflikte."

9. Gerechter Ausgleich

A. erinnert gerechterweise an *Solon*, den großen Gesetzgeber Athens, den Mann des Ausgleichs: „nur ein einziger Mann unter denen, die früher an der Herrschaft waren, konnte sich entschließen, diese Ordnung einzuführen." Irgendwie zeige dies die Bedeutung des menschlichen Faktors, und letztlich sei jeder Staat davon abhängig, daß in ihm

> „der Teil, der die Erhaltung des Staates will, immer stärker sein muß als der, der sie nicht will."

IV. Von der Tugend zur Gerechtigkeit: Über die Nikomachische Ethik des Aristoteles*

Der klassische Denker hat uns drei Werke über Ethik[21] hinterlassen. Das uns Juristen am meisten interessierende hier erörterte Werk soll sein Sohn Nikomachos um 300 v. Chr. herausgegeben haben (W. *Jaeger*)[22]. Ethik ist die Lehre vom Guten, von der Moral, vom rechten Handeln – aufs Ganze gesehen aber auch die Lehre vom richtigen Staat, von der Gerechtigkeit (1094 b): die gleich am Anfang des Textes skizzierte, bei *Platons* „politeia" anknüpfende Identitätstheorie (Identität von Individual- und Kollektivethik; der gerecht handelnde Einzelne und sein gerecht regierender Staat in Übereinstimmung).

---

* Meinen Freunden *Margarita* und *Dimitri Papastavrou* in Athen herzlich gewidmet.

21 Die Nikomachische Ethik, die Eudemische Ethik und die sog. Große Ethik; vgl. *Dirlmeier*, Aristoteles – Nikomachische Ethik, Berlin 1959; Darmstadt 1964, Einleitung zu seinen Anmerkungen, S. 248.

22 *W. Jaeger*, Aristoteles – Grundlegung einer Geschichte seiner Entwicklung, Berlin 1923, 1955.

1. „Nicht ohne meine Methode!"

Hier wie in der „Politik" denkt A. zunächst über sein Denken nach, bevor er sich dem zu bedenkenden Gegenstand widmet. Die Ethik zielt nicht (nicht so sehr?) auf Erkenntnis, sondern auf Handeln (1095 a), es geht nicht um theoretische, sondern um praktische Philosophie (1103 b). Hier dürfe der Leser keineswegs so viel sichere Belehrung erwarten wie sonst aus Büchern über Logik oder Mathematik.

> „Eine Untersuchung wird dann zufriedenstellen, wenn sie den Klarheitsgrad erreicht, den der gegebene Stoff gestattet. Exaktheitsansprüche können nicht bei allen Wissenschaften in gleicher Weise erhoben werden. Zu den Erscheinungsformen des Guten und Gerechten ... gibt es so viele schwankende Meinungen, daß die Ansicht aufkommen konnte, sie beruhten nur auf Konvention [so unten S. 116 ausdrücklich *Epikur*!], nicht auf natürlicher Notwendigkeit. Der (methodo-)logisch geschulte Hörer wird Genauigkeit in einem Wissenschaftsgebiet nur in dem Maße verlangen, als die Natur dieses Gegenstandes es zuläßt. Es ist nämlich genauso ungereimt, von Mathematikern Wahrscheinlichkeiten entgegenzunehmen wie vom Ethiker denknotwendige Beweise zu fordern."

Ein trostreiches Wort für jeden Rechtswissenschaftler und -philosophen – beide sind im Kern unvermeidlich Ethiker! –, und seine Richtigkeit wird keineswegs dadurch tangiert, daß die Mathematik später auch Wahrscheinlichkeitsrechnungen entwickeln wird.

2. Die mesotes-Lehre der Tugenden oder: die Wahrheit der Mitte

Eine Auswahl wichtiger Sätze:

> „Das höchste von allen Gütern, die wir durch Handeln erreichen können, ist das Glück." (1095 a) – „Glück ist ein Tätigsein der Seele im Sinne der ihr wesenhaften Tugend." (1102 a) – oder: „Glücklich, wer im Sinne vollendeter Tugend tätig ist ..." (1101 a).

Diese nun wahrhaft klassischen, wie als Statuen in parischen Marmor gemeißelten Einsichten stehen da, in „edler Einfalt und stiller Größe" (*Winckelmann* über die griechische Kunst), überdauern alle Jahrhunderte, sind nur durch unseren Denker selbst in einem sympathischen Anflug von Selbstkritik relativiert durch den wirklichkeitsnahen Zusatz zum letztzitierten Satz: „und dazu hinreichend mit äußeren Gütern ausgestattet ist" –: was ja durch die Tugendhaftigkeit allein keineswegs schon garantiert, oft genug geradezu ausgeschlossen ist.

Was ist aber nun Tugend, oder: das rechte Handeln, oder: das Gute, oder: dic rechte Sitte – der Maßstab also sowohl für den einzelnen bei seinem Tun wie für den Gesetzgeber bei seiner Regelung des Tuns aller? [*Kant* wird 2.000 Jahre später mit seinem kategorischen Imperativ das individuelle Tun an die Regeln einer gedachten Gesetzgebung binden, durchaus in Übereinstimmung mit diesem so viel älteren Ansatz, vgl. 1094 b: „... das Ziel für den einzelnen gleichwie für das Gemeinwesen"!][23]

A.'s Denken ist, auch hier, entschieden auf Objektivität, Maß, Klarheit und Überprüfbarkeit ausgerichtet, auf die Mitte. A. wäre auch unvorstellbar als religiöser Schwärmer, als Existentialist[24], als Anarcho-Demonstrant oder sonstwo auf dem „lunatic fringe"! Vielmehr war er „ein Mann von Welt" (*Weischedel*), wurde von der höchsten Herrschaft seiner Epoche, dem mazedonischen Hof als Vertrauter geschätzt. Um eine solche Stellung zu erringen und zu bewahren, muß man die Kunst der Balance beherrschen – auch im Denken!

> „Sittliche Werthaftigkeit liegt in der Mitte zwischen ... den beiden falschen Weisen, die (einerseits) durch Übermaß und (andererseits) durch Unzulänglichkeit charakterisiert sind; und zwar in dem Sinne, daß das Minderwertige teils hinter dem Richtigen zurückbleibt, teils darüber hinausschießt – wohingegen die sittliche Tüchtigkeit das Mittlere zu finden weiß und sich dafür entscheidet." (1107 a)

Die Tugend der Tapferkeit steht zwischen Tollkühnheit und Feigheit. Zwischen zügellosem Leben und Stumpfsinn liegt die Besonnenheit. Beim Geld heißt es zwischen Verschwendung und kleinlichem Knausern die Mitte der Großzügigkeit zu halten. Ein Geltungssüchtiger will mehr Ehre, als ihm gebührt, ein Gleichgültiger läßt sich gehen, in der

---

23 Zu der Rechtslehre von *Kant* vgl. Bd. II S. 97 ff.

24 „Existentialist" wird dem heutigen Leser nicht viel sagen. In der philosophischen Jugendzeit des Verf. war dies ein Modewort, zeitweilig glaubte er selbst einer zu sein, und es gab auch eine existentialistische Philosophie, der so unterschiedliche Denker wie *Heidegger, Jaspers, Camus* und *Sartre* zugerechnet wurden. Ob diese Lehre etwas und evtl. was sie besagte, ist heute nicht mehr feststellbar.

Mitte liegt die Hochsinnigkeit. Jähzornig soll man nicht sein, aber auch phlegmatisch nicht, sondern von ruhigem Wesen. Von Angeberei wie von schädlicher Bescheidenheit hält sich der Aufrichtige gleichweit entfernt. In der Gesellschaft solle man weder den allzu lustigen Hanswurst spielen noch Spielverderber sein, weder liebedienerisch noch Streithahn oder Widerborst, keineswegs schüchtern, aber auch nicht unverschämt. Eine Ehefrau müsse sich dem Gatten keineswegs unterwerfen, aber ebensowenig, etwa durch ständiges Keifen, die Oberherrschaft anstreben.

Die Moral von der Geschicht:

„Vermeide die Extreme!"

oder, mit einem schönen Homer-Zitat, gemäß dem Befehl des Odysseus an seinen die gefährliche Meerenge zwischen Skylla und Charybdis passierenden Steuermann: „... dort aus der dampfenden Gischt und dem Wogenschwall steuere heraus dein Schiff!"[25]

Diese Methode der Tugendbestimmung ist fast schon eine geometrische: Gegeben sei eine Gerade, auf der zwei Punkte – die Extreme – festgelegt werden. Man schlage um diese Punkte sich schneidende Kreise mit gleichem Radius. Wo die gerade Verbindung der beiden Kreis-Schnittpunkte auf die Strecke zwischen den Extremen stößt, liegt was? –: die Tugend.

Es ist geistesgeschichtlich immer faszinierend, wenn ein großer Philosoph an das Wertproblem mit formalen (logischen) Mitteln herangeht, also mit denkgesetzlicher Notwendigkeit scheitern muß, uns aber auf dem Weg zu diesem Scheitern (*Jaspers*), eben wenn er groß ist, im Maße seiner Größe wertvolle Einzeleinsichten vermittelt. Später wird sich dies bei *Thomas von Aquin*, bei *Spinoza*, bei *Kants* Metaphysik der Sitten in jeweils variierter Gestalt wiederholen, zuletzt bei den normlogischen Konzeptionen unserer Jahre (unten Fn. 46): bestätigt wird die Antinomie von Logik und Ethik.

Es war *Kelsen*, der unter allen Kritikern[26] des Aristoteles diesem besonders massiv, fast schon höhnisch, angekreidet hatte, uns nur Tautologien, also logisch Fehlerhaftes – und dies vom größten Logiker des Abendlandes! – aufgetischt zu haben. Wer die jeweilige Tugend aus zwei ihr zugeordneten sich untereinander entgegengesetzten Untugen-

25 Odyssee 12, 219. Das Zitat ist ungenau, weil A. offenbar aus dem Gedächtnis zitierte, also seinen Homer auswendig kannte; zu kennen vermeinte.

26 *Kelsen*, Das Problem der Gerechtigkeit, in: Reine Rechtslehre, 2. Aufl. Wien 1960, S. 357 ff., S. 375.

den bestimme, habe zuvor die doppelte Wertentscheidung – Untugend hier, Untugend da – getroffen, die daraus folgende Tugend-Bestimmung hat dann keinerlei (neuen) Erkenntniswert –: dem kann man erkenntnistheoretisch nicht widersprechen.

Wer, wie der Autor dieses Buches, mehr als sechs Jahrzehnte des letzten so verworrenen Jahrhunderts durchlebt hat, findet, auch wenn er die Lehren des Aristoteles mit viel Sympathie aufnimmt, zusätzliche Anstoßpunkte und Gegengründe. Schon das erste Beispiel –: Tapferkeit als Tugend, Tollkühnheit und Feigheit als Untugenden – alles bezogen auf den kriegerischen Mann – hat uns die Geschichte als höchst relativ zu sehen gelehrt. Während des Nazi-Krieges 1939–45 wurde Tollkühnheit offiziell als Tugend verherrlicht, gegen Ende des Krieges noch wurden 10-jährige Knaben in die Bedienung der „Panzerfaust" eingewiesen und warteten ungeduldig – wie der Autor – auf vaterländischen Einsatz. Mit besseren Motiven traten Widerstandskämpfer im „Dritten Reich" in wahrer Tollkühnheit den Verfolgten zur Seite, dem Regime entgegen, wie die Geschwister Scholl, wie Stauffenberg. Niemand wird heute solche Verzweiflungstaten und die ihnen zugrunde liegende Haltung als Untugend bezeichnen können, vielmehr ist gerechterweise zu beklagen, daß solche heroischen Beispiele zu wenig Gleichgesinnte anspornten.

Die Studentenbewegung ab '68 versuchte – historisch gesehen gar nicht quer zum aristotelischen Denken vom Ausgleich und von der Mitte – dies wieder gutzumachen durch Aufruf zur Wehrdienstverweigerung, also, insofern extrem gegen den griechischen Sinn, durch Verherrlichung von Feigheit („es ist Krieg und niemand geht hin"), und für beide Tendenzen gab es jeweils fachphilosophische Unterstützung. Zugegeben: Aristoteles kann uns zum Schrecken der A-, der B- und C-Waffen nichts sagen, die keinen Heldenkampf wie bei den Thermopylen heute noch erlauben; auch uns verschlägt es die Sprache (aber: *Karl Jaspers*, Die Atombombe und die Zukunft des Menschen, München 1958; *Hans Jonas*, Das Prinzip Verantwortung, Frankfurt/M. 1979; Club of Rome, Bericht 1991, Kapitel 5: „Schwerter zu Pflugscharen").

Trotzdem – der Aufruf des A. zu Maß und Mitte ist über den Verdacht erhaben, eine bloße logische Finte zu sein, bringt durchaus eine echte Ethik, deren Sinn darin liegt, *das Normative dem Normalen zu entnehmen.* So wie A. in der „Politik" die Bürger mit mittlerem Wohlstand, zwischen den Superreichen und den Armen stehend (was dort, weil rein quantitativ, viel leichter feststellbar war) als eigentlich staatstragend ansah, so geht auch hier seine Ethik auf Bestätigung und Stärkung der bürgerlichen Normallage – wobei man „bürgerlich", nachdem der marxistische Spuk verflogen ist, wieder im ursprünglichen, nicht standesbezogenen Sinne verwenden kann, also unabhängig davon, ob der Familienvater sein Geld als Arbeiter, als Angestellter oder als „Selbständiger" verdient (die Anführungsstriche beziehen sich auf die heute offenkundige Abhängigkeit des Selbständigen[27] von „seinen" Arbeitern und Angestellten). Nicht-bürgerlich ist der Dieb oder der Mafia-Boß oder der Diktator über eine Bananen-Republik.

Die Ethik des A. ist damit in kennzeichnender Weise *konservativ*: sie will nicht verändern, allenfalls moderat verbessern (ohne Illusionen über große Erfolgsaussichten), keinesfalls umstürzen, sondern vor allem erhalten, und zwar das mitmenschliche Zusammenleben, wie es immer war und möglichst lange sein wird, unter Ermutigung seiner freundlichen Aspekte (das schöne Buch VIII ist der Freundschaft gewidmet), unter klarer Absage gegen das Laster und das Verbrechen. A. ist in fast schon extremer Weise unexzentrisch (anders gewendet: er kann nur für Thomas und gegen Christian Buddenbrook Partei ergreifen). *Dostojewskis* „Dämonen" und *Nietzsches* „Übermensch" würden – in dem Maße, in dem sein Temperament dies zuließe – seinen heftigsten Widerwillen erregen. Diese beiden Beispiele wurden genannt, um die geistigen Wurzeln des politischen Unheils zu benennen, das unser 20. Jahrhundert heimgesucht, Welt und Menschheit an den Rand der Existenz gebracht hatte. Der ethische Gehalt der Philosophie des A. wird unbestreitbar, wenn man bedenkt und einsieht, wie deutlich die bolschewistischen bzw. faschistischen Polit-Rezepte unvereinbar (inkompatibel) mit dem Denken des Meisters sind –: ihm besser zugehört zu haben hätte uns viel ersparen können.

Erst jetzt, nachdem die Katastrophe sich ausgetobt hat, der „Europäische Bürgerkrieg" (*Ernst Nolte*)[28] über uns hinweggefegt ist, wir vor Ruinen und Massengräbern stehen, ist der Sinn wieder geweckt für die Richtigkeit, den hohen Rang und die erzieherische Kraft eines Werkes wie der Nikomachischen Ethik.

3. Über die Gerechtigkeit

Ein Einzelner kann – als Familienmitglied in seiner Familie, als Vertragspartner mit seinem Partner – gerecht sein; der Herrschende kann

27 Vgl. aus der arbeitsrechtlichen Literatur *Rolf Wank,* Arbeitnehmer und Selbständige, 1988.

28 *E. Nolte,* Der europäische Bürgerkrieg 1917–1945, Frankfurt/M., Berlin 1987 (ein Buch, das nur in der Themenstellung, nicht aber in der Behandlung des Themas überzeugt). An seinen schon vorher publizierten Grundgedanken hatte sich der „Historikerstreit" der später 80er Jahre entzündet.

gerecht herrschen über die ihm Unterworfenen oder sich ihm Anvertrauenden [die Staatsform ist hier im Moment kein Thema! vgl. oben S. 73 ff.], *aber „was ist gerecht?“*

Diese berühmte Ausgangsfrage von „politeia“ hatte *Platon* zu höchst zweifelhaften sozialistischen Visionen geführt (dargestellt oben S. 40 ff.), mit denen man im Verlauf vieler Jahrhunderte wenig anzufangen gewußt hatte, nur theoretische Varianten erdachte (*Thomas Morus*: Utopia, 1516), wozu erst im 19. Jahrhundert *Marx* glaubte, eine gewaltige Rezeptur gefunden zu haben, die erst jetzt, nach so schrecklichen Opfern, sich als monströse Quacksalberei erwiesen hat. Aristoteles war schon gegen Platons Sozialismus gewesen, das spricht sehr für ihn, verstärkt unser Vertrauen in sein Denken (vgl. oben S. 66 ff.), gibt ihm das Gütesiegel der Solidität. Nur: wer die bürgerliche Gesellschaft nicht verwirft, sondern immanent ihre Gerechtigkeit definieren will, hat es viel schwerer als die Kollegen von der radikalen Fraktion, denen Umsturz vor Denken geht.

Gehen wir gleich hinein in A.'s berühmte Unterscheidung zum Wesen der Gerechtigkeit:

> „Gerechtigkeit weist zwei Grundformen auf: die erste ist wirksam bei der Verteilung von öffentlichen Anerkennungen, von Geld und sonstigen Werten [hinzuzufügen: bei der Auferlegung von Lasten, vor allem von Steuern, wovon A. – glückliche griechische Welt! – nicht viel wußte]. Hier ... besteht das Gleichheitsproblem, ob der eine das gleiche wie der andere oder nicht das gleiche zugeteilt erhält“. (1130 b)

Dies ist die später von lateinischen Kommentatoren so genannte „iustitia distributiva“, die verteilende Gerechtigkeit, deren Bedeutung und Wirksamkeit im heutigen Zeitalter des Sozialstaates noch gesteigert ist. Verteilen ist zum Umverteilen geworden, aus vielen guten Gründen. Man sagt, diese iustitia sei die des Öffentlichen Rechts, gewiß des Sozialrechts.

> „Die zweite Grundform ist die, welche dafür sorgt, daß die vertraglichen [besser: schuldrechtlichen] Beziehungen von Mensch zu Mensch gerecht sind.“

Dies ist die (später so genannte) „iustitia commutativa“, die ausgleichende Gerechtigkeit, bei der es um Kompensationsprobleme geht, um Warenwert und Preis, Mietwohnung und Mietzins, Schädigung und Schadensersatz: die iustitia des Privatrechts.

A. will bei dieser guten Gelegenheit eine kleine Systematik des Rechts der Schuldverhältnisse entwickeln. Schuldrechtliche Beziehungen von Mensch zu Mensch zerfallen danach in

(1) auf Willenserklärungen beruhende, wie Verkauf und Kauf, Zinsdarlehen und Bürgschaft, Leihe, Hinterlegung und Miete. „Hier spricht man von Willenserklärungen, weil der Ursprung der wechselseitigen Beziehungen im freien Entscheiden lag." (1131 a)

(2) deliktische, wobei man A. nicht verübeln sollte, daß er zwischen zivil- und strafrechtlicher Sanktion in seinem Text 1131 a nicht unterscheidet. Delikte geschehen teils heimlich wie (a) Diebstahl, Ehebruch, Giftmischerei, Kuppelei, Meuchelmord, falsches Zeugnis – aber auch: Abspenstigmachung von Sklaven, teils offen wie (b) Mißhandlung, Freiheitsberaubung, Totschlag, Raub, Verstümmelung, üble Nachrede, entehrende Beschimpfung. – Dieses kleine System läßt sich in heutigen Lehrbüchern des Schuldrechts wiedererkennen.

Prinzipien der Wertung, bei Verteilungen wie bei Kompensationsakten? Was heißt „gleich"? Was Aus-"gleich"? Kollege A. ist so unsicher wie wir, und gerade dadurch fühlt man sich ihm nahe; vielleicht ist dies die eigentliche Aufgabe der Philosophie, nicht so sehr Antworten auf Fragen zu bringen, sondern deren essentielle Unbeantwortbarkeit zu verdeutlichen und zu erklären.

> „Das Gerechte bei Verteilungen muß in Angemessenheit vor sich gehen. Aber gerade unter Angemessenheit als Maßstab verstehen nicht alle dasselbe: Demokraten meinen die politische Freiheit, Liberale die Wirtschaftsfreiheit, sei es zugunsten von Geldadel oder Geburtsadel, die Konservativen denken an hohen Manneswert." (1131 a – in freier Übersetzung).

Also: der sowohl für Verteilungen wie für jede Kompensation notwendige Maßstab ist formal nicht zu ermitteln, vielmehr nur politisch, und die Suche geht leicht im Parteiengezänk unter. Wir stehen hier vor der philosophisch ausweglosen (wert-)relativistischen Haltung, der später *Gustav Radbruch*[29] die richtige Sprache leihen wird. Unter Gerechtigkeit begreifen keineswegs alle dasselbe, selten viele auch nur halbwegs; „Angemessenheit" oder „Verhältnismäßigkeit" sind Verlegenheitsworte. Die mathematisierenden Lösungen zum Gerechtigkeitsproblem, die A. wohl eher halbherzig anbietet (die „geometrische", die „arithmetische" Methode), sind unbefriedigend und werden hier

29 Der Relativismus in der Rechtsphilosophie, 1934, in: Gesamtausg. Bd. 3: Rechtsphilosophie III, hrg. v. Hassemer, S. 17.

nicht dargestellt. Aber auch alle Lösungen aus unserer Zeit[30] von selbsternannten Nachfolgern des A. werden – wie denn auch anders? – das Klassenziel verfehlen. (Nach *Coing*, Rechtsphilosophie 4. Auflage S. 219 ff., gibt es noch die „iustitia protectiva", die schützende Gerechtigkeit).

4. Naturrecht und Positivismus

In 1134 b heißt es, seitdem unablässig zitiert:

> „Das Recht des Staates ist teils Naturrecht, teils Gesetzesrecht". Im Original: Τοῦ δὲ πολιτικοῦ δικαίου τὸ μὲν φυσικόν εστι τὸ δὲ νομικόν.

Dieser Satz mit seinem Hinweis auf das Naturrecht, folgend der Antigone des Sophokles („... die ungeschriebenen Gottgebote, die wandellosen ..."), ist bedeutungsschwer und tiefsinnig. Genau hier wird später die christlich-scholastische Philosophie ansetzen, durch *Thomas* einen großen geistesgeschichtlichen Bogen von der Antike bis zum Mittelalter spannen, von dort aus durch viele geistige Nachfolger in die Neuzeit. A. hat damit der Rechtsphilosophie der ganzen Welt eines ihrer großen Themen vermacht und mit wenigen kräftigen Strichen skizziert. Es gibt noch heute kaum einen rechtsphilosophischen Kongreß, wo sich nicht Naturrechtler und Positivisten in den Haaren lägen; die Idee einer ewigen Substanz des Rechts steht gegen uneingeschränkte Gestaltungsfreiheit durch den Gesetzgeber.

Dabei sind die kurzen Bemerkungen des A. in 1134 b keineswegs spektakulär, und nie wäre ihm der Gedanke gekommen, Zwietracht zu säen. Sondern:

> „Das Naturrecht hat überall dieselbe Kraft der Geltung und ist unabhängig von Zustimmung oder Nicht-Zustimmung des Menschen."

Dagegen treffe das positive Gesetzesrecht oft zufällige Bestimmungen, etwa über das Lösegeld für Kriegsgefangene oder über vorgeschriebene Opfergaben: eine Ziege oder zwei Schafe. Sehr unterschieden sich die menschlichen Gesetze von den Naturgesetzen mit ihrer universellen Geltung: das Feuer brenne bei den Persern mit denselben

---

30 Genauer *Adomeit*, Normlogik – Methodenlehre – Rechtspolitologie, 1986, bes. in Auseinandersetzung mit *Herberger/Simon*, Wissenschaftstheorie für Juristen, S. 47; mit *Koch/Rüßmann*, Jurist. Begründungslehre, S. 183.

Wirkungen wie bei den Griechen. Die von Menschen geschaffenen Rechtsverhältnisse seien dagegen in verschiedenen Ländern verschieden, sogar die Formen staatlichen Lebens = die Verfassungen, und doch – jetzt kommt eine sehr unvorsichtige These:

> „... und doch ist überall nur eine Staatsform von Natur die beste".

Es war unvermeidlich, daß dieser Gedanke im katholisch gewordenen Christentum große Karriere machen mußte, als es galt, über auseinanderstrebende Völker und Staaten eine einheitliche Kirchenherrschaft zu errichten und zu erhalten. *Thomas von Aquin* stellte dieses Naturrecht einer „lex divina" und damit gar der „lex eterna"[31] gleich. Bis in moderne päpstliche Enzykliken hinein (etwa „Humanae vitae" von 1968) läßt sich dieser Gedanke nachverfolgen. Manch ein aufstrebender junger Rechtsphilosoph mußte sich noch unserer Tage an manch einer katholisch bestimmten Rechtsfakultät, um seine Christlichkeit zu belegen, auf das Denken des ausgemachten Heiden A. verpflichten! Dies war schon paradox genug, und wird es noch mehr, wenn man bedenkt, daß „Natur" wohl kaum das richtige Banner für eine christliche Ethik ist –: denn diese wollte doch z.B. dem Sexualtrieb unserer Natur, im späteren Protestantismus sogar noch verschärft, die beißendsten Zügel anlegen. Dies hätte kein antiker Mensch verstanden, auch A. nicht, der in seinem uns überlieferten Testament Mühe hatte, für sich und seine Angehörigen, Ehefrauen und Gefährtinnen, eheliche und nicht so ganz eheliche Nachkommen auseinanderzuhalten[32].

Ein weiterer Schwachpunkt: „Natur" ist ein äußerst gefährliches Stichwort für jede Moral- und Rechtsphilosophie, viel zu leicht mißzuverstehen, und schnell betritt jemand die Bühne mit einem Programm, das Schaudern erregt. *Kallikles* (s.o. S. 16 ff.) mit seiner Raubtierphilosophie hatte schlimmen Vorgeschmack geboten, hier knüpfte in der Renaissance *Macchiavelli*[33] an, und im dafür anfälligen 19. Jahrh. entdeckte *Darwin* auf seine Weise das Recht des Stärkeren, zunächst nur als naturwissenschaftliche Feststellung, aber leicht zu mißbrauchen für politische Schlagworte, um dem „Kampf ums Dasein" durch „Auswahl der Tüchtigen" nachzuhelfen, und *Nietzsche*

31 Vgl. Summa theologica I, quaestio 21: „De iustitia et misericordia dei".

32 Abgedruckt und analysiert bei *Olof Gigon,* Textausg. Artemis u. dtv Nr. 2267, Einführung S. 7 ff.

33 Zu *Macchiavelli* und seinem Buch vom Fürsten vgl. Bd. II S. 7 ff.

fand sich nicht zu schade, als Ziel die Züchtigung des „Übermenschen", gar „die blonde Bestie"[34] zu propagieren.

Der reanimierte Philosoph A. steht fassungslos vor Wirkungen, die er ausgelöst haben soll, deren unmittelbare Urheber sich jedenfalls auf ihn berufen: er hatte aber „Natur" im Sinne freundlicher Humanität (ein echter Nachfolger insofern *Cicero*, de legibus I, 18 ff.), weder provokativ noch radikal verstanden, es ging ihm um die Grundbedingungen mitmenschlichen Zusammenlebens, die er seinerzeitigen wie künftigen Gesetzgebern zur Beachtung empfahl. Hat er damit nicht Recht behalten? Und ob!

Die Gegenlehre des reinen Positivismus ist nach den schrecklichen normativen Experimenten, die Menschen in diesem nun zu Ende gehenden Jahrhundert mit Menschen angestellt hatten, denen „Menschenopfer unerhört" gefallen sind, in sich zusammengebrochen, man will eigentlich nichts mehr davon hören, darf aber doch nichts davon aus dem Gedächtnis verlieren, will man eine Wiederkehr verhindern. Der Satz *Kelsens*[35]:

> „Jeder (normative) Gehalt kann Gesetz werden!",

anders formuliert:

> „Es gibt für keinen Gesetzgeber irgendeine naturrechtliche Schranke!"

war und ist so falsch wie unheilvoll und *Kelsen*, aus übersteigerter Wissenschaftsethik heraus sich selbst auf gnadenlose Objektivität verpflichtend[36], hätte besser seinen subjektiven Empfindungen vertrauen sollen: eine „Rechts"-Ordnung, die Wissenschaftler seines Ranges außer Landes und rund um die Welt trieb, die Mann, Weib und Kind mit dem gräßlichsten Tode bedrohte, aus deren Hilflosigkeit sich noch einen Triumph schneidern wollte (der Fluchtdampfer, 1940 von Lissabon nach New York gehend, wurde von einem deutschen U-Boot aufgebracht. Dessen Kapitän ließ sich die Passagier-Liste geben, verband aber mit dem Namen des fast 60 Jahre alten Passagiers „Kelsen" nichts, man durfte fahren), konnte keine Ordnung des Rechts sein.[37]

34 Genealogie der Moral, I Nr. 11.
35 Reine Rechtslehre, S. 68: „Trennung von Recht und Moral".
36 Hierzu *Kant*, Einleitung in die Metaphysik der Sitten II (1797).
37 Vgl. zur Biographie *R. A. Métall,* Hans Kelsen – Leben und Werk, Wien 1969, bes. S. 63 ff.

Die schrecklichen Gewaltordnungen, die, zur Schande unseres Jahrhunderts vor der Weltgeschichte, in unserer Zeit geschaffen waren, der SS-Staat und der Archipel-Gulag-Staat, sind dahin, die Betreiber sind und werden als Kriminelle entlarvt, hoffentlich einer gerechten Strafe zugeführt, die Opfer und deren Angehörige brauchen rasche Entschädigung. Es ist doch wohl nicht falsch zu sagen: diese Gewalt ist *auch* gescheitert daran, daß sie immer wieder die menschliche Natur verraten und zertreten wollte, verraten und zertreten hat, bei den Opfern und letzten Endes sogar auch bei den Tätern. Wenn Mord zum Staatsprogramm wird – gegen Klassen, gegen Rassen –, alles unter wie wahnsinnig herausgerufenen Parolen, von zum Mitleid erregenden Verdammten des „lunatic fringe“[38], dann darf es unsere jetzt bestätigte Zuversicht sein, daß so etwas nicht dauern *konnte*. Die menschliche „Natur“ bäumt sich auf und fordert ihre Rechte. Die Menschenrechtsgarantien (s.o. S. 30 ff.) – eben gerade als Spiegelbild der menschlichen Natur verstanden – sind die vernünftige und höchst begrüßenswerte Konsequenz der klassischen, von A. zuerst gesehenen, jedenfalls durch ihn in die Philosophie-Geschichte eingeführten konkreten Naturrechtsidee.

Dem Positivismus ist sozusagen nachträglich deutlich zu machen, wie sehr er schief lag. Wie soll man in einem Gewaltstaat das Gesetz, das Positivierte überhaupt feststellen?[39] Es gibt im Gesetzblatt ausgedruckte Normen, aber deren Anwendung ist total (*Hannah Arendt*[40]) unter den Vorbehalt gestellt, sie seien bei der konkreten Anwendung dem Herrscher genehm („Führerwille“, „sozialistische Gesetzlichkeit“). Verhindert ist die freie Anwaltschaft, die freie Justiz, vielmehr besteht eine Kassationsbefugnis des regime-abhängigen Obersten Gerichts, notfalls wütet ein Volksgerichtshof, und an der Justiz vorbei wird exterminiert, in direkter „administrativer Methode“[41].

An alles das denkt man mit Schrecken, umso lieber denkt man an den Autor der Nikomachischen Ethik –: weswegen hatte man ihn eigentlich nicht angerufen, als die Not so groß war?

---

38 Vgl. *Thomas Mann,* Bruder Hitler, Aufsatz 1937.

39 Vgl. *Adomeit,* Der Begriff der Rechtsnorm, Vortrag zum Kelsen-Centenarium Wien 1981.

40 *Hannah Arendt,* Elemente und Ursprünge totalitärer Herrschaft (The Origins of Totalitarism, 1951), 1962.

41 *Solschenizyn*, Archipel Gulag, und viele andere Zeugen dieser schrecklichen Epoche.

Es widerlegt den Positivismus, daß er seine Denkmöglichkeiten in Verfolgung eines imaginären Reinheitsideals so reduziert hatte, daß er „gesetzliches Unrecht“[42] (so der zum Paulus gewordene späte *Radbruch*) nicht mehr erkennen konnte, nicht einmal mehr erkennen wollte, bis hinunter zu einer dem ideologischen Gegner hochwillkommenen Halb-Blindheit, die beim „Terror in Gesetzesgestalt“ (Lenin) nur das Gesetz sah, nicht den Terror. Wir wissen zwar immer noch nicht, was Naturrecht ist, aber wenigstens, was eindeutig naturrechtswidrig ist, und das zu wissen ist viel.

5. Gesetzesauslegung

A. ist der erste Methodenlehrer der Rechtswissenschaft. Er sagt, lange vor *Larenz* und *Canaris*:

> „Jede Rechts- oder Gesetzesbestimmung steht zum Einzelfall in dem selben Verhältnis wie das Allgemeine zum Einzelnen.“ (1135 a)

Was hier entdeckt und mit logischer Autorität ausgesprochen wird, ist nicht weniger als das Grundprinzip der juristischen Subsumtion: das Unterstellen des faktisch Geschehenen („das Unrecht als vollbrachte Tat“) dem geschriebenen Gesetz („dem Normbegriff des Rechts“, 1135 a).

Im folgenden werden zahlreiche Subsumtionsprobleme vorgeführt, allen Dogmatikern aller Zeiten und Völker wohlbekannt: Irrtumsprobleme („jemand hat einen Stein geworfen, jedoch nicht in der Absicht, den anderen zu verwunden, sondern nur, ihm einen Stoß zu versetzen; oder er hatte eine ganz andere Person im Sinn gehabt“, aberratio ictus); Probleme mittelbarer Täterschaft („jemand packt die Hand eines zweiten und schlägt damit einen dritten, so hat der zweite nicht freiwillig gehandelt, denn der Schlag ist nicht in seiner Macht gewesen“, 1135 b). Logisch ist dies alles – die Fülle der Beispiele reicht über 8 Seiten hinaus – echt zum Verzweifeln für den, der stur subsumieren soll. Die einfache Schlußfolgerung (der Syllogismus) ist in der Juristerei – außer in trivialen Fällen, wie Volljährigkeit mit 18 Jahren – nicht möglich, bedarf vielmehr der beständigen Kritik und Überprüfung, der contra-logischen Ergänzung durch eine unabgeschlossene Reihe von Gesichtspunkten oder Grundsätzen[43], die sich letztlich auf den unbestimmten Begriff der Billigkeit (epieikeia) zuformulieren lassen. Diese Billigkeit gehört nicht zu der

42 „Gesetzliches Unrecht und übergesetzliches Recht“, 1946.

43 *J. Esser,* Grundsatz und Norm in der richterlichen Fortbildung des Privatrechts, 1956, 2. Aufl. 1974.

im Gesetz gewährleisteten Gerechtigkeit, sondern ist eine Berichtigung, eine Korrektur der Gesetzes-Gerechtigkeit.

A. liefert uns hier, lange vor *Esser* und *Wieacker*[44] eine Theorie der Generalklauseln, mögen sie von außen her an das Gesetz herangetragen sein, wie das Prinzip der Verhältnismäßigkeit zu Art. 12 GG im Apotheken-Urteil[45], mögen sie im Gesetz stehen wie „Treu und Glauben" in § 242 BGB (denn ihre Positivierung ist überflüssig, der Regelungsgehalt eines solchen § ist so gering wie sein Ermahnungsgehalt hoch ist). Das allgemein geltende Prinzip der Billigkeit

> „... hat seinen Grund darin, daß jedes Gesetz allgemein gefaßt ist. Für manche Einzelfälle ist es nicht möglich, eine allgemeine Bestimmung so zu treffen, daß sie richtig ist. ... Das Gesetz behandelt die Fälle generalisierend, ohne zu sehen, daß damit eine Fehlerquelle entsteht. Trotzdem ist dieses Verfahren richtig, denn der Fehler liegt weder beim Gesetz noch beim Gesetzgeber, sondern: so ist nun einmal die Fülle dessen, was das Leben bringt". (1137 b)

Hätte man diese gültige Einsicht des A. rechtzeitig bedacht, so wäre in unseren 60er Jahren erst gar nicht die Illusion aufgekommen, es könne alle Gesetzesanwendung formalisierbar und damit computerisierbar sein[46]; denn der Computer mag auch in künftigen „intelligenten" oder super-intelligenten „Generationen" manches bewerkstelligen, aber epieikeia nie! Ein Logiker ist erst dann ein großer Logiker, wenn er die Grenzen der Logik erkennt und anerkennt. (Wie heute *Ota Weinberger*: die Jurisprudenz steht „zwischen Logik und Plausibilitätsargumentation").

Zwischen dem Gesetz (dem geschriebenen, zunächst einmal wörtlich zu verstehenden Gesetzestext) und der Gerechtigkeit besteht eine Spannung und Differenz: das ist eine elementare und gültige Einsicht in das Wesen der juristischen Arbeit, an uns herangetragen durch einen Außenseiter, einen, allerdings prominenten, Nichtjuristen. Es ist geradezu ein empirischer Existenzbeweis für die Idee der Gerechtigkeit, daß die Juristen aller Zeiten und Völker, statt die so viel leichtere

---

44 *F. Wieacker*, Zur rechtstheoretischen Präzisierung des § 242 BGB, 1956.

45 BVerfGE 7, 377 (400 ff.).

46 Vgl. etwa damals noch *Wachter*, Recht und EDV – Zukunftsperspektiven, Festschrift Schnorr 1988, S. 823 ff.; eine Einführung gab *Garstka*, Rechtsinformatik und juristische Methodenlehre (Automation im Recht), in: Adomeit, Rechtstheorie für Studenten, 4. Aufl. 1998, S. 109 ff.

wörtliche Anwendung von Gesetzen zu betreiben, immer wieder genötigt wurden, andere Wege zu suchen (freilich oft mit berufsständischen Nebenabsichten). Das Ziel dieser permanenten Bemühung kann verschieden benannt werden, aber da es um Recht geht, das gesucht wird und gefunden werden soll, ist „Gerechtigkeit" als Name des Namenlosen gar nicht schlecht gewählt.

Wenn jemand rechtstheoretisch so weit gekommen ist wie A., dann wird er uns auch zum ewig quälenden juristischen Methodenproblem Gültiges zu sagen haben. So ist es!

> „Wenn das Gesetz eine allgemeine Bestimmung trifft und in ihrem Umkreis ein Fall vorkommt, der durch sie nicht erfaßt wird [beileibe keine logische Frage, sondern ein Wertungsproblem!], so ist es ganz in der Ordnung, wenn der Anwender[47] an der Stelle, wo der Gesetzgeber ihn im Stich läßt [beschönigend! es ist eher so, daß der Anwender dem Gesetzgeber nicht folgen will!], das Versäumnis im Sinne des Gesetzgebers selbst berichtigt: so wie dieser selbst die Regelung getroffen hätte, wenn ihm der Fall bewußt gewesen wäre". (1137 b)

Die Grundgedanken dieses wichtigen Textes sind alles andere als überholt, finden sich in Art. 1 Abs. 2 des geltenden Schweizerischen Zivilgesetzbuches, in heutigen Methodenbüchern. Das große, wohl das brennendste Problem der juristischen Methodenlehre, das später *Savigny*[48] bewegte, ist, daß die in manchem Einzelfall unvermeidliche Distanzierung des Richters vom Wortlaut des geschriebenen Gesetzes, also von einer gegebenen und nachprüfbaren Objektivität, nunmehr seiner eigenen Subjektivität, die nicht mehr nachprüfbar ist, Tür und Tor öffnet –: und dann ist man schnell bei der Kadi-Justiz des arabischen Märchens, verliert alle Maßstäbe einer möglichen juristischen Rationalität, entfernt sich vom rechtsstaatlichen Willkürverbot[49].

A. sucht auch hier die Mitte, den Ausgleich und entwickelt eine *Moral der Norminterpretation*, als kategorischen Imperativ für jeden Richter (Rechtsanwender): „Vermeide subjektive Willkür! Versetze Dich in

47 Dies als neutraler Ausdruck, gemeint vor allem der Richter.

48 *Friedrich Carl von Savigny,* System des heutigen römischen Rechts, Bd. I 1840, S. 217; vgl. *Arthur Meier-Hayoz,* Der Richter als Gesetzgeber – Zur rechtspolitischen Komponente richterlicher Tätigkeit, Festschrift Max Guldener 1973, S. 189 ff.

49 Zu *Montesquieu* und seinem Bild vom Richter vgl. Bd. II S. 70 ff.

den Geist des Gesetzgebers! Stelle die Regel auf, von der Du ehrlich glauben kannst, daß dieser sie aufgestellt hätte! [*Kant* wird dieser Spur folgen!] Dann gehorche dieser Regel!"

Man kann ernsthaft nicht sagen, daß wir mit unserer Methodologie[50] erheblich darüber hinaus gekommen wären. Im Zeitalter der parlamentarischen Demokratie mit wechselnden Mehrheiten und Koalitionsregierungen ist es sogar noch schwieriger geworden: wer ist „Gesetzgeber"? Der damalige, der das unvollständige Gesetz erließ, oder der gegenwärtige? (Mit vielleicht ganz andersartigen rechtspolitischen Zielen!) Dieser aber ist jetzt demokratisch besser legitimiert.

Jedenfalls bleibt

> „... Berichtigung des Gesetzes da, wo es infolge seiner allgemeinen Fassung lückenhaft ist" (1137 b)

die ewig schwierige Aufgabe des Juristen. „Lücke" ist dabei auch nur – wenn dies überhaupt gesagt werden muß, und so sehr dieses Wort in der heutigen Methodologie heimisch geworden ist – eine freundlich vernebelnde Metapher: „Lücke" im Recht ist dort, wo wir sie sehen wollen, hoffentlich dann – es geht eher um Moral, weniger um Methode! – aus einem Impuls heraus, der von der fundamentalen, leider aber undefinierbaren Gerechtigkeitsidee kommt. Hat man auch diese Relativität durchschaut, so kann man nur jedem Rechtsunterworfenen, der sein Recht sucht, dringend anraten, daß er

> „... nicht in kleinlicher Genauigkeit sein Recht so lange verfolge, bis es zum Unrecht wird" (1138 a),

„sondern, obwohl das Gesetz auf seiner Seite stünde, bereit ist, mit einem bescheideneren Teil zufrieden zu sein", womit A., jeder Dramatik abhold, vorwegnehmend auch das Michael-Kohlhaas-Problem[51] löst.

6. Der Schluß

Der Schluß der Nikomachischen Ethik ist rätselhaft, es wird – am Ende von Buch X – von einem neuen Werk des A. gesprochen, das uns

50 Vgl. *Larenz*, Methodenlehre, 6. Aufl. 1991, S. 119 ff.: „Zur Methodendiskussion in der Gegenwart".

51 Vgl. *Joachim Bohnert*, Kohlhaas der Entsetzliche, Kleist-Jahrbuch 1988/89, S. 404 ff.; *Horst Sendler*, Über Michael Kohlhaas – damals und heute, Schrift 92 Jur. Ges. zu Berlin, 1985.

so unbekannt ist wie sein imaginärer Text über die Komödie, wegen dessen, um das Erscheinen zu verhindern, Umberto *Eco* („Der Name der Rose") eine ganze Serie interessanter Morde inszeniert. Einer der Kommentatoren[52] zu Aristoteles schließt, stellvertretend für ihn, in beispielhafter Weise wie folgt:

> „So hat auch das letzte Kapitel des Buches sein Ende gefunden. Ich habe getan was ich konnte. Wenn aber jemand Besseres und Schöneres zu sagen hat, so begrüße ich es freudig".

V. Epikur oder das Müdewerden des griechischen Geistes

Geboren ist Epikur 341 v. Chr. auf der Insel Samos, sonst noch durch ihren süßen Wein bekannt. Sein Vater war athenischer Bürger, der sich dort als Kolonist angesiedelt hatte. Früh, nach eigenen Angaben schon ab 14, sich der Philosophie widmend, zog Epikur in der griechischen Inselwelt von Ort zu Ort und sammelte Freunde/Schüler um sich. 306 war er so weit, daß er sich in Athen niederlassen und dort seine Schule begründen konnte, doch ohne Ehrgeiz, bei der Epoche der Klassik (Platon, Aristoteles) anzuknüpfen. Im Jahre 270 starb er an einer schmerzhaften Krankheit, die er tapfer ertrug, seinen Schülern ein Beispiel setzend.

Schmerzlosigkeit zu erreichen, genauer ein von Schmerzen so wenig wie möglich belastetes Leben, das war sein philosophisches Bestreben gewesen.

> „Nicht dem Glück, sondern der Schmerzlosigkeit sinnt der Weise nach."[53]

Diesen idealen Zustand findet er in der Einsamkeit oder in der Begegnung mit wenigen gleichgesinnten Freunden. Keineswegs will Epikur das Wohlleben oder gar hemmungslosen Genuß propagieren: das ab-

52 *Dirlmeier*, aaO, S. 606 unter Berufung auf die Ilias 24, 52; vom Kollegen *Schuller* aus Konstanz erhalte ich den freundlichen Hinweis auf den ähnlichen Schluß des 2. Buches der Makkabäer.

53 Dieses Programm der Bescheidenheit hat später *Popper* für die Staatsziele, insbesondere Rechts- und Sozialpolitik verbindlich gemacht.

geleitete Prädikat „epikuräisch" beruht auf Mißverständnissen[54]. Einem richtig ausschweifenden Symposion wie zur Sokrates-Zeit wäre unser Weiser kaum gewachsen gewesen, jedenfalls zog er stillere Freuden vor.

> „Wenn man Brot und Wasser hat, dann kann man sogar mit Zeus um Glückseligkeit wetteifern."

Schon das Glück einer Familie war ihm, hypothetisch bedacht, zu viel Belastung. Demokrit folgend

> „... verwirft er Ehe und Kinderzeugung wegen der vielen Unannehmlichkeiten, die aus ihnen erwachsen und weil sie von Wichtigerem (?) ablenken."

Einen noch größeren Bogen soll man um den Markt, die agorá, schlagen.

> „Lebe im Verborgenen! lathe biosas!"

ist die privatistische Losung.

> „Die politische Tätigkeit soll man meiden als eine Schädigung und den Ruin der Gemütsruhe."

Es versteht sich dann, daß er, in größtem Gegensatz zu den Klassikern, über Staat und Gerechtigkeit nicht ernsthaft nachdenken will, nur einige Bemerkungen fallen läßt, die keine Angriffslust, noch nicht einmal Zynismus, sondern einfach Desinteresse zeigen. Eine Tugend soll man – so Epikur – wählen (!) nach dem Gesichtspunkt der Annehmlichkeit, nicht um ihrer selbst willen, sondern

> „... so wie die Medizin wegen der Gesundheit."

Eine Tugend der Gerechtigkeit könne es wegen der Relativität dieses Gegenstandes schon *gar* nicht geben.

> „Die natürliche [d.h. wohl: vom jeweils positiven Recht als unabhängig gedachte] Gerechtigkeit ist eine Abmachung über das Zuträgliche, einander gegenseitig weder zu schädigen noch sich schädigen zu lassen."

Also ein nur konventioneller Wert!

> „Es gibt keine Gerechtigkeit an und für sich, sondern sie ist ein im gegenseitigen Verkehr an den beliebigsten Orten und zu zufälligen Zeiten geschlossener Vertrag...".

54 „Alte clamat Epicurus, venter satur est securus, venter deus meus erit ...", so haben die Mönche im Kloster Beuren gesungen: Carmina Burana, ed. Korth, München 1979 S. 179.

Bei Völkern, die noch nicht so weit entwickelt seien, daß sie solche Verträge schließen könnten, gäbe es überhaupt nicht den Wert der Gerechtigkeit. Folglich ist auch

> „... die Ungerechtigkeit kein Übel an sich, sondern nur durch die mißtrauische Angst, es möchte nicht gelingen, den zuständigen Richtern verborgen zu bleiben."

Man solle nur *deshalb* vermeiden, ein Verbrechen zu begehen, weil die Angst, ertappt zu werden, einem die Seelenruhe rauben könnte: das ist nun wirklich die denkbar flachste Rechtsphilosophie!

> „Wer etwas angestellt hat, kann niemals, mag er es auch im Verborgenen getan haben, zuversichtlich sein, daß es immer verborgen bleiben werde. Den meisten Taten der Ungerechten folgt zuerst ein Verdacht; dann Gerede und Gerücht; dann der Ankläger; endlich der Richter. Viele haben sogar ... sich selbst gerichtet."

Noch ein ratiocinium auf gleichem Niveau:

> „In welchem Verhältnis kann schon die Erleichterung von den Mühseligkeiten des Lebens durch ungerechte Taten stehen zur Vermehrung der Mühseligkeiten durch das *Bewußtsein* begangener Taten, durch die Strafe des Gesetzes und den Haß der Mitbürger?"

Gewissen ist (nur) soziale Angst –: dies hatte *Theodor Geiger*[55] herausgefunden; aber Epikur hat diese Reduktion vorweggenommen, denkt pur soziologisch, nur von der Gefahr der Sanktion her (umgekehrt konnte Max Weber das subjektive Recht nur als *Chance* begreifen).[56] Das Recht ist zwar kein Nichts, es kann sich unangenehm bemerkbar machen, wie Krankheit einem die Lebensfreude beeinträchtigen kann, im übrigen verdient es keine Beachtung –: mit solchem Standpunkt ist nun wirklich kein Staat zu machen! Wir sind in der hellenistischen Zeit, mit der griechischen Welt ist es vorbei, es hat alles doch keinen Zweck mehr, vor uns die Sintflut, d.h. die Römer.

Über Epikurs Rechts- und Staatsphilosophie verlohnt es sich also nicht, angestrengt nachzudenken. Er bringt für diesen Gegenstand keine Passion auf, aber für welchen Gegenstand überhaupt? Zwischen seinem

55 Vorstudien zu einer Soziologie des Rechts, ed. Paul Trappe, 1964.
56 Rechte und Pflichten sind für den Soziologen Chancen und Gefahren.

„Epikur lehrt: der Weise wird nicht in den Staat eingreifen, wenn er nicht dazu gezwungen wird."

und seinem (in ganz anderem Kontext stehenden) Lehrsatz

„Der Weise wird nicht Liebe empfinden."

besteht ein tiefenpsychologischer Zusammenhang.

Wenn eine Widerlegung überhaupt nötig war, so ist Epikur mit nur wenigen Sätzen schlagend widerlegt worden durch *Cicero*, dem, als engagiertem Politiker, dieser müde Quietismus auf die Nerven gehen mußte. Im „Redner" (de oratore III, 17 [62-64]) stellt Cicero erst einmal klar, daß die epikuräische Philosophie seinem typischen Schüler, nichts bringen könne, dem römischen Jüngling, den er sich als künftigen Versammlungsleiter, Verwaltungschef, als wegen seinen Rats und Worts geschätzten Spitzenmann im Senat, in der Volksversammlung, vor Gericht wünsche.

„... procul abest ... ab eo viro, quem ... auctorem publici et regendae civitatis ducem et sententiae atque eloquentiae principem in senatu, in populo, in causis esse volumus."

Den Epikuräern und ihrer Philosophie solle aber von ihm aus kein Leid geschehen, nicht einmal seien sie zu vertreiben von dort, wo sie sich gern ansiedelten; man möge in seinem Gärtlein mit den Seinen ruhen, wie man wolle [seinen „Garten" hatte Epikur das zur Gründung der Schule in Athen erworbene Grundstück genannt].

„nec ulla tamen ei philosophiae fiet iniuria a nobis, non enim repelletur inde, quo adgredi cupiet, sed in hortulis quiescet suis, ubi vult ...",

von wo man dann, weich und elegant gelagert uns – uns Politiker – herbeiruft von der Rednertribüne, von den Verhandlungen, von der Curie, ungeheuer weise, besonders beim [jetzigen] Zustand des Staats

„... ubi etiam recubans molliter et delicate nos advocat a Rostris, a iudiciis, a curia, fortasse sapienter, hac praesertim re publica."

Ich, Cicero, will jetzt nicht untersuchen, was die wahre Philosophie ist, sondern welche dem politischen Menschen [orator, in seinem Verständnis] angemessen ist – und dann werden wir jene Philosophen ohne Kränkung entlassen; es mögen ordentliche Leute sein oder auch, wie sie sich selbst einschätzen, glückliche.

„verum ego non quaero nunc, quae sit philosophia verissima, sed quae oratori coniuncta maxime; qua re istos sine ulla con-

> tumelia dimittamus; sunt enim boni viri et, quoniam sibi ita videntur, beati ..."

Trotzdem ermahnen wir sie, jene Einsicht, auch wenn sie die wahrste wäre, in der Stille gleichsam als Geheimnis für sich zu behalten: daß dem Staate zu dienen nicht Sache des Weisen sei ...

> „tantumque eos admoneamus ut illud, etiam si est verissimum, tacitum tamen tamquam mysterium teneant, quod negant versari in re publica esse sapientis ..."

denn, wenn sie uns oder andere Optimaten [= im politischen Stehende] davon überzeugt hätten [und wir dann auch statt Politik Philosophie betrieben] dann wäre die Ruhe hin: sie könnten nicht mehr, so sehr sie es lieben, Müßiggänger sein:

> „nam si hoc nobis atque optimo cuique persuaserint, non poterunt ipsi esse, id quod maxime cupiunt: otiosi."

Epikur scheitert, wie schon mit seiner Ansicht zu Ehe und Kinderzeugung, am kategorischen Imperativ des *Immanuel Kant*[57], sein Standpunkt läßt sich nicht verallgemeinern. Man kann der Ruhe pflegen immer nur auf Kosten anderer, die es auf sich nehmen, für die Ruhe zu sorgen.

In dem ein Jahr später geschriebenen „de re publica" trägt (im nur teilweise erhaltenen Anfangsteil) Cicero noch ein bedrohliches Argument nach: wenn ein Mann mit Talent und Charakter sich der Regierung des Staates fernhalte, dann dürfe er sich nicht darüber beklagen, Männern mit wenig Talent und wenig Charakter gehorchen zu müssen.

57 Vgl. dazu Bd. II S. 100 ff.; *Wolfgang Kersting*, Wohlgeordnete Freiheit – Immanuel Kants Rechts- und Staatsphilosophie, 1993.

3. Teil

Die Welt der Römer

I. Coriolan und die Mitbestimmung[1]

Das uns überlieferte römische Staatsdenken beginnt erst kurz vor dem Ende der Republik, mit Cicero, und ist von deren drohendem Untergang überschattet. Die „Erfinder" der Republik kennen wir nicht. Ähnlich nicht die Schöpfer des englischen Parlamentarismus, über den erst Montesquieu ernsthaft nachzudenken begann.

Es muß jemand gegeben haben, der – um 500 v. Chr., nach der Vertreibung archaischer Könige – das neue Verfassungssystem so klug erdachte, daß es sich politisch durchsetzen ließ. Gegen eine Kollektiv-Schöpfung spricht die Subtilität der Konzeption: die Vielfalt der Institutionen (Beamte, Senat, Volksversammlung), der verallgemeinerte Gedanke der Repräsentation, das erstrebte Gleichgewicht der Stände (Volkstribunen), Vorkehrungen gegen Übermacht: Kollegialprinzip (2 Konsulen); jedes Jahr Neuwahl. Aus dem Staatsdenken der Frühzeit haben wir nur die Legende von Coriolan, geschichtlich ungesichert, aber lehrreich, jedenfalls zum Nachdenken herausfordernd, literarisch weitergereicht von Plutarch über Shakespeare bis zu Bert Brecht und Günter Grass („Die Plebejer proben den Aufstand").

Der Kriegsheld Cajus Marcius, der im Auftrag des römischen Senats einen Feldzug gegen die Volsker geführt, diese vor ihrer festen Stadt Corioli besiegt und dafür den Ehrentitel Coriolanus erhalten hat, soll noch weiterreichende und höchste Ehrung erfahren: das Amt des Konsuls. Dies hat der Senat einstimmig beschlossen. Coriolan vermeint, diese Würde schon zu besitzen. Aber:

(II, 2, 139)

... It then remains that you do speak to the people	... Jetzt aber bleibt nur noch, daß du das Volk anredest. (Übersetzung Dorothea Tieck)

1 Der Aufsatz war *Wilhelm Herschel* zum 85. Geburtstag gewidmet. Die erste Fassung des Textes ist erschienen in der *W. Herschel* gewidmeten Festschrift, 1982, 1.

Er wird damit hingewiesen auf das allgemeine Stimmrecht bei der Konsulatswahl, die verfassungsmäßig gesicherte Macht des Volkes. Über dieses Volk hatte Cajus Marcius bereits bei seinem ersten Auftritt Etliches gesagt, was ein Volksfreund („some popular man“: II, 3, 100) nicht gesagt hätte. Seinem militärischen Sinn für Disziplin widerstrebt schon der bloße Anblick der ihn begrüßenden Plebejer, noch stärker ihr Murren über die Kornpreise, so daß er sie nicht anders als mit

(I, 1, 165)

dissentious rogues	rebellsche Schurken!

adressieren will und sie über ihren Charakter wie folgt belehrt:

(I, 1, 180)

... Your virtue is, to make him worthy whose offence subdues him and curse that justice did it.	... Eure Tugend ist, den adeln, den Verbrechen niedrig machen, dem Recht zu fluchen, das ihn schlägt.
Who deserves greatness deserves your hate, and your affections are a sick man's appetite who desires most that which would increase his evil	Wer Größe verdient, verdient euren Haß, und euer Verlangen ist eines Kranken Gier, der heftig wünscht, was nur sein Übel mehrt.

Schon deren ewig fordernde Haltung geht ihm auf die Nerven, ihm, der in den Kategorien Befehl, Gehorsam, Dienen denkt.

(I, 1, 215)

... being answer'd, and a petition granted them, a strange one – to break the heart of generosity and make bold power look pale – they threw their caps as they would hang them on the horn o' the moon, shouting their emulation.	... man hört sie gütig, bewilligt eine Forderung, eine starke, des Adels Herz zu brechen, jede Kraft zu töten – und werfen nun die Mützen, als sollten auf des Mondes Horn sie hängen, frech laut und lauter jauchzend.

Aber:

(I, 1, 225)

... it will in time win upon power and throw forth greater themes for insurrection arguing.	... Nächstens nun gewinnen sie noch mehr und fordern Größres mit Androhn der Empörung.

Von dem, was zugestanden („granted") war, will er am wenigsten verstehen die alle Kommandostrukturen zersetzende Einrichtung der Volkstribunen,

(I, 1, 221)

... to defend their vulgar wisdoms.	... um ihre Pöbelweisheit zu vertreten.

auf deren illegalen Ursprung er gern hinweist (III, 1, 166). Ausgerechnet von diesen Tribunen soll nun seine Konsulswürde abhängig sein! Für Coriolans stolzes Denken kann der Weg in ein hohes Amt nur über Verdienst, Anerkennung und Berufung führen, nicht über Bewerbung, Eigenlob und Stimmenfang, wie jedes mitbestimmte Verfahren der Ämterbesetzung dem Aspiranten zumutet. Der greise Menenius Agrippa, kaum anders eingestellt als Coriolan, doch immer verbindlich, gelegentlich sich anbiedernd („I am known to be a humorous patrician, and one that loves a cup of hot wine with not a drop of allaying Tiber in't." II, 1, 51), im politischen Ernstfall ein großer Märchenerzähler (Sc. I mit der Bauch/Glieder-Parabel!) versucht ihn zu besänftigen mit zwei Argumenten: 1. er müsse eigentlich nicht mehr tun als dem Volk seine Narben und frischen Blessuren zeigen, dann sei doch offensichtlich, was er für das Vaterland getan habe; 2. die Mitbestimmung des Volkes sei nun einmal *Brauch*: ein für das traditionsverhaftete römische Denken besonders starker Hinweis. Aber er:

(II, 2, 140)

... I do beseech you, let me o'erleap that custom, for I cannot put on that gown, stand naked and entreat them, for wound's sake to give their suffrage.	... Ich ersuch Euch erlaßt mir diesen Brauch; denn ich kann nicht das Kleid[2] antun, entblößt stehn und sie bitten um ihre Stimmen, meiner Wunden wegen.

Menenius, besonnen:

(II, 2, 147)

Pray you, go fit you to the custom, and take to you, as your predecessors have, your honour with your form.	Nein bitte! fügt Euch dem Gebrauch und nehmt, wie es bisher die Konsuln all getan, die Würd in ihrer Form.

2 Es handelt sich um das „gown of humility", s. S. 102.

Coriolan:

(II, 2, 149)

... It is a part that I shall blush in acting, and might well be taken from the people.	...'s ist eine Rolle die ich errötend spiel, auch wär es gut, dem Volke dies zu nehmen.

Mit diesem Ansinnen sozialer Demontage, öffentlich, im Beisein der beiden Volkstribunen Sicinius („Sir, the people must have their voices!" II, 2, 144) und Brutus („Mark you that") hat Coriolan schon politisch verspielt, von jetzt ab wird's zur Tragödie.

Scenen-Hinweis, Act II, 3: „Enter Coriolanus, in a gown of humility and Menenius."

Auf des letzteren letzte inständige Bitte

(II, 3, 64)

... speak to 'em, I pray you, in wholesome manner.	... sprecht sie an; doch, bitt' ich, anständ'gerweis!

meint Corolian höhnen zu müssen

(II, 3, 65)

... Bid them wash their faces and keep their teeth clean.	... Heiß ihr Gesicht sie waschen und ihre Zähne rein'gen.

Daß er jetzt die Haltung fordernden Eigennutzes, die er bei den Plebejern immer verachtet hatte, auf deren Druck hin selber üben muß, bringt ihn „außer sich", in die Nähe echter Verrücktheit. Zwischen ihm und einzelnen Bürgern gibt es einen Handel, der verstehen läßt, daß G. B. Shaw Shakespeares Tragödie Coriolanus als „the finest of his comedies" bezeichnet hatte:

(II, 3, 78)

C.: Well, then, I pray, your price o' the consulship?	C.: Gut, sagt mir denn den Preis des Konsulats.
First citizen: The price is to ask it kindly.	Erster Bürger: Der Preis ist: freundlich drum zu bitten.
C.: Kindly! sir, I pray let me ha't: I have wounds to show you, which shall be yours in private. Your good voice, sir, what say you?	C.: Freundlich? Ich bitte, gönnt mir's. Wunden kann ich zeigen, wenn wir allein sind. Eure Stimme, Herr! Was sagt Ihr?

Second citizen: You shall ha't, worthy sir.	Zweiter Bürger: Würdger Mann, Ihr sollt sie haben.
C.: A match, sir. There is in all two worthy voices begged. I have your alms: adieu.	C.: Geschloßner Kauf! Zwei edle Stimmen also schon erbettelt. Eure Pfennige hab ich! Geht!

Mit seiner immer grimmiger die Marktschreier parodierenden Werbung „Most sweet voices!" (II, 3, 120) „I am half through" (II, 3, 130) „Your voices!" (II, 3, 137) „Worthy voices!" (II, 3, 145) erreicht er die gesetzliche Stimmenzahl. Nicht aufgefallen war ihm im turbulenten demokratischen Geschehen die Abwesenheit der Tribunen. Diese erscheinen nun; reden den verwirrten Bürgern ein, völlig falsch votiert zu haben; bringen sie zum Entschluß des Widerrufs; wobei der Widerruf damit begründet werden soll, die Tribunen (!) hätten das Volk so sehr zugunsten (!!) des Coriolan gedrängt, daß keine Entscheidungsfreiheit mehr bestanden habe. Die kalte Spekulation geht darauf, psychologisch und politisch genau, der mit Sicherheit zu erwartende Wutausbruch Coriolans werde ihn vollständig ruinieren.

Brutus:

(II, 3, 265)

If, as his nature is, he fall in rage with their refusal, both observe and answer the vantage of his anger.	Wenn er nach seiner Art, in Wut gerät durch ihr Verweigern, so bemerkt und nützt den Vorteil seines Zorns.

Die Politik-Wissenschaft ist uns bis heute ein Werk über politische, z.B. parlamentarische Tricks schuldig geblieben. Hier haben wir eine Verschlagenheit elementaren Musters vor uns: den Gegner an einer empfindlichen Stelle zu treffen – ihn gezielt in Wut zu bringen – die Tatsache des erfolgten Wutausbruchs gegen ihn zu verwerten. Da dies nur im indirekten Verfahren gelingen kann, wird fast unvermeidlich, auch die eigenen Gefolgsleute, also doppelt zu trügen. Dies könnte der Ausgang sein zu einer politologischen Lehre vom Trug.

Im III. Akt 1. Scene („Rome. A Street") treffen sich der vermeintliche Konsul Coriolan mit reichem Gefolge und die Tribunen auf dem Weg zum Kapitol; er meint, ihnen seine Verachtung zeigen zu dürfen:

(III, 1, 21)

Behold! these are the tribunes of the people,	Ha! seht, das da sind unsere Volkstribunen,

The tongues i' the common mouth:	Zungen des großen Mundes;
I do despise them;	mir verächtlich,
For they do prank them in authority	weil sie mit ihrer Amtsgewalt sich brüsten
against all noble sufferance.	mehr als der Adel dulden kann.

Ihm wird, zu seinem Erstaunen, der Weg verweigert. Auch erstaunt sowie sehr britisch sein Freund Cominius:

(III, 1, 28)

Hath he not pass'd the noble	Ward er vom Adel nicht
and the common?	und Volk bestätigt?

Brutus und Sicinius, die Tribunen, behaupten einen Aufstand des Volkes gegen die geplante Inaugurierung, die sie daher zu verbieten hätten.

Das Schwellen der Zornesader Coriolans kann Menenius („Be calm, be calm!" III, 1, 36) nicht hindern:

(III, 1, 37)

It is a purpos'd thing,	Dies ist nur ein Komplott
and grows by plot,	und abgekartet,
to curb the will of the nobility:	um die Gewalt des Adels zu zerbrechen.
suffer't, and live with such as	Duldet's – und lebt mit Volk,
cannot rule nor ever	das nicht kann herrschen
will be ruled.	und nicht beherrscht sein.

Diese „such as" muß Brutus verteidigen, was nur zu noch höhnischeren Ausbrüchen führt wie

(III, 1, 49)

Why then should I be Consul?	Warum denn ward ich Konsul?
By yond clouds,	Ha! beim Himmel!
let me deserve so ill as you	Nichtswürdig will ich sein wie Ihr,
and make me your fellow tribune	dann macht mich zu Euerm Mittribun.

oder

(III, 1, 67)

... I say again	Ich sag es wiederum:
in soothing them we nourish	wir ziehn, sie hätschelnd,
'gainst our senate	gegen den Senat,
the cockle of rebellion	Unkraut der Rebellion
insolence, sedition,	Frechheit, Empörung,
which we ourselves	wofür wir
have plough'd for ...	selbst gepflügt ...

Zum Schweigen läßt er sich nicht bringen, den Vorwurf der Aufgeregtheit („choler") will er nicht verstehen

(III, 1, 83)

... Choler!	... Zorn!
where I as patient	Wär ich so sanft
as the midnight sleep	wie mitternächt'ger Schlaf,
by Jove	beim Jupiter!
'twould be my mind!	dies wäre meine Meinung.

Jetzt Sicinius:

(III, 1, 85)

... It is a mind	... Und diese Meinung
that shall remain	soll bleiben in sich
a poison where it is,	selbst verschloßnes Gift,
not poison any further.	nicht andre mehr vergiften noch.

Das freche „shall", der Umstand also, daß ein Sicinius *ihm* Verhaltensregeln geben will, führt zu einer grammatischen wie politischen Eruption, an deren Ende sich die politische Theorie des „lachenden Dritten" im Konflikt zweier gleichgewichtiger Kräfte findet, mit „confusion" allerdings noch unbestimmt gezeichnet:

(III, 1, 90)

O good but	Du guter aber
most unwise patricians! why,	höchst unkluger Adel!
you grave but reckless senators,	ehrbare, doch achtlose Senatoren!
have you thus	Wie gebt ihr so
given Hydra here to choose	der Hydra nach, zu wählen
an officer,	der Diener,
that with his peremtory 'shall',	der mit eigenmächt'gem „Soll"
being but	(Er nur
the horn and noise o' the monsters's	Trompet und Klang der Ungeheuer)
wants not spirit	frech euern Strom
To say he'll turn your current	in sumpf'gen Teich
in a ditch,	will leiten
and make your channel his?	und eure Macht auf sich.
If he have power,	Hat er Gewalt,
then vail your ignorance;	so neigt in Einfalt euch;
if none, awake	wenn keine, weckt
your dangerous lenity.	die Langmut, die Gefahr bringt.
If you are learned,	Seid ihr weise,
be not as common fools;	gleicht nicht gemeinen Toren;
if you are not	seid ihr's nicht,
Let them have cushions by you.	legt ihnen Polster hin. –
You are plebeians	Ihr seid Plebejer,
if they be senators;	wenn Senatoren sie;

and they are no less,	sie sind nichts Mindres
when both your voices blended,	wenn durch die Stimmen Mischung
the great'st taste	nur nach ihnen
most palates theirs.	das Ganze schmeckt.
They choose their magistrate,	Sic wählen sich Beamte –
and such a one as he	wie diesen, der sein
who puts his 'shall',	„Soll" entgegensetzt
his popular 'shall',	sein pöbelhaftes „Soll"
against a graver bench	weit würd'germ Rat,
than ever frown'd in Greece.	als Griechenland nur je verehrt.
By Jove himself!	Beim Zeus!
It makes the consuls base;	Beschimpft wird so der Konsul
and my soul aches	und mein Herz weint,
to know, when	zu sehn, wie, wenn
two authorities are up,	zwei Mächte sich erheben
neither supreme,	und keine herrscht,
how soon confusion	Verderben, ungesäumt,
may enter 'twixt the gap	dringt in die Lücke
of both and take	zwischen bei und stürzt
the one by the other.	die eine durch die andre.

Nicht nur die Mitbestimmung, auch der Stand des Sozialrechts sei einfach unerträglich. Wie schon in Akt I, 1 predigt C. dessen Abbau:

(III, 1, 112)

Who ever gave that counsel,	Wer immer riet
to give forth	das Korn der Vorratshäuser
the corn o' the store-house	zu geben
gratis,	unentgeltlich
'twas used	wie's gebräuchlich
sometime in Greece –	manchmal in Griechenland –
I say, they nourish'd	der, sag ich, nährt
disobedience, fed	Empörung, führt herbei
the ruin of the state.	den Untergang des Staats.

Obwohl Menenius wie Brutus dies als „genug" und „übergenug" bezeichnen, ist er mit dem erreichten Grad von Deutlichkeit noch nicht zufrieden:

(III, 1, 139)

... No, take more:	... Nein, nehmt noch mehr:
What may be sworn by,	Was nur der Schwur
both devine and human,	seis göttlich, menschlich, heiligt,
seal what I end withal!	besiegle meinen Schluß.
This double worship	Die Doppelherrschaft,
where one part	wo dieser Teil
does disdain with cause, the other	mit Grund verachtet, jener

insult without all reason;	den anderen grundlos schmäht,
where gentry, title, wisdom,	wo Adel, Rang und Weisheit
cannot conclude	nicht tun kann
but by the yea and no	ohne jenes Ja und Nein
of general ignorance, –	des großen Unverstands –
it must omit	dies muß versäumen,
real necessities,	was wahrhaft nötig ist,
and give way the while	um Raum zu geben
to unstable slightness:	schwächlichem Wankelmut.
purpose so barr'd,	Ist so versperrt das Ziel,
it follows	so folgt:
nothing is done to purpose	nichts kann geschehn zum Ziel.

Gegen alles Stimmengewirr bringt er noch die letzte Schmähung durch:

(III, 1, 155)

... let them not lick	... laßt sie nicht lecken
the sweet which is their poison.	dies Süß, was ihnen Gift ist.
Your dishonour	Eur Entehrung
mangles true judgment,	verstümmelt Weisheit, Recht
and bereaves the state	und raubt dem Staat
of that integrity	die Lauterkeit
which should become it	die ihn verklären sollte,
not having the power	so daß ihm Macht fehlt,
to do the good it would,	Gutes, das er möchte
for the ill	zu tun, weil ihn
which doth control't.	das Böse stets verhindert.

Schwerter werden gezogen, Menenius gelingt es nur knapp, die Verhaftung seines Schützlings aufzuschieben. Selbst flehentliche Ermahnung seiner Mutter Volumnia wird Coriolan nicht helfen, er kann nicht aus seiner Haut. Woher diese Eigenart ihres Sohnes kommt, will Volumnia nicht wissen, obwohl *sie* es war, die kurz zuvor von den Tribunen und deren Anhängern wenig diplomatisch als von einer „red pestilence" gesprochen hatte. Auf dem Forum muß Coriolanus zuhören, wie man seine Verbannung beschließt. Das werde den Römern nicht gut bekommen, meint er.

(III, 3, 127)

... Have the power still	... die Gewalt habt immer,
to banish your defenders;	zu bannen eure Schützer –
till at length	bis zuletzt
your ignorance –	Eur stumpfer Sinn,
which find not, till it feels –	der glaubt erst, wenn er fühlt,
making but reservation	der nicht einmal euch selbst

of yourselves –	erhalten kann,
still your own foes –	stets Feind euch selbst,
deliver you as most	euch endlich unterwerfe
abated captives	als höchst verworfne Sklaven
to some nation	einem Volk,
that won you without blows.	das ohne Schwertstreich euch gewann.

Er wendet sich ab von Rom, verbündet sich mit dessen alten Feinden, den Volskern, kann diese Allianz nicht durchhalten und fällt am Ende, von Schwertern mehrerer, die auf ihn einstechen, durchbohrt – Opfer also, sinnigerweise, eines Kollektivaktes.

Anmerkung: Es ist beachtenswert, daß *Theodor Mommsen* in seiner „Römischen Geschichte" die beiden Züge des römischen Staats- bzw. Sozialrechts, die Shakespeare seinen Coriolan angreifen läßt – die Macht der Tribunen und der Volksversammlung; die Kornverteilungen – mit ihm übereinstimmend negativ wertet, oft sogar mit ähnlicher Formulierung.

Zur Mitbestimmung: „Aber auch der Pöbel ist ein großer Herr und will als solcher respektiert sein. Der Janhagel fing an, es als sein Recht zu fordern, daß der künftige Konsul in jedem Lumpen von der Gasse das souveräne Volk erkenne und ehre und jeder Bewerber bei seinem ‚Umgang' (ambitus) jeden einzelnen Stimmgeber bei Namen begrüße und ihm die Hand drücke. Bereitwillig ging die vornehme Welt ein auf diesen entwürdigenden Ämterbettel. Der richtige Kandidat kroch nicht bloß im Palast, sondern auch auf der Gasse und empfahl sich der Menge durch Liebäugeleien, Nachsichtigkeiten, Artigkeiten von feinerer oder gröberer Qualität ... Vielleicht die schlimmste Folge des dauernden Buhlens der regierenden Aristokratie um die Gunst der Menge war die Unvereinbarkeit dieser Bettler- und Schmeichlerrolle mit derjenigen Stellung, welche der Regierung den Regierten von Rechts wegen zukommt." (Bd. II, 71 = Bd. III, 80 f. der dtv-Ausgabe).

Über die lex frumentaria: „(Gaius) Gracchus war ernstlich bemüht, für die sozialen Schäden eine Abhilfe zu finden und dem einreißenden Pauperismus zu steuern; dennoch zog er zugleich durch seine Getreideverteilungen, die für alles arbeitsscheue, hungernde Bürgergesindel eine Prämie werden sollten und wurden, ein hauptstädtisches Gassenproletariat der schlimmsten Art absichtlich groß." ... „Er war (Gaius Gracchus) ein politischer Brandstifter ... vor allem ist er der wahre Stifter jenes entsetzlichen, von oben herab beschmeichelten und besoldeten hauptstädtischen Proletariats, das durch seine aus den Getreidespenden von selber folgende Vereinigung in der Hauptstadt teils vollständig demoralisiert, teils seiner Macht sich bewußt ward und mit seinen bald pinselhaften, bald bübischen Ansprüchen und seiner Fratze von Volkssouveränität ein halbes Jahrtausend hindurch wie ein Alp auf dem römischen Gemeinwesen lastend nur mit diesem zugleich unterging." (Bd. II, 116 = Bd. III S. 125 f. dtv-Ausgabe).

Also wird die dramatische Dichtung von dem größten der Großen der Romanistik voll abgesegnet, was aus vielen Gründen erstaunlich ist, auch aus dem, daß Mommsen als „Liberaler" und Oppositioneller seiner Zeit tendenziell zu anderen Wertungen hätte geneigt sein müssen.

II. Der Redner Cicero: ein Akteur, kein Denker

1. Politik durch Reden

Mit Cicero treffen wir, zum ersten Mal in der Geschichte der Staatsphilosophie (später Seneca, Thomas Morus), einen politisch *Handelnden.* Gedacht hat Cicero eher nebenher, ernsthaft und im größeren Rahmen erst, als er politisch kaltgestellt war, ihm also nichts anderes übrig blieb. Vorher hatte er gedacht an seine Karriere, an die Laufbahn der Ämter (das Wort „curriculum" ist leider verbraucht, hier würde es passen), die man ihn bis ganz nach oben hinauf laufen ließ: 63 v. Chr. wurde er Consul, stand an der Spitze des römischen Imperiums [zusammen mit einem unbedeutenden Antonius], im Zentrum der Macht über die damals bekannte Welt. Diese *Macht* hatte er errungen gemäß den Gesetzen der Republik, durch Bewerbung und erfolgreiche Wahl, im Rahmen einer Staatsform, die jetzt – nach immerhin 400 Jahren – sichtlich in der Krise, eigentlich *am Ende* war. Cicero blieb Republikaner, ließ sich auch durch den popularischen Charme des die Alleinherrschaft begehrenden *Caesar* nicht verführen. Dessen Ermordung hat er vielleicht mitorganisiert, nachweislich begrüßt. Ciceros eigenes Ende, 43 v. Chr., als er sich aus seiner Sänfte den von *Marcus Antonius* gedungenen Mördern entgegenbeugte, um ihnen die Arbeit mit den Dolchen zu erleichtern, war zugleich das Ende der Republik.

In seinem Werk sind die rein philosophischen Texte – wie „de re publica" – blaß und, gemessen an den Griechen, unoriginell. Groß und mitreißend, Zeile für Zeile, sind die Reden, die Reden des Verteidigers, des Anklägers, des Politikers. Mit ihnen erwarb sich Cicero allerdings in der Geschichte der Staatsphilosophie keine gute Presse. *Theodor Mommsen*[3] hat, in seiner Römischen Geschichte, keine seiner unübersehbar vielen Figuren so hart behandelt wie Cicero. Noch heute steht man fassungslos vor seinem Verdammungsurteil. Zuletzt, mit genug Zeit, sich alles noch einmal zu durchdenken, sagt *Jaspers*, das ciceronische Denken verführe zum Unernst[4].

Die Kritiker Ciceros[5] zeigen wenig Verständnis für den Handelnden, der in Staat und Politik *wirken* will und jetzt, da wo er steht, auch wirken muß. Nicht zu leugnen ist, daß C. als Advokat und als politischer Redner windige Argumente einsetzt, sentimental auf Tränendrüsen drückt, hohle Deklamation (patria u.a.) ertönen läßt, seine Gegner mit fragwürdigen Mitteln (bei Erucius Hinweis auf dessen uneheliche Geburt) herabsetzt. Aber was hätten die Kritiker statt seiner auf der Rednertribüne (rostra) geboten, umgeben von politischen Feinden, umlagert und bedroht vom Mob? Ein Seminar-Referat? Republik (Demokratie) heißt nun einmal, daß vor dem Handeln *Reden* steht, daß der Politiker sich die Möglichkeit zum Tun erst einmal rhetorisch freikämpfen muß. (Wenn man so will, ist dies schon ein Beispiel für kommunikatives Handeln – *Habermas*).

Das Prinzip der advokatorischen Rede (Unterfall: die politische Rede) steht quer zum Prinzip der philosophischen Untersuchung. Sie kann nicht allein der Wahrheit dienen, ist effektbezogen, vom Beifall abhängig: also ein bißchen auch Oper, Märchenstunde, Marktschreierei, Hypnose; daher die Beleuchtungsartistik, die Gefühlsappelle, das Sich-Einschmeicheln, die Entrüstungskunst. *Gorgias*, der große Lehrer der Rhetorik, hätte mit diesem Schüler zufrieden sein können.

Wenn Cicero dies alles kann, anders als der Zauberlehrling auch beherrscht, und wir die Technik durchschauen, so sollten wir ihn trotzdem nicht gering schätzen. Er belehrt uns über Politik, *indem* er Politik betreibt. Ein Politologe ist er nicht, eher für diese Wissenschaft ein Studienobjekt. Bei seinen Reden ist die Form wichtiger als der Gehalt, wir lernen weniger durch das, *was* er sagt, sondern durch das *wie* und

3 Vgl. S. 137 unten.
4 *Jaspers*, Die großen Philosophen, Nachlaß 1, Hrsg. H. Saner, S. 678 (1981).
5 Th. Mommsen war z. Zt. der Abfassung seiner RG noch nicht Abgeordneter, erst später im preußischen Landtag (1863–66, 1873–79) und im Reichstag (1881–84). RG = Römische Geschichte.

dessen Beziehungen zum *wovon* und über *wen*. „Wie überzeuge ich?" ist sein Hauptproblem, und deshalb kann sein wichtigstes philosophisches Werk (de oratore) niemandem als dem Redner gelten. Cicero ist anders zu lesen als seine bisher erörterten Kollegen, er denkt nicht rein, sondern *absichtsvoll* (in den Spätwerken will er sein früheres Handeln rechtfertigen oder sich immerhin entschuldigen). Bei der Lektüre von Texten Ciceros muß man zugleich *3* Linien verfolgen: was ist seine Absicht? wie will er sie erreichen? was bleibt unabhängig von dieser Absicht?

Es bleibt viel. Wenn man die Reihe seiner Reden daraufhin durchmustert, *wen* er verteidigt, *wen* er angegriffen hat, was seine politischen Ziele sind, was die Ziele seiner Gegner, so sintert sich heraus eine unerschütterliche republikanische Moral, der man sich gern anvertrauen will. Es stimmt einfach nicht (Mommsen!), daß er für alles – für jedes politische Ziel – zu haben war. Pure Demagogie hat er sich *nie* zuschulden kommen lassen. Richtig ist, daß die von ihm zwar nicht erfundene, aber weiterentwickelte Kunst der politischen Rede verschiedenartigste Entwicklungen auslösen kann: den Aufstand, den Staatsstreich, Kreuzzüge, Bartholomäusnächte, Oktoberrevolutionen, dreißigste Januare. Aber Wirkung ist nicht alles: die Reden von Trotzki sind wie die Reden von Joseph Goebbels, so welterschütternd sie waren, zu vollem Recht vergessen. Über Ciceros Reden wird in den Universitäten und Akademien unserer Welt immer wieder neu nachgedacht und wir versuchen dies jetzt auch.

2. Bürgertugend, Wohlfahrtsstaat: was rettet die Republik?

Fragt man nach Ciceros Hauptmotiv, nach der in seinen Reden immer wiederkehrenden Figur, so ist es der Aufruf zur Bürgertugend, zum Dienst für das Vaterland, selbstlos und treu. Er erinnert an die Frühzeit Roms, als dessen Aufstieg zur Größe und Macht über den Erdkreis begann. Cicero moralisiert – in diesem Sinne – ständig, ist in ausgeprägtester Gestalt *Moralist.* Ob er als junger, 26jähriger Anwalt (im Jahre 80) den unschuldig des Vatermordes bezichtigten Sextus Roscius verteidigt, ob er 10 Jahre später gegen Verres auftritt, der als Proprätor Siziliens ausgeplündert und ein schlimmes Beispiel für Korruption in höchsten Ämtern geliefert hatte, ob er auf der Höhe seiner Bahn gegen Catilina kämpft (63/62), ob er (56) dem staatstreuen Volkstribun Sestius rhetorisch den Weg öffnet zum Einsatz von Gewalt gegen den Straßenterror des Clodius: überall dissoziiert er sofort den guten Bürger vom schlechten Bürger; der gute ist redlich, tapfer, stolz, denkt an das Wohl des Vaterlandes – der schlechte ist lasterhaft, verantwortungslos, intrigant, egoistisch, nimmt, um seine Lüste und Ambitionen zu befriedigen, auch Schwächung, gar Untergang der res publica in Kauf. Eine Schwarz/Weiß-Malerei, die Lichtgestalten von Schwarzalben abscheidet. Seine Darstellungsmethode erlaubt Cicero grandiose Antithesen und dramatische Zuspitzungen, fesselt uns in vielen Details, bringt eine hohe Schule des Plädoyers (= der Kunst der einseitigen Darstellung), jedem künftigen Anwalt zum Studium empfohlen – kann aber unter geistigem Aspekt nicht zufriedenstellen.

Vor der Kritik muß man eins zu seinen Gunsten sagen: Cicero ist kein Heuchler, der simpelste Einwand gegen den Tugendprediger (propagiert Wasser, genießt Wein) kann gegen ihn nicht erhoben werden. Die Verwaltung der ihm anvertrauten Provinzen (76/75 Sizilien, 51 Kleinasien) gilt als makellos und vorbildlich. Der Konsul Cicero ragt heraus unter allen Konsuln seiner Epoche. Aus seinen Briefen, aber auch aus anderen Dokumenten, läßt sich so gut wie jeder Tag des Consulats rekonstruieren: er ist weit entfernt von der zeitüblichen Korruption, vom allgemeinen Zynismus, glaubt an das Gute, arbeitet unermüdlich dafür, will es wiederherstellen. Alle seine zweifelhaften politischen Arrangements lassen sich als taktische Kompromisse auf dem Wege zu diesem Ziel verstehen. Die Verschwörung des Catilina verhalf ihm zum höchsten Ehrentitel „pater patriae". Wenn Cicero später wegen der Hinrichtung der ertappten Catilinarier für ein Jahr (58/57) in die Verbannung gehen mußte, so war das eher eine Auszeichnung: *Märtyrer der Republik!* In den Schatten gestellt wird er erst vom Jahre 50 ab, durch Caesar, der aber bereits kein Republikaner mehr ist.

Philosophisch bleibt er dagegen im Defizit. Cicero ist kein Philosoph. Dieses griechische Wort hatte er erst in Rom eingebürgert, damit wertvolle Vermittlerdienste geleistet, in seiner „Republik" seiner Republik das griechische Staatsdenken nahegebracht. Gern würde er sich diese Bezeichnung erdienen. „Philosoph" wird man aber nach dem hohen, von Sokrates gesetzten, seitdem verbindlichen Standard durch die Bereitschaft, *infrage zu stellen*, und zwar gerade durch solche Fragen, die Schwierigkeiten bereiten, sei es anderen, sei es einem selbst. *Anderen* es schwer machen, das konnte Cicero. Er war ein *Meister* der rhetorischen Frage, die selbst entschiedene Gegner verunsichert, Schwankende auf seine Seite bringt. Nie war er aber versucht, *sich selbst* denkerisch Schwierigkeiten zu bereiten, sich in das Abenteuer intellektueller Freiheit zu stürzen. Er denkt unter Absichten und mit Absicherungen. Seine Absichten waren gute, und die Absicherungen menschlich verständlich. Vom Lande stammend, in den Augen des römischen Patriziats immer nur ein Emporkömmling, mußte er sich mehr als andere anstrengen.

Gern ließ ihn die herrschende Aristokratenschicht ihre Ziele mit altrömischen Tugendwerten gleichsetzen: ein Mann will nach oben, er macht es zu schön! Hinter mancher Rede Ciceros steht ein frivoles Gekicher der Herrschenden, Eingeweihten und Auguren: nimmt *er* das etwa ernst? Aber von uns wird er doch nicht verlangen, das ernst zu nehmen! Ist das Philosophie? Komisch, aber vielleicht nützlich.

Cicero konnte weder sich noch seine Sache in Frage stellen. An das Gute zu glauben und sich auf der Seite des Guten zu wissen war ihm lebenswichtig. Er sagte, was er glaubte und versuchte möglichst zu tun, was er sagte. Nie zieht er das Prinzip der römischen Tugend in Zweifel. Dabei war doch die Stunde gekommen, ein Bündel von Fragen aufzuschnüren: Was war das eigentlich für eine Tugend? Wo kam sie her? Sollte man sie fortführen? Hatte sie nicht bestimmte Voraussetzungen? Waren diese Voraussetzungen noch gegeben?

3. Sallust erkennt die Lage

Niemand verlangt von Cicero, so klug wie die heutige Soziologie zu sein, aber ein bißchen Reflexion auf gesellschaftliche Bedingungen von Tugend hätte nahegelegen. Deren altrömische Spielart gehörte zu einem Volk von Ackerbürgern, bedroht von Armut, war eine Tugend der Kargheit. Jede Stunde war zu nutzen, jede Münze, bevor man sie ausgab, dreimal umzudrehen, pecunia = das Geld war eigentlich das Vieh = pecus, die Währung. Die ersten Konsuln, die, mit dem Pflug hinter den Ochsen gehend, in dieses Amt berufen wurden, behielten ihr (groß-)bäuerliches Denken bei, verwalteten den Staat wie sie zuvor ihr Landgut verwaltet hatten. Politik treiben = so etwas wie mit dem Nachbarn reden; wenn er Schwierigkeiten machte, mit dessen Nachbarn.

Militärisch gesehen war die frühe Tugend die des Ringsumdroht-Seins. Man hatte allen Anlaß, sich Mut, Tapferkeit und Stärke einzureden: Überall gab es Feinde! Den Bewohnern Roms gelang diese notwendige Selbsterziehung zu militärischer Tüchtigkeit nur allzu gut: erst fielen ihnen die umliegenden Territorien Latiums zur Beute, bald die ganze Halbinsel Italien, dann Korsika und Sizilien, im großen Krieg der einzige Rivale: Karthago. Vom Fall Karthagos (146) ab datieren viele Beobachter den beginnenden Untergang Roms. Die römische Staatsidee hatte sich so sehr mit dem Gedanken der Expansion verbunden, daß der Stillstand allein schon umschlug in Staatsverdrossenheit oder gar Staatsfeindschaft.

Spätestens in der Epoche Ciceros war jedes Gefühl möglicher Bedrohung erloschen. Der Erdkreis war erobert, vom Sonnenaufgang bis -untergang Rom untertan, alles außerhalb der Grenzen, z.B. des germanischen limes, war imperialistisch reizlos. Sogar Caesars Anstrengungen, Gallien zu erobern, löste wenig Compassion aus, er muß ein ganzes Buch schreiben, de bello gallico, seine Taten herauszustreichen. Wer interessierte sich schon für die Nebelwälder Galliens, Germaniens oder gar Britanniens? Das zu Erobernde war erobert.

So trat unvermeidbar an die Stelle der Tugend der Kargheit die Tugend der Üppigkeit. Rom herrschte über die Welt. Seinen tonangebenden Kreisen standen die ausgesuchtesten kulinarischen und erotischen Köstlichkeiten dreier Kontinente zur Verfügung. Die Villen, die Bäder, die Arenen, die Theater wollten mit Leben, Gelagen, Spielen, Orgien erfüllt sein; unmoralisch war jetzt nicht mehr die Verschwendung, sondern der Geiz = das Nichtverschwenden-wollen. Mit den Spielen kam Rom schon vorm Ende der republikanischen Zeit moralisch herunter etwa auf das Niveau barbarischer Opferfeste; nur die späteren Azteken haben diese Schlächterei von Menschen überboten. Daneben verblassen sogar die Errungenschaften der römischen Zivilisation, die Stadtgründungen, die Prätorien, die Straßen, die Gesetze, die Verwaltungsorganisation. (Eins verblaßt nicht: die Sprache).

Rom, die kleine Siedlung am Fluß Tiber, war, in nur 700 Jahren, zum Zentrum eines Weltreichs geworden. Ihren sagenhaften Gründer, Romulus, hatte eine Wölfin gesäugt. Der von ihm gegründete Staat hatte sich wie ein Wolf verhalten, sich alle aufspürbaren Territorien einverleibt, die Bevölkerungen sich dienstbar gemacht, versklavt, Männer und Frauen zur Arbeit ausgebeutet, oft in die Bergwerke zu schnellem Tod geschickt, Kinder in den sexuellen Mißbrauch.

Wie konnte Cicero sich wundern über das Auftreten catilinarischer Existenzen? War nicht der Staat als böses Beispiel vorangegangen? *Sallust* sagt über Catilina: *angetrieben haben ihn zuerst die verdorbenen Sitten des Staates, verwüstet durch die beiden schlimmen und sich widersprechenden Übel: Verschwendung – Habsucht.*

incitabant praeterae corrupti civitatis mores, quos pessuma ac divorsa inter se mala: luxuria atque avaritia vexabant.

Als nämlich der Staat, stark geworden durch Anstrengung und Gerechtigkeit, gewaltige Könige im Krieg bezwungen, wilde Stämme und ungeheure Völker unterworfen hatte, Karthago vernichtet war, alle Meere und Länder offenstanden: da begann die Schicksalsgöttin zu wüten. Die Römer hatten zuvor Strapazen, Gefahren, abenteuerliche und harte Lagen leicht ertragen; jetzt wurden ihnen Muße und Reichtum, sonst erfreuliche und wünschenswerte Dinge, zum Unglück. *So wuchs zuerst die Gier nach Geld, dann die nach Macht – dies der Brennstoff für alles Übel.*

igitur primo pecuniae, deinde imperi cupido crevit: ea quasi materies omnium malorum fuere.

Die Habgier untergrub die Redlichkeit, die Rechtschaffenheit und alle anderen guten Eigenschaften; sie lehrte stattdessen Überheblichkeit, Grausamkeit, Vernachlässigung der Götter.

Dies wuchs zunächst allmählich (haec primo paulatim crescere), wurde bisweilen bestraft (interdum vindicari); darauf, als die Ansteckung wie eine Pest einbrach, änderte sich der Staat (post, ubi contagio quasi pestilentia invasit, civitas immutata), die Herrschaft wurde aus der gerechtesten und besten zu einer grausamen und unerträglichen (imperium ex iustissimo atque optimo crudele intolerandumque factum).

Zum Beispiel hatte Lucius Sulla das Heer, das er in Asien geführt hat, sich dadurch treu gemacht, daß er es entgegen der Art der Vorfahren üppig und großzügig hielt. Liebliche und genußreiche Gegenden verweichlichten den trotzigen Sinn der Soldaten. Sie gewöhnten sich daran: *zu lieben, zu trinken, Statuen, Gemälde, geschmückte Gefäße zu bewundern, sie auf eigene Faust oder offiziell zu rauben, Heiligtümer zu plündern, alles, Heiliges wie Profanes, zu besudeln.*

amare, potare, signa, tabulas pictas, vasa caelate mirari, ea privatim et publice rapere, delubra spoliare, sacra profanaque omnia polluere.

Tugend erlahmt. Armut gilt für Schande. Lauterkeit wird von Böswilligkeit nicht unterschieden. *Die Jugend wird ergriffen – infolge des Reichtums – von Ausschweifung und Habgier zusammen mit Hochmut.*

igitur ex divitiis iuventutem luxuria atque avaritia cum superbia invasere.

Man raubt, man praßt, achtet Eigenes für gering, begehrt Fremdes. Dies besonders deshalb, weil man in den römischen Villenvierteln *Paläste und Landhäuser vor sich sieht, die nach dem Maß ganzer Städte ausgebaut sind.*

domos atque villas cognoveris in urbium modum exaedificatas ...

Früher *raubte man den Besiegten nichts, außer der Möglichkeit, Unrecht zu tun.*

neque victis quisquam praeter iniuriae licentiam eripiebant.

Jetzt ohne Unterschied alles: *als ob erst Unrecht tun richtig Herrschaft ausüben sei.*

... proinde quasi iniuriam facere id demum esset imperio uti.

Die Lust an Unzucht, Schlemmerei und übrigem Luxus herrscht. Männer geben sich als Frauen hin, Frauen halten ihre Keuschheit offen feil. *Des Fressens wegen durchforscht man Land und Meer.*

vescendi causa terra marique omnia exquirere.

Sallust mußte hier ausführlich zu Wort kommen, als schlagendes Beispiel, was in der ciceronischen Epoche beobachtet und gedacht werden konnte: aber nicht von Cicero! Der Graben zwischen Handeln und Denken (Willen und Erkenntnis, Politik und Politologie) zeigt sich selten so deutlich wie an seinem Beispiel. Gewollt hat er: er will, daß die Republik bleibt, scheut dafür kein Opfer, engagiert sich, spricht immer wieder vor der Menge und im Senat, ist umtriebig, schreibt (bzw. diktiert) unermüdlich taktisch geniale Briefe, gewöhnt sich an permanente Lebensgefahr.

Er muß die Verbannung erdulden, die Zerstörung seines Hauses (mit Bibliothek, die wir gern hätten), seiner Ehe; am Ende sind die Dolche. Aber zum ernsthaften Nachdenken über die Ursachen des offensichtlichen Niedergangs hat er sich nie aufgerafft, obwohl doch er wie niemand sonst alle Daten kannte, die sozialen, wirtschaftlichen und politischen Fakten. Dem Konkurrenten Caesar war er jedenfalls bis zum Jahre 50/49 (Rubicon) an Information überlegen. Dessen Kopf war angefüllt mit Aufmarschplänen gegen Vercingetorix und mit Zinsaufstellungen in seinen Schuldbüchern. Die innenpolitischen Probleme hatte Cicero genauer erfahren und erlitten. Auch die römische Geschichte des vergangenen und des gegenwärtigen Jahrhunderts – gedacht in römischer Zeitrechnung „ab urbe condita“ – zeigte Flammenschriften an der Wand. Das Reformprogramm der Gracchen und ihr

Scheitern war intellektuell nicht aufgearbeitet. Der noch in Ciceros Jugendjahre fallende Bürgerkrieg – hier Marius, dort Sulla – hatte über die konkreten Vorfälle hinausweisende Ursachen. Zuletzt war Catilina nicht ein beliebiger Vorfall politischer Kriminalität, sondern Symptom.

Zur Analyse will Cicero aber nicht ansetzen, vielleicht befürchtet er instinktiv schlimme Denkergebnisse. Sogar in den Jahren der Caesar-Herrschaft, bei erzwungener Muße und Zurückgezogenheit, wird er nicht schärfer und genauer, die „philosophischen" Werke, die jetzt entstehen, entspringen auch dem Wunsch, vom Wichtigen sich abzulenken. Nicht zufällig kulminiert „de re publica" in einem Traum, dem „somnium Scipionis", einer kitschigen Vision vom großen Vaterland, fern der politischen Realität.

4. Verlust der Basis

Denn die res publica hatte, im wahrsten Sinne des Wortes, ihre Basis verloren. Wie sah nämlich dieses römische Volk aus, Subjekt der Verfassung, Adressat so vieler Reden Ciceros, umworben von den Kandidaten der höchsten Staatsämter, stolz berufen als Urheber aller staatlichen Akte, durch Lettern in Stein oder von Bronze: SENATUS POPULUSQUE ROMANORUM? Mit den Plebejern des 5. Jahrhunderts, 450 Jahre zuvor, die den Patriziern die Stirn boten, sich ihre Rechte erkämpften, hat die heute in Rom versammelte Volksmenge wenig zu tun. Damals eine noch überschaubare Zahl von Kleinbauern, Handwerkern, Knechten und Gesellen, in dieser Stadt geboren, aufgewachsen, ihr verbunden durch Familie und Beruf. Jetzt eine Masse aus allen Weltteilen zusammengelaufener Entwurzelter. Ein Vorwurf war keinem von ihnen zu machen. Arbeit gab es nicht oder kaum im großen Römischen Reich. In den Latifundien, in den Bergwerken, Manufakturen, Häfen, auf den Galeeren, an den bis heute unerschütterlich stehenden Bauten rackerten Heere von Sklaven. Für freie Arbeit war kein Raum. Bezeichnenderweise hat das sonst umfassende Römische Privatrecht keine Dogmatik des Dienstvertrages[6] entwickelt. Es hatte sich herumgesprochen, daß im Zentrum der Macht, in Rom, am leichtesten ohne Arbeit zu leben, auch eine Verpflichtung zum Wehrdienst kaum mehr zu befürchten war. Das Bürgerrecht war immer großzügiger gestreut worden. In Rom ließ es sich leben auch ohne Besitz. War

6 *Max Kaser*, Römisches Privatrecht, 15. Aufl. 1989, S. 203 = § 42 III.

man Proletarier – proletarius ist jemand, der nichts besitzt als seine Kinder, die Proles – so war man doch civis romanus, hatte einen verfassungsrechtlichen Status, bestimmte mit darüber, durch wen man Rom regieren zu lassen geruhte. Durch die kurze Amtszeit der Beamten – 1 Jahr – herrschte so gut wie ständig Wahlkampf, der ungeheure Summen verschlang. Das Volk günstig zu stimmen war die bittere Notwendigkeit für jeden Politiker mit Ehrgeiz. Die demokratischen Mitwirkungsrechte verkamen zu sozialpolitischen Anspruchstiteln. Stichwort: Brot und Spiele, panem et circenses. Als Brot: Geld und Kornverteilungen, als Spiele: Theater und Arena, noch besser der beides vereinende Triumphzug. Kein gutes, vor allem kein weitsichtiges Programm!

Illusionslos, vielleicht schon übertreibend *Sallust: Die städtische Masse war völlig heruntergekommen aus vielen Gründen. Einmal jeder, der irgendwo aufgefallen war durch schändliches Wesen und Frechheit, zweitens: wer schimpflich sein Vermögen verloren hatte, schließlich alle, die eine Schandtat oder ein Verbrechen von daheim fortgetrieben hatte, die waren in Rom zusammengelaufen wie die Bilge im Kielraum des Schiffes.*

> (Sed) urbana plebs, ea vero praeceps erat de multis causis. Primum omnium, qui ubique probo atque petulantia maxume praestabant, item alii per dedecora patrimoniis amissis, postremo omnes, quos flagitium aut facinus domo expulerat: ii Romam sicut in sentinam confluerant.

Außerdem hatte die Jugend, die „daheim" auf dem Acker mit dem Lohn für Handarbeit ein armes Leben geführt hatte, durch Geschenke von Einzelnen oder vom Staat herbeigelockt, das Nichtstun in der Stadt undankbarer Arbeit vorgezogen.

> praeterea iuventus, quae in agris manuum mercede inopiam toleraverat, privatis atque publicis largitionibus excita urbanum otium ingrato labori praetulerat.

Diese und alle anderen lebten vom Unglück des Staates.

> eos atque alios omnes malum publicum alebat.

Kein Wunder daher, daß diese Menschen: arm, sittlich verkommen, voll der größten Erwartungen, zwischen ihrem Wohlergehen und dem des Staates nicht mehr unterscheiden konnten.

> quos minus mirandum est homines egentis, malis moribus, maxuma spe, rei publicae iuxta ac sibi consuluisse.

Sie wollen lieber, daß das Gemeinwesen in Unordnung geriete, als daß sie selber weniger politisches Gewicht hätten.

... conturbari rem publicam quam minus valere ipsi malebant.

Man hatte Probleme, die den Problemen unseres heutigen Wohlfahrts-Staates nahe sind. Zwar wäre es falsch, einseitig und unhistorisch, *alles* über diesen Leisten zu schlagen. Aber doch drängen sich Parallelen zu heutigen europäischen Problemen auf. In „Die Zeit“[7] stand eine Rezension von H. Rudolph zum Problem-Komplex Wohlfahrtsstaat (Schriften von H. Klages, N. Luhmann). Er notierte eine „Beobachtung ..., die zwar längst bis zur Abgegriffenheit beklagt worden ist [??], aber dennoch ihren verstörenden, herausfordernden Charakter nicht verloren hat: den Umstand, daß soziale Absicherung und öffentlicher Aufwand nicht den Boden für Zufriedenheit und Erfüllung, sondern für Unzufriedenheit und Ängste“ abgeben. „Steigenden Leistungen [der staatlichen Sozialpolitik] entspricht eine eher sinkende Zufriedenheit –; der Zunahme sozialer Sicherheit wachsender Zukunfts- und Lebenspessimismus“.

Alles dies ist nach der Wiedervereinigung von neuer, bedrohlicher Aktualität und führt zu politisch sehr gefährlichen Mißverständnissen zwischen „Ossis“ und „Wessis“, zum unerwarteten Ansteigen von Wählerstimmen für die PDS. Arbeitslosigkeit – das ist die Lehre – ist ein soziales Unglück, nicht nur ein finanzielles, und allein geldliche Zuwendungen können dies nicht ausgleichen. Die gegenteilige Annahme ist ein gravierender Irrtum der Sozialpolitik, beruht auf einer materialistisch flachen und falschen Psychologie. Selbst karg bezahlte Notstandsarbeit ist sozialer als gemästetes Nichtstun. Dies gilt, wenn nicht für jeden Einzelfall, jedenfalls für das Kollektiv. Die Masse der Beschäftigungslosen kann kein positives politisches Selbstbewußtsein ausbilden, muß der übrigen Gesellschaft, die für sie keine Verwendung hat, gram sein, und mangels geeigneten Adressaten kehrt sich dieser Unmut leicht gegen den überraschten Spender der Zuwendungen, weil dieser ihre Überflüssigkeit noch verdeutlicht. Dies führt, mit oder ohne materielle Not, selbst wenn man sich einzureden versucht, wie gut es einem doch ohne Arbeit ginge, zu Unzufriedenheit, Mißgunst, Neid, dem Sehnen nach politischer Veränderung. Wieder Sallust: *Aus Verdruß über ihre Lage sind sie dafür, alles zu ändern*

odio suarum rerum mutari omnia student.

7 Nr. 50/81 (4.12.81).

5. Chancen für Demagogen

Die Situation ist da für den Demagogen, alsbald wird ein Catilina sie zu nutzen wissen. Er wird souverän die von funkelndem Reichtum erregte Begehrlichkeit zur Tugend stilisieren:

Wer unter Menschen, der einen männlichen Sinn hat, kann es ertragen, daß jene Leute in Reichtum schwimmen ... während uns schon für den Hausstand das Nötigste fehlt?

> quis mortalium, quoi virile ingenium est, tolerare potest illis divitias superare ... nobis rem familiarem etiam ad necessaria deesse?

und weiß den Gegensatz wir/sie noch durch ein eingeredetes Bewußtsein von Jugendlichkeit zu steigern:

wahrlich ist der Sieg in unserer Hand, jugendlich unser Alter, stark unser Geist – während jene durch ihre Jahre und ihren Reichtum alle vergreist sind.

> verum enim ... victoria in manu nobis est, viget aetas, animus valet. contra illis annis atque divitiis omnia consenuerunt (Wie denn die Berufung auf Jugendlichkeit und die Anwerbung der Jugend zu den typischen Mitteln politischer Umsturzversuche gehört!).

Cicero hat Catilina besiegt, nicht aber die Situation, die ihn ermöglicht hatte; dafür hätte er andere und tiefer schneidende Instrumente einsetzen müssen als den Aufruf zur Bürgertugend und zur Eintracht aller Stände (concordia!). Catilina hat zugleich durch Sallust und Cicero bleibenden Ruhm erworben: weil er in deren Interpretation ein Modell gesetzt hatte für erfolgreiche Massenmobilisierung, bei allen künftigen Revolutionen erinnert, und zwar, je nachdem, als Schreckbild oder als Vorbild.

III. Die Verschwörung des Catilina[8]

Inbegriff des Verschwörers ist Catilina. Es trifft sich gut für unsere Darstellung, daß seine klassische Aktion gegen einen regierenden

8 Die erste Fassung dieses Textes war veröffentlicht in *Adomeit*, Rechtstheorie für Studenten, UTB Nr. 883, S. 172 ff.

Rechtsphilosophen, den Konsul *Cicero* (63/62 v. Chr.) gerichtet war, von diesem aufgedeckt und geahndet wurde. Wir folgen dem Bericht des Sallust, der nur 20 Jahre jünger als Cicero war.

Sergius Catilina entstammte verarmten Adel und wuchs im Hause seiner Schwester auf. Im Bürgerkrieg der Jahre 88–82 schloß er sich der Adelspartei (Sulla) an und half bei der Vollstreckung von Gewaltmaßnahmen, Vertreibungen, Hinrichtungen. Er bereicherte sich und gewann Einfluß. Von seinem lasterhaften Leben, zunehmend auch von Verbrechen war die Rede. Um sich den Weg zur Heirat der reichen und berüchtigten Witwe Orestilla frei zu machen, soll er seinen eigenen Sohn aus erster Ehe ermordet haben. Trotzdem wurde er im Jahre 68 *Prätor*, also an oberster Stelle mit dem Schutz des Rechts beauftragt. Damit war er nur noch eine Stufe vom höchsten Amt, dem Konsulat, entfernt. Als Pro-Prätor von Afrika im folgenden Jahr muß er sich so schamlos bereichert haben, daß ihn im Sommer 66 bei seiner Rückkehr nach Rom Anklage wegen Erpressung erwartete. Er hatte beabsichtigt, mit erbeutetem Geld seine Wahl zum Konsul zu finanzieren. Eine solche Wahl erfolgreich zu bestehen war damals teuer: Spiele, Schaugepränge, Schenkungen, Bestechungen. Infolge der Anklage, von der er freigesprochen wurde, konnte er sich erst 64 für das Konsulat des folgendes Jahres bewerben. Mitbewerber und größter Konkurrent war Cicero, damals 42 Jahre alt, auf dem Lande geboren, nach Maßstäben römischer Aristokratie ein Emporkömmling („homo novus"), jedoch als Anwalt erfolgreich hervorgetreten und steilen Aufstiegs in der Ämterlaufbahn.

Catilina nahm, um die Schar seiner Anhänger zu vergrößern, einen politischen Frontwechsel vor: von der Adels- zur populären Partei. Er versammelte neben unzufriedenen Adligen ein Heer von desperados um sich, denen er revolutionäre Versprechungen für den Fall seines Konsulats machte: Enteignung der Reichen, Landverteilung, Ämter, Schuldentilgung, freie Erlaubnis zum Plündern. Schon jetzt begann seine Anhängerschar die Straßen Roms unsicher zu machen und einschüchternde Gewalt zu üben. Dies brachte die Nobilität dazu, entgegen ursprünglicher Neigung Cicero zu unterstützen, dessen Beredsamkeit im politischen Ernstfall auch das „populariter agere" (= sich als Volksfreund geben können) umfaßte. Cicero wurde (zusammen mit einem Antonius) ruhmvoll gewählt.

Nunmehr beschließt Catilina, den Staat im Wege des Umsturzes in seine Gewalt zu bringen. Er treibt seine Anhänger zur Organisation des Umsturzes an, läßt Unzufriedene in Rom, in ganz Italien, aufwiegeln, sogar Sklaven, was politisch an den Nerv der römischen Ordnung ging. In Fiesole wird ein gut bewaffnetes Heer unter einem Manlius versammelt. Die Ermordung Ciceros und anderer Mitglieder des Senats wird vorbereitet.

Jetzt handelt Cicero. Nach seinem Bericht über Catilinas Pläne beschließt der Senat den Ausnahmezustand, gemäß der alten Notstands-Formel:

> „videant consules, ne quid res publica detrimenti capiat!"

(= mögen die Konsuln zusehen, daß der Staat keinen Schaden nehme!). Die damit verbundenen Vollmachten nutzt Cicero, militärische Vorbereitungen zu treffen. Catilina ruft – in der Nacht 5./6. November 63 – Vertraute in Rom zusammen und begründet die Unumgänglichkeit, Cicero zu ermorden.

Dieser ist durch ausgezeichneten Spitzeldienst, der selbst bestehende Liebesverhältnisse nutzt (Fulvia!), unterrichtet –: die Mörder finden sein Haus bewacht. Im Senat schmettert er Catilina, der sich dort einzufinden wagt, das berühmte

> „quo usque tandem abutere patientia nostra?"

(= wie lange willst du noch unsere Geduld mißbrauchen?) entgegen und zwingt ihn zum hastigen Aufbruch aus Rom, angeblich zur Kur nach Marsilia. Nur eine Woche später wird in Rom bekannt, daß er den Oberbefehl über das von Manlius gesammelte Heer übernommen hat, mit angemaßten militärischen Abzeichen der obersten Heeresführung. Cicero setzt durch, daß Catilina zum

> „Hostis populi Romani!"

(= Feind des röm. Volkes) erklärt wird, was bedeutet, daß er nun vogelfrei ist. Doch seine Anhänger stehen zu ihm, auch die in Rom verbliebenen. Und

> „neque solum illis aliena mens erat, qui conscii coniurationis fuerant, sed omnino plebes novarum rerum studio Catilinae incepta probabat." (Sallust Nr. 37)

(= nicht nur die Mitverschwörer waren geistig verwirrt, sondern manch einer aus dem übrigen Volk fand das Umsturzbemühen des Catilina gut). Weshalb eigentlich?

> „nam semper in civitate, quibus opes nullae sunt, bonis invident, malos extollunt, vetera odere, nova exoptant, odio suarum rerum

> mutari omnia student, turba atque seditionibus sine cura aluntur, quoniam egestas facile habetur sine damno."

(= Denn immer werden im Staat, die nichts haben, die Tüchtigen beneiden, die Schlechteren hochloben, das Althergebrachte hassen, Neues begehren; aus Ärger über ihre Lage werden sie alles verändern wollen, Aufruhr und Konflikte genießen, weil Armut keinen Schaden hinnehmen muß). Sallust liefert eine kleine Psychologie der Rebellion, wirft auch ein Licht auf die gärenden sozialen Zustände der Zeit zwischen den Bürgerkriegen.

Der Fortgang der Verschwörung bringt sogar die Gallier ins Spiel: eine Gesandtschaft der Allobroger, die vor dem drohenden Krieg noch um günstige Konditionen in Rom verhandeln. Die Verschwörer versuchen, diese an ihrem Putsch zu beteiligen. Cicero erfährt davon; erwirkt, daß gallische Gesandte sich schriftlich Bestätigungen geben lassen; kann ihnen diese in einem inszenierten Überfall abnehmen; läßt dabei die wichtigsten fünf Verschworenen festnehmen; hat endlich schriftliche Beweise für geplante Mord- und Brandstiftungsaktionen; überdies für Konspiration mit ausländischen Feinden. Unter den 5 Verhafteten ist peinlicherweise der amtierende Prätor Lentulus.

Was sollte mit ihnen geschehen? Cicero konnte offenbar nur an ihre Hinrichtung als natürliche Folge denken. Überraschenderweise trat *Caesar* dem entgegen, den man eher bei den Falken als bei den Tauben erwartet hätte (damals gewählter pontifex maximus = Oberpriester, obwohl durch besondere Frömmigkeit nicht hervorgetreten). Er erinnerte daran, daß römisches Strafrecht (die lex Sempronia von 123; angeregt wohl von der Gesetzgebung Solons) die Todesstrafe gegen einen römischen Bürger verbot, sofern dieser bereit wäre, in die Verbannung zu gehen. Nun war das Exil in diesem konkreten Fall gerade keine Lösung: die Verschwörer hätten sich, die „Verbannung" wählend, sofort mit ihrem Oberhaupt Catilina vereinigt und seine Heerschar verstärkt. Also ein klarer Konflikt zwischen Legalität und Staatsraison! Caesar:

> „nam si digna poena pro factis eorum reperitur, novom consilium approbo; sin magnitudo sceleris omnium ingenia exsuperat, his utendum censeo, quae legibus comparata sunt."

(= dann, wenn eine geeignete Strafe für deren Taten sich findet, befürworte ich den neuen Antrag (Todesstrafe); aber wenn die Größe des Verbrechens der Fantasie (des Gesetzgebers) überlegen ist, schlage ich vor, das anzuwenden, was von unseren Gesetzen vorgesehen ist). Will sagen: „Nulla poena sine lege!", findet nur nicht die richtigen Worte. Der vom designierten Konsul Silanus gestellte Antrag erscheine dem römischen Staate nicht wesensgemäß (= „aliena a re publica nostra videtur"). Und Silanus handele falsch,

> „genus poena novom decernere",

(= eine neue Art von Strafe zu erfinden). Eher hätte Silanus die Auspeitschung beantragen sollen; aber offenbar sehe er sich durch geltendes Recht daran gehindert. Nun verdienten zwar Hochverräter keine Schonung. Trotzdem berge das Verlassen der Legalität Gefahren! Denn

> „omnia mala exempla ex rebus bonis orta sunt".

(= alle bösen Beispiele sind aus gerechten Anlässen hervorgegangen). Genauer:

> „sed ubi imperium ad ignaros eius aut minus bonos pervenit, novom illud exemplum ab dignis et idoneis ad indignos et non idoneos transfertur".

(= sobald diese Macht an Ungeübte oder Böse kommt, wird die neue Maßnahme von dafür Geeigneten auf dafür Ungeeignete übertragen). Caesar bringt Beispiele, wie Spartaner nach ihrem Sieg Athener zu Tode gebracht, Sullaner in Rom Anhänger der Volkspartei. Zwar sei unter der Herrschaft des Cicero solches nicht zu befürchten (= atque ego haec non in M. Tullio neque his temporibus vereor"), aber in einem großen Staat gäbe es viele und verschiedene Geister (= „sed in magna civitate multa et varia ingenia sunt"). Deshalb:

> „potest alio tempore, alio consule, quoi item exercitus in manu sit, falsum aliquid pro vero credi".

(= es kann zu anderer Zeit, unter einem anderen Konsul, dem auch das Heer zum Befehl steht [wie später ihm!], das Falsche für Wahrheit gelten). Und:

> „ubi hoc exemplo per senatus decretum consul gladium eduxerit, quis illi finem statuet aut quis moderabitur?"

(= wenn durch solches Beispiel, durch einen Senatsbeschluß, der Konsul das Schwert geführt hat, wer werde ihm dann noch eine Grenze setzen; wer ihn mäßigen?). Man solle statt sie illegal hinzurichten, die Verschwörer getrennt unter Kontaktsperre in Landstädte verbannen.

Dieser Maßstabsarbeit in Sachen Legalitätsprinzip setzen *Cato* (der Jüngere) und Cicero selbst (4. Catilinarische Rede) alle rhetorisch möglichen Argumente entgegen. Cato: es bestehe eine Bürgerkriegssituation, mit fortdauernder Gefahr, daß „das unserige wie wir selbst eine Beute der Feinde werden" (nostra an nobiscum una hostium futura sint). Jetzt an Misericordia und Milde (mansuetudo) zu denken, sei verfehlt, zeuge von semantischer Verwirrung, „daß uns der wahre Sinn von Worten abhanden kam" (nos vera vocabula rerum amisimus). Es sei keineswegs Milde oder Großherzigkeit, wenn man, „indem man wenige Verbrecher verschone, alle Gutwilligen zugrunde gehen lasse" (... dum paucis sceleratis parcunt, bonos omnis perditum eant). „Je energischer Ihr [gegen die gefangenen Verschwörer] vorgeht, desto mehr wird der Mut [der anderen] sinken." (quanto vos attentius ea agetis, tanto illis animus infirmior erit), dagegen würden sie durch Schlappheit nur noch ermuntert. Cato bringt die Philosophie der Falken auf griffige Formeln. Tenor: kompromißlose Härte. Auch, daß die Delinquenten junge Menschen seien – homines adulescentuli, sagt er ironisch – sei kein Grund zur Weichheit (mollitia animi). Wer, wenn nicht wir, soll wohl den Staat retten?

> „non votis neque suppliciis muliebribus auxilia deorum parantur; vigilando, agundo, bene consulendo prospere omnia cedunt".

(= nicht durch Gebete und nicht durch weibisches Klagen wird die Hilfe der Götter erworben: wenn man wach ist, handelt und sich gut beraten läßt, läuft alles). Daher sei

> „de confessis, sicuti de manufestis rerum capitalium, more maiorum supplicium sumundum".

(= an den Geständigen, als seien sie des Kapitalverbrechens überführt, nach altem Brauch die Todesstrafe zu vollstrecken).

Der nach ihm sprechende *Cicero* zieht, sehr geschickt, Caesars Glaubwürdigkeit in Zweifel, weil dieser – aus vornehmster Familie stammend – die Partei der Popularen vertrete (es wurde gemunkelt von Verbindungen zwischen Caesar und Catilina!). Caesar habe sich zu Unrecht auf den Schutz römischer Bürger vor der Todesstrafe berufen. Denn: – jetzt kommt, beinahe unvermeidlich, das schlimme Argument:

> „qui autem rei publicae sit hostis, eum civem esse nullo modo posse".

(= ein Staatsfeind kann nimmermehr Bürger unseres Staates sein). Demgegenüber hingen Menschen aller Stände wirklich am römischen Staat, auch Plebejer, auch Freigelassene, selbst Sklaven!

> „servus est nemo, qui modo tolerabili condicione sit servitutis, qui non audaciam civium perhorrescat, qui non haec stare cupiat, qui non, quantum audet et quantum potest, conferat ad communem salutem, voluntatis".

(= keinen Sklaven gibt es unter einigermaßen erträglichen Verhältnissen (!?), der nicht die Frechheit dieser Bürger haßt, der nicht wünscht, daß alles bleibt, wie es ist (??), der nicht sein ganzes Können zum gemeinsamen Wohl beiträgt; freiwillig). Es bleibt historisch interessant, daß Cicero die von ihm vermutete politische Einstellung von Sklaven als Argument seinem Senat präsentierte. Dagegen warnte er, zwischen äußeren und inneren Feinden zu unterscheiden: die letzteren verdienten keine bessere Behandlung. Also: beschließt klug und tapfer!

> „decernite diligenter ac fortiter!"

Der Beschluß lautet auf Tod. Cicero ordnet sofortige Hinrichtung an, damit nicht neu gestellte Anträge etwas ändern konnten. In derselben Nacht werden die fünf im Keller erwürgt[9]. Catilina selbst fällt wenig später in offener Feldschlacht cum suis, mit den Seinen.

IV. „Rechts" und „links" bei Cicero[10]

Elemente seines politischen Denkens, zugleich die tieferen Gründe seines Engagements für die Republik, hat Cicero uns offengelegt in der Rede für *Sestius* aus dem Frühjahr 56 v. Chr., im Exkurs über die Optimaten und die Popularen. Hier sehen wir Cicero als frühen Analytiker politologischer Grundbegriffe, die fast schon Urworte des Politischen sind. Denn „rechts" und „links"[11] erweisen sich in der täglichen Praxis aller Demokratien als unentbehrliche Orientierungshilfe. Personen, Standpunkte, Ziele, Argumente, Tendenzen, Gruppierungen, Par-

9 Die Todesstrafe, vom Grundgesetz abgeschafft (Art. 102), war noch in der Weimarer Republik in Geltung, bekämpft von *Gustav Radbruch*. Vgl. zu dessen 50. Todestag *Adomeit*, NJW 1999, S. 3465.

10 Diese Studie war *Ulrich von Lübtow* zum 80. Geburtstag gewidmet. Die erste Fassung erschien 1980 in der ihm gewidmeten Festschrift „de iustitia et de iure", S. 82 ff.

11 Die Bezeichnungen entstammen wohl dem französischen Parlamentsleben des frühen 19. Jahrhunderts.

teiungen, Fraktionen werden, politisch gewogen, zuallererst nach dem rechts/links-Schema sortiert. Durch die parlamentarischen Sitzordnungen gewinnt dieses Schema fast offiziellen Anstrich[12]. Trotzdem sucht man diese Stichworte vergeblich in den meisten Lehrwerken und Wörterbüchern der politischen Wissenschaft. Politologen sagen, daß „rechts" und „links" zu polemisch bzw. positiv eingefärbt seien. Es handele sich um politische Kampf- bzw. Werbevokabeln, über die man allenfalls im Feuilleton gehobener Zeitschriften[13] Betrachtungen anstellen könne. Um so interessanter ist, wie weit Cicero in *seiner* Gegenüberstellung schon gekommen war.

Obwohl der Exkurs für sich verständlich ist, muß doch vergegenwärtigt werden, worum es beim Prozeß des *Sestius* ging. Im letzten Jahrhundert der Republik kündigte sich immer deutlicher deren Ende an, ein Wechsel von der institutionellen zur persönlichen Herrschaft. Alarmsignal war, als Caesar, Pompejus und Crassus 60 v. Chr. das erste Triumvirat gründeten, ein extra-konstitutionelles Macht- und Geldzentrum, das jedermann als Vorstufe zur Alleinherrschaft verstand – es war nur noch auszukämpfen, wessen. Caesar, Konsul im Jahre 59, zeigte besonderen Eifer, die republikanischen Autoritäten, auch den Senat, zu schwächen. Sein für das nächste Jahr geplanter gallischer Feldzug – es wurde ein 7jähriger Krieg, 58–51 – machte es für ihn fast unumgänglich, vorher Cicero auszuschalten, der die „Zeichen der Zeit" einfach nicht erkennen wollte. Angreifbar war Cicero paradoxerweise durch seine Ruhmestat, die 4 Jahre zurückliegende erfolgreiche Bekämpfung der catilinarischen Verschwörung, in der sich der damalige Konsul, wohl zur allgemeinen Überraschung, als Mann der starken Hand, nicht nur des starken Wortes, erwiesen hatte. Die Aufdeckung dieser Verschwörung, die Bloßstellung der Verschwörer, schließlich die Vernichtung der catilinarischen Truppen mitsamt ihrem Anführer – alles dies hatte ihm den Ehrentitel *„pater*

---

12 Meldung aus „Der Abend", Berlin 22.11.79, S. 2: „Die Liberalen im Europa-Parlament haben dagegen protestiert, daß ihre Fraktion im Halbkreis des Straßburger Parlaments ihre Plätze am äußersten rechten Flügel hat. Dadurch könne ein falscher Eindruck entstehen."

13 Der Monat, Oktober 1978: „Was ist links, wer steht rechts?", wo unter vielen Autoren am originellsten *Sebastian Haffner* ist, der auf den Unterschied der beiden Hände, der Arbeitshand und der „theoretischen Hand" verweist, von denen man die letztere vor allem zum Gegenhalt brauche, obwohl sie „im Prinzip" alles viel besser könne.

patriae" eingebracht. Umstritten war gewesen und geblieben die Hinrichtung der fünf in Rom verhafteten prominenten Catilinarier. Damit hatte Cicero geltendes Strafrecht mißachtet, das für römische Bürger als Höchststrafe die Verbannung vorsah –: wenn nicht etwa durch übergeordnetes Notstandsrecht dieses Privileg aufgehoben war.

Caesar fand auch jemanden, der bereit war, in diese Kerbe zu schlagen, nämlich *Publius Clodius*, geborenen *Claudius*, aus dem Adelsgeschlecht der *Appii Claudii*, einen politischen Abenteurer, dessen ausschweifenden, gelegentlich transvestitischen Lebenswandel Cicero während seiner Amtszeit aktenkundig gemacht hatte. Hier war eine alte Rechnung offen. Caesar erleichtert es Clodius, zur *plebs* überzutreten und die Machtstellung des Volkstribuns zu erringen. Seine Gladiatoren bringen mit brutalem Bandenterror die Republik an den Rand der Anarchie. Aber auch legalistische Mittel weiß Clodius doppelstrategisch einzusetzen. Auf Cicero gezielt beantragt er ein – rückwirkendes – Sondergesetz, das unrechtmäßige Hinrichtungen mit Verbannung ahnden soll. Cicero kommt dem zuvor, verläßt April 58 Rom und Italien und hofft auf den Silberstreifen einer verbesserten politischen Lage. Dieser zeigt sich schon im folgenden Jahr 57, als sein alter Mitstreiter *Sestius*, jetzt Volkstribun und dieses Amt ernst nehmend, eine Schutztruppe gegen die Banden des Clodius aufstellt, was den Senat ermutigt, die Rückkehr Ciceros zu beschließen (4. Sept.: Cicero wieder in Rom). Clodius will diese Niederlage nicht verwinden, kehrt den Spieß des Gewaltvorwurfs um und läßt *Sestius* wegen Nötigung (*„de vi"*) anklagen. Ciceros Rede pro Sestio ist eigentlich eine Rede gegen Clodius, politisch gesehen gegen die Triumvirn, deren Machthunger sogar dieses dolose Werkzeug zupaß gekommen war. Cicero wird den einstimmigen Freispruch seines Klienten erreichen, aber nicht die erhoffte weiterreichende Wirkung: denn im April auf der Konferenz von Luca wird das Triumvirat erneuert. Clodius wird sich 53 um die Prätur (!) bewerben, der Bock will Gärtner werden, aber er wird erfahren, daß auch andere Leute die Technik des Straßenkampfes gelernt haben: vom Gefolge des *Milo* wird er auf der von seinem Urahn gebauten Via Appia niedergemacht (über alles detailreich *Karl Büchner* u.a., Marcus Tullius Cicero, in der Realenzyklopädie der klassischen Altertumswissenschaft *Pauly-Wissowa*, Bd. VII A 1, 1953). Doch diese dramatische Geschichte ist sofort wieder zu vergessen, weil es um Allgemeineres geht, die Lektion I einer denkbaren politischen Wissenschaft.

1. Optimaten – Populare

Zwei Wege, sagt Cicero, *hat es immer in der Gesellschaft gegeben für diejenigen, die sich politisch betätigen und dadurch hervortreten wollten: die einen wollten als Populare, die anderen als Optimaten gelten oder es wirklich sein.*

Duo genera semper in hac civitate fuerunt eorum qui versari in re publica atque in ea se excellentius gerere studuerunt; quibus ex generibus alteri se populares, alteri optimates et haberi et esse voluerunt. (96)

Und worin unterscheiden sie sich? *Diejenigen, die mit dem, was sie tun und was sie sagen, der Menge angenehm sein wollen, werden für Populare gehalten; diejenigen, die sich so verhalten, wie es dem Urteil der Besten entspricht, für Optimaten.*

qui ea quae faciebant quaeque dicebant multitudini iucunda volebant esse, populares, qui autem ita se gerebant ut sua consilia optimo cuique probarent, optimates habeantur.

Zur „Menge“ später mehr. Auf der rechten Seite entsteht eine verwirrende Doppelung von „Optimaten“ und *‚optimi‘*, nach denen sich erstere richten oder richten sollten. Cicero strengt sich keineswegs an, beides auseinanderzuhalten, tut vielmehr alles, den Unterschied zu verwischen. Damit handelt er parteiisch und setzt auch die Bedeutung von *optimus* als Superlativ von *bonus* ungescheut für Zwecke ein. Wenn man dies kritisch im Auge behält, lohnt es sich, mit ihm weiterzugehen. Wer sind die *optimi*/Optimaten? *Unzählige*, sagt er, *sonst könnten wir uns nämlich nicht halten.*

... innumerabiles, neque enim aliter stare possemus. (97)

Es sind die Häupter des Staatsrates, es sind deren Anhänger, es sind die Männer der höheren Stände, denen der Senat offensteht, es sind Römer aus den Landstädten und vom Lande, es sind Kaufleute, sogar Freigelassene sind Optimaten.

sunt principes consilii publici, sunt qui eorum sectam sequuntur, sunt maximorum ordinum homines, quibus patet curia, sunt municipales rusticque Romani, sunt negoti gerentes, sunt etiam libertini optimates. (97)

Dadurch, daß Cicero die Optimaten-Eigenschaft von der gesellschaftlichen Stellung trennt, macht er diesen von Haus aus ständischen Begriff politologisch brauchbar. Auch „unten“ in der Gesellschaft kann man Optimat sein. Vorausgesetzt wird in schöner Naivität deren Teilung in Schichten (Klassen), und der Optimat muß offenbar, wo auch immer er steht, seinen Frieden mit dieser Teilung gemacht haben. Er ist „oben“ oder nimmt billigend in Kauf, daß andere es sind, die es ihm verdanken, wenn sie nicht fallen, sondern bleiben (‚*stare*‘), wo sie sind.

Das Eigentliche der Optimaten kann, so Cicero, *leicht beschrieben und definiert werden,* brevi circumscribi et definiri potest –: *alle, die weder Straftäter noch von Natur aus schlecht, noch geistig gestört, noch durch zerrüttete Familienverhältnisse behindert sind,*

omnes ... qui neque nocentes sunt nec natura improbi nec furiosi nec malis domesticis impediti, (97)

also die *Unbescholtenen, die Vernünftigen, die in geordneten Verhältnissen leben.*

qui et integri sunt et sani et bene de rebus domesticis constituti. (97)

Die Ungerechtigkeit der Charakterisierung ist offenkundig. Cicero, nach schrecklichen Erfahrungen mit dem „Popularen“ Catilina, nach bitteren ersten Erfahrungen mit dem Popularen Caesar, gerade erst aus der Verbannung zurückgekehrt, spart nicht mit rhetorischen Übertreibungen. Abnehmen kann man ihm, daß die Schätzung des normalen, geordneten Lebens ein rechtes Symptom ist, die Schätzung interessanter Abweichungen ein linkes.

2. Otium plus dignitas

Dies wird noch deutlicher, wenn Cicero uns das höchste politische Ziel, *das am innigsten Erwünschte, das maxime optabile* der Optimaten-Partei verrät:

otium cum dignitate! (98)

Damit hat Cicero sein Denken auf eine griffige, fast schon parteiparolenhafte Formel gebracht. Ihr Verständnis ließe sich verfeinern durch Bezüge zu anderen Schriften und den Briefen Ciceros. Für unsere Zwecke ist aber schon der vorliegende Text unausschöpflich.

Mit „Ruhe“ hat Cicero wohl des Rechten tiefstes Bedürfnis getroffen. *Otium* als politischer Begriff bedeutet natürlich nicht die private Muße, das Seine-Freizeit-haben, sondern die öffentliche Ruhe, die

Abwesenheit von Unbotmäßigkeit und Rebellion[14]. Diese Ruhe zu wahren, hält auch er für erste Bürgerpflicht. Der Linke im Gegensatz dazu hat einen Hang zu interessanter Unruhe, wenn nicht gleich zu Aufruhr und Revolution. Etwa wie Sallust, der Chronist der Cicero-Epoche, in jedem Staat Leute ausmachen will, *die Aufruhr und Konflikte rücksichtslos genießen,*

turba atque seditionibus sine cura aluntur. (Cat. 37)

Unmittelbare politische Konsequenz ist, daß ein Rechter ruhefördernde Institutionen schätzt und verteidigt: *die Religion, den öffentlichen Aberglauben, die Befugnisse der Beamten, die Autorität des Senats, die Gesetze, das Brauchtum, die Justiz, das Heerwesen, das Finanzwesen.*
religiones, auspicia, potestates magistratuum, senatus auctoritas, leges, mos maiorum, iudicia (iuris dictio), ... res militaris, aerarium. (98)

(Sein Verhältnis zu den Gesetzen war übrigens nicht ungetrübt. Kap. 109 bringt den Satz: *Leges videmus saepe ferri multas.* Also schon die Klage über die Gesetzesflut).

Ruhe zu schätzen und anzustreben genügt nicht, will man Optimat sein. Man hat sie zum Erwerb von *dignitas* zu nutzen. Wie man das macht, darüber ließe sich eine große Schüssel mit Lesefrüchten über antike Tugend füllen. Sicher gehören dazu geordnete Verhältnisse (Cicero war damals noch nicht von Terentia geschieden), die volle Erfüllung der *pater-familias*-Funktion wie der beruflichen, die ehrgeizige Teilnahme am politischen Leben –: „immer bestrebt, der Erste zu sein", was ja die Alten ebenso selbstverständlich für moralisch gut hielten, wie wir es für moralisch schlecht halten (außer im Sport). Auf der Strecke bleiben der Faulenzer, der Lasterhafte. Daß diesem die unbedingte Sympathie des Linken gehört, wird noch nicht einmal Cicero gesagt haben wollen – vielleicht aber dann, wenn die Abkehr vom Ordentlichen demonstrativen Rang gewinnt, sich als Aussteigen und Verweigerung verstehen läßt! Jedenfalls wird die Hochschätzung bzw. Verwerfung des *Leistungsprinzips* ein weiteres Merkmal des rechts/links-Gegensatzes sein. Cicero legt Akzent darauf, daß aus Faulenzen

14 Daß *otium* die ungestörte politische Ordnung bedeutet, weist nach mit erdrückendem Material *Chr. Wirzubski*, JRSt. 44, 1954, 1-13, gegen *Pierre Boyancé*, Revue des Etudes Anciennes 43, 1941, 172-192. Beides in: Das Staatsdenken der Römer^2, Hrsg. *R. Klein*, 1973.

oder Lotterleben kein Optimat hervorgehen kann, mag auch – darf man so ergänzen? – dessen gesellschaftlicher Rang der höchste sein.

(Eine Frage wäre sehr vorsichtig tastend zu stellen: ist „Würde" ein rechter Wert oder sozialisierbar? Art. 1 GG denkt an jeden ohne Unterschied, humanistisch, *Carlo Schmid*[15]. Aber dem Würde-Begriff haftet doch etwas an von Abheben, Distinktion, Hervorragen. Ähnlich ist „gewählt" [vgl. elitär] ein republikanisches Wort mit unrepublikanischer Bedeutung).

Ciceros Rückgriff auf altrömische Tugend wirkt tragisch unzeitgemäß. Die Maßstäbe des alten Cato galten schon lange nicht mehr. Das mönchische Mittelalter oder der bürgerliche Puritanismus liegen in weiter Ferne. Ciceros Denken wirkt bürgerlich, nimmt das bürgerliche Denken vorweg. (Steht er *dadurch* uns nahe?) Dies mag mit seiner landstädtischen Abkunft zusammenhängen. Die Aristokratie seiner Tage wird ihn für spießig gehalten haben. Er z.B. hätte sich *nicht* mit Kleopatra eingelassen. Daher hat er den Nerv, seinem Gegner Clodius, diesem über die Adoption durch einen Plebejer zur Gewalt des Volkstribuns gelangten Adligen öffentlichst vorzuwerfen, *durch Unzucht mit seinen Brüdern, Unzucht mit seinen Schwestern, jede unerhörte Ausschweifung* geschwächt zu sein. Typologisch interessanter sind die weniger spektakulären Vorwürfe.

3. Haar und Bart politisch

Die beiden Konsuln des Jahres 58, die sich seiner Rückkehr aus der Verbannung widersetzt hatten, macht er moralische Vorhaltungen, dem einen, *von Wohlgerüchen zu triefen und sein Haar zu ondulieren*

unguentis adfluens, calamistrate coma, ... (18)

dem anderen, eine so wilde Bart- und Haartracht zu haben, daß selbst ein Frisör aus Capua darüber verzweifeln müßte. Er mag also weder das Aufgedrehte noch das Sich-gehen-Lassen und sieht beide Attitüden politisch: aus so etwas könne nichts Gutes hervorgehen. In der Krise des Staates habe sich gezeigt, daß der Schönling seine Kraft im Dunkel der Weinhäuser und Bordelle aufgezehrt hatte, während der Nachlässige nicht aus seinen vier Wänden herauszubringen war, kein Wunder bei einem Verehrer Epikurs, dazu verführt, dem Vergnügen an

15 Einer der Väter des Grundgesetzes und 1949–72 Vizepräsident des Deutschen Bundestages.

Bildungsgütern in abgeschirmter Bequemlichkeit nachzustreben und sich die Politik vom Leibe zu halten.

Daß diese Gegner ihm und dem Staat (die In-eins-Setzung fiel ihm leicht) übel mitgespielt hatten, wird eindrucksvoll belegt; der Zusammenhang mit deren äußerem Auftreten natürlich nicht. Ciceros Eintreten für das Normale ist stark im Aufruf, schwächer im Argument.

4. „Das Schlimmste verhüten!"

Eindrucksvoll ist, daß Cicero auf der Suche nach der goldenen Mitte des Politischen es nicht bei Leerformeln bewenden läßt, sondern konkret wird, Beispiele gibt und eine Fülle quälender Entscheidungssituationen ausbreitet. Welch hohen Problemgehalt er erreicht, ist daran zu zeigen, daß die übliche Entschuldigung politisch Entgleister der Nazi-Zeit, auch heute aus der Zeit kommunistischer Herrschaft, das Schlimmste verhütet oder dies immerhin gewollt zu haben, schon da ist. Cato der Jüngere hatte einen außenpolitischen Auftrag des Senats erhalten, den er für schwachsinnig wie brutal halten mußte, einen schon fast zum Genocid führendem Mordbefehl.

„*Warum hat er dem Befehl gehorcht*[16]?"

„cur igitur rogationi paruit?" (61)

Er hatte sich gewissen Unvorsichtigkeiten nicht ausgesetzt, weil es doch dem Ganzen nichts nütze, wenn der Staat eines richtigen Bürgers (sc.: Cato) beraubt werde.

Non offert se ille istis temeritatibus, ut, cum rei publicae nihil prosit, se civi rem publicam privet. (619)

Noch genauer: *da nun einmal,* wegen dieser Brutal-Aktion, *ein Makel am Staat haften bleiben mußte, den niemand tilgen konnte, so war es am Ende zweckmäßiger, das etwaige Gute, das der Staat bei dieser Schlechtigkeit gewinnen konnte, selbst in Verwahrung zu nehmen, als es durch andere zunichte werden zu lassen.*

quoniam illa in re publica macula regni publicati maneret, quam nemo iam posset eluere, quod ex malis boni posset in rem publicam pervenire, id utilius esse per se conservari quam per alios dissipari. (63)

16 Die Frage steht im überlieferten Text (Oxford-Ausgabe) in Anführungsstrichen. Das bedeutet: Cicero stellt sie nicht neu, sondern zitiert eine allgemein geäußerte Betroffenheit.

Das hier angesprochene Problem der politischen Schuld ist ein allgemeines, liegt jenseits der rechts/links-Unterscheidung, ist richtungsneutral. Unterschieden könnte aber sein die Art der Apologie. Der rechte Blick in die Geschichte wie auch in die Zukunft ist kalt und illusionslos. Man darf denken an das von Freud sog. *Realitätsprinzip*, das die märchenhafte Epoche der Kindheit, in der Wünschen noch geholfen hatte, abschließt. Kommt diese Kälte aus dem Gegenstand oder aus dem Betrachter? Jedenfalls weiß Cicero, ein Übel nüchtern zu sehen und auf die in ihm liegenden Vorteile abzuklopfen.

5. Die soziale Frage. Marcus Tullius und die Gracchen

Was er nicht weiß, und das verleidet uns die Lektüre vieler Texte, mancher Briefe: daß die gesellschaftliche Schichtung doch wohl immerhin ein Problem war. Gelegentlich kommt es an ihn heran: *Das Forum war im vergangenen Jahr eingenommen worden, der Castor-Tempel wie eine Provinz-Burg von entlaufenen Sklaven besetzt.*

Captum erat forum anno superiore, aede Castoris tamquam arce aliqua a fugitivis occupatur.

Cicero ärgert sich, daß nichts geschah: *Ein Haufen von in Elend und Verbrechen verkommenen Leuten beherrschte mit Geschrei, Zusammenrottungen, Gewalt und Tätlichkeiten alles: und Ihr nahmt es hin!*

Omnia hominum cum egestate tum audacia perditorum clamore, concursu, vi, manu gerebantur: perferebatis!

Dieses „Was-muß-noch-passieren-bis-was-passiert?" führt immerhin zur Überlegung, was denn nun die Menge von den Optimaten zu erwarten habe: viel? etwas? gar nichts?

Man wird von Cicero keine Bewußtheit für die soziale Frage erwarten können. Die Lektüre der Bergpredigt hätte ihn wohl ausnahmsweise einmal fassungs- und sprachlos gemacht. Von ihr trennen ihn mehr als hundert Jahre abzulaufende Zeit. Eher hätte er das Kommunistische Manifest von 1848 verstanden, nämlich, mit dem Instinkt des gestandenen Politikers, als eine Strategie der Machteroberung. Seinen Gegnern, den Popularen, will er keine moralischen Anstöße zugestehen, ihren Appell an das Volks sieht er als Umweg zur Macht oder als Absicherung von Machtverhältnissen –: eine, wenn man so will, materialistische Sicht. Der psychologische Hebel aller Popularen sei immer wieder die Aktivierung von Neid-Komplexen – man könnte abzählen, wie oft das Wort „Neid" (*invidia*) im Text gebraucht wird.

Zu dieser Sicht ohne Nachsicht wird beigetragen haben, daß die popularischen Gegner durchweg aus dem Hochadel kamen, der ihm gegenüber stets reserviert geblieben war. Adlige Abkunft, demonstratives Beibehalten feudaler Lebensweise und absichtsvolle Anbiederung an die Unterschicht: diese Kombination war ihm ein Greuel.

Nicht nur jetzt, sogar in die Vergangenheit des letzten Jahrhunderts zurück, muß er seine Gegner polemisch verfolgen. Über Tiberius Gracchus: *er beantragte ein Landverteilungsgesetz. Es gefiel dem Volk; es schien, dadurch würden die Vermögensverhältnisse der ärmeren Schichten verbessert. Die Optimaten waren dagegen; sie sahen in dem Gesetz eine Quelle der Zwietracht und meinten, der Staat verliert seine Vorkämpfer, wenn die Reichen ihrer ererbten Besitzungen beraubt würden.*
agrariam legem ferebat, grata erat populo; fortunae constitui tenuiorum videbantur; nitebantur contra optimates, quod et discordiam excitari videbant et, cum locupletes possessionibus diuturnis moverentur, spoliari rem publicam propugnatoribus arbitrabantur. (103)

Über Gaius Gracchus: *Er beantragte ein Getreidezuteilungsgesetz. Das war dem Volk höchst erfreulich, man bekam reichlich zu essen, ohne zu arbeiten. Die Guten (!) kämpften dagegen an, sie glaubten, das Volk werde vom Fleiß zum Nichtstun gebracht, und außerdem war es ihnen klar, daß der Staatsschatz erschöpft würde.*

frumentariam legem ferebat. iucunda res plebei, victus enim suppeditabatur large sine labore; repugnabant boni, quod et ab industria plebem ad desidiam avocari putabant et aerarium exhauriri videbant. (103)

Diese beiden letzten Fragmente sind nun wirklich rechts: simpel, auf Stammtisch-Niveau heruntergebracht, durch die Selbstcharakterisierung ‚bonus' besonders peinlich. Das soziale Wollen der Gracchen zu verstehen, wird nicht ernsthaft versucht, auch nicht der Gedanke an deren gewaltsamen Tod gibt dazu Anstoß. Aber für eine typologische Aufgabenstellung hätte es nicht schöner kommen können, und mit diesem Text hat Cicero sein Versprechen des *brevi circumscribere* sicher erfüllt.

6. „Wir sitzen alle in einem Boot!"

Es bleibt die letzte Frage, woher er sein gutes Gewissen nimmt, sich und seinesgleichen als *boni* zu sehen („die Kräfte des Guten – die Kräfte des Bösen"). Zwangsläufig bringt der letzte Teil des Exkurses eine Theorie des Volksinteresses mit der Kernthese: Identität von Volksinteresse, Gemeinwohl und Wille der Herrschenden. Damit liefert Cicero, der soeben ein Beispiel für rechte Argumentation geliefert hatte, ein Beispiel für rechte Ideologie. *Nur früher habe es Gegensätze zwischen dem Streben der Menge bzw. dem Interesse des Volkes und dem Staatsnutzen gegeben:*

multitudinis studium aut populi commodum ab utilitate rei publicae discrepabat. (104)

Jetzt *endlich gäbe es keinen Dissens mehr zwischen dem Volk und seinen* – von ihm! – *gewählten Führern.*

nunc iam nihil est quod populus a delectis principibusque dissentiat. (104)

Vorwegnehmend *Ludwig Erhard*[17] gibt Cicero ein idyllisches Porträt des Volkes, mit dem er weniger die Realität als seine Wünsche beschreibt: *es stellt keine ungestümen Forderungen mehr, ist nicht begierig auf Neuerungen und freut sich seiner Ruhe, am Ansehen der Besten und am Ruhm des ganzen Staates.*

nec flagitat rem ullam neque novarum rerum est cupidus et otio suo et dignitate otpimi cuisque et universae rei publicae gloriae delectatur. (104)

Dieser Text ist schlimm. Man wird erinnert an die Stelle aus der 4. Catilina-Rede, Kap. 16, wo sogar die Sklaven zu Verteidigern des Bestehenden, gegen alles Umsturz-Bemühen aufgerufen werden (‚*servus est nemo, ... qui non audaciam civium perhorrescat, qui non haec stare cupiat ...*'). Schlimmer noch ist, daß Cicero seine *otium-dignitas*-Formel zerreißt und ihre Bestandteile getrennt verteilt: *otium* für das Volk, *dignitas* für die Herrschenden. In sein Idyll paßt, daß jüngst in Volksversammlungen Optimaten gegen die Konkurrenz von Popularen durch das Volk gewählt worden waren. *„Ihr seht also"*, triumphiert er, *„das Volk selbst, wie ich meine, ist gar nicht für das Populare!"*

videtis igitur populum ipsum, ut ita dicam, iam non esse popularem ..." (114)

Hat man den Witz dieses Bonmots ausgekostet, so darf man über das darin enthaltene politische Problem nachdenken. Denn, daß rechte

17 Begründer der Sozialen Marktwirtschaft, 1949–1963 Bundeswirtschaftsminister, 1963–1966 Bundeskanzler.

Politiker an verblüfften Linken vorbei direkten Kontakt zum Volk suchen und finden („Populist"), scheint auch in anderen Republiken als der Ciceros vorzukommen.

7. Gefahr und Engagement

Unser Wunsch, von einem Fachmann Genaues über die Positionen „rechts" und „links" erfahren zu dürfen, ist erfüllt. Nur haben wir dem Autor anders zugehört, als er gehört werden wollte. Seine Rede ist politisch, unsere Fragestellung politologisch und philosophisch. Er war bewegt vom Willen, etwas zu bewirken – wir suchen nach Orientierung. Unsere ihn zum Objekt machende Betrachtung hätte er ganz sicher verübelt, und zwar prinzipiell, nicht nur, weil im Licht der Analyse vieles von ihm nicht bestehen konnte. Zuviele seiner Angriffe machen ihn angreifbar, mit mancher Herabsetzung setzt er sich selbst herab.

So tief aber gewiß nicht, daß *Th. Mommsen* berechtigt war, ihn „einen Staatsmann ohne Einsicht, Ansicht und Absicht" zu nennen[18] (Römische Geschichte III, 619 = Bd. V, S. 284 in der dtv-Ausgabe). Ansichten finden sich in Hülle und Fülle, die Absichten sind deutlichst auszumachen, und für Einsichten gibt er reiche Anregung. Eher wäre ihm Mangel an Nachsicht vorzuwerfen. (Auch, aber das ehrt ihn, Mangel an Vorsicht). In *Mommsens* Angriffen, die *Golo Mann* etwas blaß „ungezogen" nennt, spricht wohl weniger der große Historiker als der politische Antipode, der soeben (1851) seine Leipziger Professur wegen Links-Abweichung verloren hatte[19].

Der Zusammenhang zwischen seinen Ansichten und seinen Absichten ist leicht zu sehen: Cicero wollte – alles andere, sogar der Fall des *Sestius*, ist Nebensache – die Republik vor dem sich abzeichnenden Untergang retten, und er beschwört *patres* wie Quiriten, ihm zu folgen. In diese seine Passion können wir uns leicht einfühlen. Daß ein Staat, der sich die Wahl – d.h. auch die Abwahl – der Regierenden

18 „Als Staatsmann ohne Einsicht, Ansicht und Absicht, hat er nacheinander als Demokrat, als Aristokrat und als Werkzeug der Monarchen fungiert und ist nie mehr gewesen als ein kurzsichtiger Egoist."

19 Genauer *Karl Christ*, Theodor Mommsen und die „Römische Geschichte", in der dtv-Ausg. 1976, Bd. 8, S. 7, 13. *Golo Mann* über *Mommsen*: „sein Porträt Ciceros ist von geradezu ungezogener Parteilichkeit." In: Theoriebedürftigkeit der Geschichte, 1979, Neue Rundschau, 40 ff.

durch das Volk vor mehr als vier Jahrhunderten erobert hatte, eine so alte Demokratie, in kaiserliche Zustände mit religiöser Verehrung des Oberhaupts – und bald: welcher Häupter! – zurückfallen sollte, wirkt noch von heute aus empörend und rückschrittlich, auch wenn wir wenig Vorstellung haben, wie ein solches Weltreich republikanisch hätte geführt werden können. Die Wir-sitzen-alle-in-einem-Boot-These gewinnt aus unserem Wissen vom baldigen Kentern des Bootes ihre politische Wahrheit[20]. Dies führt zur Frage, ob und inwieweit ein typologisch rechtes Verhalten noch diesen Stempel verdient, wenn es die Rettung eines mehr demokratischen Gefüges gegenüber einem drohenden autoritären System bezweckt. Die hierdurch fällige Relativierung könnte erzwingen, ganz neu anzusetzen[21].

Bleiben wird immer der Vorwurf, Cicero habe die sich aufdrängenden wirtschaftlichen, staatsorganisatorischen und sozialen Probleme nicht gesehen oder nicht sehen wollen, eher versucht, sie hinwegzureden. So haftet der Rede *pro Sestio* Vergeblichkeit an, etwas von Auf-verlorenem-Posten-Stehen. Beim Lesen der früheren catilinarischen Reden glaubt man immer wieder aufbrausenden Beifall zu hören, jetzt das konsternierte Schweigen der Freunde, das höhnische Gebrüll der Gegner. Nachzudenken ist an diesem Beispiel über das Problem des politischen Handelns überhaupt, über seine Gefährnis und Bitterkeit, die der theaterhafte Ausdruck „Engagement“ so gern vergessen machen möchte.

---

20 „Verdeutschter Cicero“, so überschreibt *G. Radbruch* einen Aufsatz im Archiv für Rechts- und Sozialphilosophie 1942, 143 ff. Danach soll *Schwarzenberg* – die Carolina popularisierend – Ciceros Billigung des Caesar-Mordes in folgenden Reim gebracht haben: „Tyrannen und ein Hund der tobt – wer die ertödt, der wird gelobt.“ Mit der Erläuterung: „Einem Tyrannen, der seinen Ratgebern Schlösser vor den Mund gelegt hat und ihre Herzen unter einer Presse hält, nähert sich ein Mörder.“ Wie das 1942/43 in das ARSP (S. 150) kommen konnte, ist rätselhaft. *Thomas Würtenberger* (Brief aus Freiburg 3.2. 1981) schreibt aus persönlicher Kenntnis, das ARSP habe eine Lücke im Zensur-System des NS-Staates dargestellt.

21 Dazu der Briefwechsel des *Cicero* mit *M. Brutus*, dem bekannten, wenn auch nicht alleinigen Caesar-Mörder, aus dem Jahre nach Caesars Tod, also 43 v. Chr. (Reclam Nr. 7745; hrg. *Marion Giebel*). Cicero schreibt (16.4.43): „Scis mihi semper placuisse non rege solum sed regno liberari rem publicam“ = du weißt, wie sehr es mir immer darum ging, die Republik nicht nur von einem Herrscher, sondern schlechthin von der Herrschaft zu befreien.

Anhang

Sind Gesetze der Tyrannei wirklich Gesetze?

In seiner Spätzeit zieht Cicero die Summe seiner Erfahrungen mit Politik und Recht im Dialog „de legibus“, Über die Gesetze (geschrieben etwa 52/51 v. Chr.). Hier findet sich in Buch I Abschnitt 42 ein Passus, der als eindeutiges Bekenntnis zum Naturrecht gelten kann.

„Es ist äußerst dumm zu glauben, alles sei gerecht, was von Einrichtungen und Gesetzen der Völker bekannt ist. Etwa auch die Gesetze der Tyrannen? Wenn jene dreißig Herrscher[22] den Athenern Gesetze aufzwingen wollten – selbst angenommen, die Athener hätten an tyrannischen Gesetzen ihre Freude gehabt –: hielte man diese Gesetze dann für gerecht? Dem kann ich nicht folgen, ebensowenig wie bei dem Gesetz, das unser „Zwischenkönig“[23] einbrachte, mit dem Ziel, daß der Diktator jeden beliebigen Bürger ohne Anhörung ungestraft töten durfte. Es ist nämlich nur ein einziges Recht, dem die menschliche Gesellschaft verpflichtet ist, und das durch ein einziges Gesetz begründet ist: die rechte Vernunft (recta ratio), zu befehlen und zu verbieten. Wer dies leugnet, ist ungerecht, ganz gleich, ob dieses Gesetz irgendwo aufgeschrieben ist oder nicht. Wenn aber Gerechtigkeit Gehorsam gegenüber geschriebenen Gesetzen und Einrichtungen der Völker bedeutet und wenn, wie dieselben Leute sagen, alles am Nutzen zu messen ist, dann wird ein jeder die Gesetze mißachten und sie brechen, wo er nur kann, wenn er glaubt, daß ihm das einen Gewinn bringt. Daraus folgt, daß es überhaupt keine Gerechtigkeit gibt, wenn sie nicht aus Natur begründet ist. Eine Gerechtigkeit, die auf Nützlichkeit beruht, wird durch Nützlichkeit zunichte gemacht, und ebenso gehen alle Tugenden verloren, wenn die Natur das Recht nicht festigt.“ (Benutzte Ausgabe: Sammlung Tusculum, Artemis Verlag, hrsg. v. Rainer Nickel, 1994).

---

22 Dreißig Tyrannen wurden von den siegreichen Spartanern 404 v. Chr. in Athen zur Herrschaft berufen, als Folge des Peloponnesischen Krieges.

23 Nach römischem Staatsrecht hatte er bis zur Wahl neuer Consuln die Regierungsgeschäfte zu führen, konnte im Notfall einen Diktator einsetzen.

V. Seneca erzieht Nero zur Güte

Seneca entstammt der römischen Provinz Hispania ulterior[24], *wird in Cordoba im Jahre 4 v. Chr. – in Rom regiert Augustus – als Sohn eines Gelehrten geboren, von dem rhetorische Schriften erhalten sind. Seine Erziehung erhält er in Rom, eine Bildungsreise führt ihn nach Ägypten. Obwohl sein Herz der Philosophie gehört, betätigt er sich – wie 100 Jahre zuvor Cicero – als Gerichtsredner, steigt ein in die Beamtenlaufbahn, wird Quästor (Finanzminister). Unter der Herrschaft des Caligula (37–41) fällt er in Ungnade (was nicht verwundern kann) und entrinnt dem Tode nur, weil man ihm wegen seiner Krankheit keine Lebenschancen gibt. Unter Claudius (41–54) kommt er, auch durch eine Liebesbeziehung, in den engsten Kreis der höfischen Gesellschaft, doch wohl gerade deshalb setzt Messalina, die – 2. – Frau des Claudius, seine Verbannung auf die Insel Korsika durch. Die dort verbrachten acht Jahre werden seiner philosophischen Bildung gedient haben. 49 erreicht Agrippina, die neue Frau des Claudius, seine Befreiung, verschafft ihm die Prätur und setzt ihn zum Erzieher ihres Sohnes Nero ein, den sie aus früherer Ehe mit dem zu seinen Lebzeiten wenig gut beleumdeten Ahenobarbus eingebracht hatte – Nero ist jetzt 12 Jahre alt. Nur 5 Jahre später wird er zum Kaiser ausgerufen, nachdem Agrippina, die, durch Mutterliebe verblendet, ihren Sohn buchstäblich vergöttert, wohl auch durch eine inzestuöse Beziehung von ihm verdoppelt abhängig ist, vermutlich auf seine Anstiftung ihren Gemahl Claudius hatte vergiften lassen. Seneca bleibt Erzieher des neuen Caesars Nero, erhält gesteigerten Einfluß und, mit dem Konsulat, die – abhängige – Regierungsgewalt. Diese teilt er zwar mit dem Befehlshaber der Prätorianer, Burrus, leitet aber doch acht Jahre lang – bis 62 – die Geschicke Roms und der Welt – nahezu glückliche Jahre im Urteil der Geschichtswissenschaft. Nicht glücklich für Agrippina: sie stirbt eines schrecklichen Todes, den ihr schrecklicher Sohn wie nach einem Drehbuch von Polanski inszeniert, sich dann auch noch, bei der Leichenschau, dieser Tat demonstrativ rühmt (Einzelheiten: Sueton, Nero, 34, ed. Marion Giebel).*

Es stellt sich immer deutlicher heraus, welch ein Ungeheuer mit Nero den Thron des Augustus bestiegen hat. Schon im ersten Jahr seiner

---

24 Oder Baetica: der Südspanien durchfließende Baetis wird von den Arabern Guadalquivir genannt werden.

Herrschaft läßt er seinen Stiefbruder Britannicus beseitigen, gerade weil dieser durch Charakter und Anlagen so viele Hoffnungen erweckt hatte. Nur wenig später (Büchner: Jahreswende 55/56) widmet Seneca seinem Schüler die Schrift „de clementia", spielt sein süßestes Lied, um, wie Tamino mit der Zauberflöte, die Bestie zu sänftigen. Doch nie ist ein Pädagoge schrecklicher gescheitert. Im Jahre 62 muß er sich zurückziehen, wird das enthemmte Wüten seines Zöglings als Privatier beobachten, nur drei Jahre später erhält er den Selbstmordbefehl und gehorcht.

„Über die Güte, de clementia, will ich deshalb schreiben, um Dir, Nero Caesar, zu zeigen, wie Du zur höchsten aller Freuden

> ad voluptatem maximam omnium

gelangen kannst": mit keinem anderen Start konnte Seneca sich erhoffen, die Aufmerksamkeit seines der Wollust ergebenen Problemschülers für einen theoretischen Text zu gewinnen.

Vermutlich erlosch dessen Interesse schon im nächsten Satz, wo vom „rechten Handeln", vom „Lohn der Tugend", vom „guten Gewissen" (bona conscientia) die Rede ist.

Als höchste Wollust kann Seneca seinem Adressaten nicht mehr versprechen als Lob und Ruhm, einem Ruhm freilich bei der unermeßlichen Menge („multitudo immensa") der von ihm Beherrschten, und Seneca beginnt, schon jetzt Vorschußlorbeerzweige um das kaiserliche Haupt zu winden. „Das seltenste Lob, noch keinem der Kaiser [nicht einmal Augustus, nicht einmal Tiberius] zugestanden, begehrst Du jetzt: die Unschuld".

> rarissimum laudem et nulli adhoc principum concessum concupisti: innocentiam. I, 1, 5

„Damit hast Du Dir eine ungeheure Last auferlegt. Das wäre schwer gewesen, wenn nicht Gutsein Deine Natur wäre. Niemand kann lange eine Maske tragen".

> sed ingens tibi onus inposuisti ... difficile hoc fuisset, si non naturalis tibi ista bonita esset ... nemo enim potest personam diu ferre. I, 1, 6

„Ein Rätselraten war noch im römischen Volk, weil es unsicher war, wohin Deine edle Anlage sich wagen würde. Jetzt sind die Wünsche des Volkes in guter Hut".

> magnam adibat aleam populus Romanus, cum incertum esset, quo se ista tua nobilis daret, iam vota publica in tuto sunt. I, 1, 7

„Du kannst, Kaiser, kühn sagen, daß alles, was in Deinen Schutz und Deine Obhut kam, diese Obhut genießt. Kein Schaden wird von Dir, weder offen noch versteckt, dem Staate zugefügt“.

> potes hoc, Caesar, audacter praedicare omnia, quae in fidem tutelamque tuam venerunt, tuta haberi. nihil per te neque vi neque clam damni parari rei publicae. I, 1, 5

Und als letzte Probe, wie weit Lobhudelei führen kann: „Weder verliert sich [Deine] Mühe noch ist Deine einzigartige Güte verdunkelt von undankbaren oder böswilligen Kritikern. Man erstattet Dir Dank. Kein einzelner Mensch war je einem einzelnen Menschen so lieb wie [ausgerechnet!] Du dem römischen Volk ...“.

> non perdit operam, nec bonitas ista tua singularis ingratos aut malignos aestimatores nancta est. refertur tibi gratia. nemo unus homo uni homini tam carus umquam fuit, quam tu populo Romano ... I, 1, 5

Lektüre und Übersetzen dieser Passagen ist qualvoll. Wir sehen den würdigen, schon 60 Jahre alten Philosophen, Autor der schönen Briefe an Lucilius, in unterwürfiger, kriecherischer Haltung, wie er absurde Schmeicheleien seinem Herrn andient, die objektiv lächerlich sind, leider aber nicht die barmherzige Interpretation zulassen, daß er sie ironisch gemeint hatte. Selten hat sich ein Philosoph *so* weit vom Zentrum der Philosophie, der Wahrheit, entfernt, vielleicht erst wieder *Bloch*, als er „ubi Lenin – ibi Jerusalem“[25] schrieb.

Aber Seneca (nicht Bloch) war in einer Notstandssituation. Ihm ist eine offenbar geisteskranke, von Verfolgungswahn gequälte, zum Ausgleich sadistische, heute von Depressionen, morgen von Größenwahn befallene, absolut klinikreife Person anvertraut, nominal Kaiser (jetzt 18jährig), geistig ein infantiles Ungeheuer, das schon als Kind grinsend der Fliege alle Beinchen einzeln ausgerissen, der Katze die Augen ausgestochen hatte, sich durch das Entsetzen der Umherstehenden sein Vergnügen verdoppeln ließ.

Proben genug hatte dieses gefährliche Kind geliefert, wie es nunmehr die Macht mißbrauchen, Angst und Schrecken um sich verbreiten wird. Wer den Brudermord nicht scheut („the primal eldest curse“, Hamlet III, 3, 37), wovor wird der Halt machen? Die Spuren schreckten. Nero war nicht der erste Verrückte des julisch-claudischen Kaiser-

25 Vgl. Naturrecht und menschliche Würde, Frankfurt/M. 1961, S. 254.

hauses, vielmehr hatte diese Sippe in wenigen Jahrzehnten eine ganze Galerie von Irren hervorgebracht, den späten Tiberius, Caligula, der – noch das Harmloseste – sein Pferd offiziell zum Consul ernannte, so als wollte man die These des entschiedenen Republikaners *Cicero* so schnell wie möglich verifizieren: Alleinherrschaft führe notwendig in die Perversion (de re publica, I (44)).

Politische Mittel gegen den Caesar standen nicht zu Gebote, die republikanischen Institutionen zur Kontrolle der Macht (Senat, Tribunen) waren zerstört, mochten sie auch dem Namen nach weiterbestehen (so wird später Nero auch nicht von Rom aus, sondern von den Provinzen her gestürzt werden). Also blieb nur Fatalismus.

Seneca hätte locker sich und seine Phantasie in den Dienst dieses Größenwahns stellen können, wie etwa A. Speer seinem Gönner Hitler, mit dem Zugriff auf alle Reichtümer dieser Welt. Das ist nicht die Art unseres Philosophen. Auch verbietet ihm seine stoische Duldsamkeit gewaltsame Lösungen wie Gift, Dolch, Palasterhebung: vielleicht hätte Burrus mit seinen Prätorianern geholfen! Also bleibt nur gutes Zureden, mit Worten, ohne Rücksicht, wie sehr das Wort dabei herunterkommt.

Zum Charakter dieses Nero gehört eine wie selten ausgeprägte Eitelkeit, die Sucht des Schauspielers, sich von allen Seiten mit seinem besten Bild gespiegelt zu sehen, vom Beifall umrauscht. Daß seine Talente nur mittelmäßig sind – reden/dichten/singen/die Kithara schlagen – macht diese Sucht erst recht zur Manie. Hier ist vielleicht ein Ansatz! Wer so des Ruhms begierig ist, begehrt wohl auch den Nachruhm! Stellen wir ihm diesen als schönstes Ziel in Aussicht – und vielleicht wird ihm dann der Gedanke der Milde interessant!

Ein zum Scheitern verurteilter Plan! Dies kann jeder sehen, auch, wer den Ausgang unserer Geschichte noch nicht kennt.

Erstens: jemand, dem man sich mit solchen Unterwerfungsgesten und Lobhudeleien nähern muß, ist offenbar vom Geist der Lüge beherrscht, kein Ansprechpartner für philosophische Erörterung, gar moralische Ratschläge.

Zweitens: mit „voluptas" hat Seneca den ganz falschen Ansatz gewählt, von Wollust versteht der Schüler ungleich mehr als der Lehrer. „Nachruhm" ist dafür ein ungeeignetes Korrektiv. Gerade durch seine Greuel, das mörderische Wüten bis hin zum Muttermord, die grausamen Christenverfolgungen, den frevelhaft gelegten Brand von Rom, gewinnt Nero den höchsten Bekanntheitsgrad von allen Caesaren, zwar als Schreckgestalt, aber ist nicht auch *das* Nachruhm?

Drittens: „clementia“: eine ungenaue, viel zu zaghafte und beschönigende Bezeichnung für Neros Problem. Milde zu lernen, das ist ein Problem des durchschnittlichen Herrschers, der das kleine Einmaleins der Regierungskunst in Krieg und Frieden beherrscht und nun eine Qualität, vielleicht geschichtliche Größe gewinnen kann, indem er Unterworfenen die Sklaverei erspart, Verurteilte begnadigt („den mütterlichen Tränen den Sohn geben“), dem Anführer einer Verschwörung das Leben schenkt, man höre Metastasios/Mozarts ‚La clemenza di Tito‘[26]. Nero lacht jeder Regierungskunst Hohn, er *will* alternativ herrschen, willkürlich, bewußt unsinnig, will den Versager und Widerling mit Edelsteinen überhäufen, mit Gelagen und Palästen, dem immer noch Tugendhaften ein Bein stellen, bis er fällt und man für ihn eine fantasievolle Todesart ausdenken kann. Was soll dann „clementia“? Nicht einmal Seneca wird den reißenden Wolf von den Vorzügen vegetarischer Ernährung überzeugen. Auch die Schilderung des „Tyrannen“, bei der Seneca alle Register zieht und von der er sich wohl eine besonders abschreckende Wirkung verspricht, wird Nero, wenn er überhaupt so weit gekommen ist, eher als Quelle von Anregungen gelesen haben.

Wie sieht, so fragt Seneca, die Herrschaft der Grausamkeit (regnum crudelitatis) aus? „Nicht anders als das Bild vom Feinde eingenommener Städte, mit dem schrecklichen Eindruck öffentlicher Angst. Alles ist traurig, unsicher, verwirrt. Selbst Vergnügungen werden gefürchtet. Zu Einladungen geht man mit Argwohn, auch der Trunkene muß seine Zunge im Zaum halten; ebenso zu Schauspielen, aus denen ein Vorwand für Anschuldigung und Strafe gesucht werden kann. Mögen sie auch mit größtem Aufwand, fürstlicher Pracht und glänzenden Künstlernamen [das *Mephisto*-Problem!] hergerichtet sein: wen können schon Spiele in einem Kerker erfreuen? (quem tamen ludi in carcere iuvent? ...) Welch unheilvolle Anlage, zu töten, zu wüten, sich am Klang der Ketten zu ergötzen (delectari sono catenarum), Köpfe fallen zu lassen, wohin man kommt, Massen von Blut zu verströmen, durch den bloßen Anblick zu schrecken und zu scheuchen?“ (I, 26, 2/3).

---

26 Quelle hier I Kap. 9, wo Augustus dem ihm nachstellenden Cinna das Leben schenkt, schon mit Nathan-der-Weise-Anklängen: „Eifern wir um die Wette, ob ich mit mehr Grund Dir das Leben gegeben habe oder Du es verdienst.“

Eine ziemlich genaue Schilderung von der erst kommenden Zeit von Neros Alleinherrschaft! Sogar vom „Feuer auf die Dächer werfen" (inicere tectis ignem) ist schon die Rede, gemeint wohl die des Feindes, aber offenbar gehört auch die Pyromanie zur geistigen Grundausstattung des Tyrannen: „incendi ac ruinae potentia", das Glück am Brennen und Zerstören. Hier ist Seneca dem Charakter Neros sehr nahe gekommen (auch dem heute leicht vorstellbaren Ende aller Geschichte), müßte aber gerade darum die Aussichtslosigkeit seines Unternehmens sehen. Die unvollendet gebliebene Schrift bricht dann auch ab mit den Worten: „Der Weise wird sehen, inwieweit ein Charakter mit Vernunft zu behandeln ist, ob krummes Holz gerade gebogen werden kann ...": „quod ingenium qua ratione tractandum sit, quo modo in rectum prava flectantur ...".

Viertens: für die von ihm so herausgestrichene Tugend der Milde und Güte findet Seneca keine direkte Begründung, nur eine von Verlegenheit zeugende Anhäufung indirekter Gründe: um geliebt zu sein; um sicher zu leben; um sich der Ruhe des Gemütes zu erfreuen; um bewundert zu werden; um nicht wie ein Weib zu sein („muliebre est furere in ira" = weibisch ist es, im Zorn zu rasen); um nicht auf die Stufe wilder Tiere zu fallen; um im Gegenteil den Göttern gleich zu werden; um nicht vom Fluch der Witwen und Waisen belastet, dem Rachewunsch der Söhne ausgesetzt zu sein; um nicht den Namen eines Tyrannen zu verdienen; um auf die Treue der Begnadigten bauen zu können – genau deshalb solle Nero Cäsar Milde üben. Flache Nützlichkeits-Ethik (Utilitarismus): mehr fällt Seneca nicht ein? Noch einige Deklamationen wie „Einem großen Schicksal ziemt ein hoher Sinn" (= magnam fortunam magnus animus decet) oder „Du schonst nämlich Dich, wenn Du den andern zu schonen scheinst" (= tibi enim parcis, cum videris alteri parcere), dazu noch zweifelhafte biologische Vergleiche: der Bienenkönig – daß es sich um Weibchen handelt, wußte man nicht – hat keinen Stachel! (rex apium) (I, 19, 3). Seneca fehlt für eine wirkungsvolle Predigt das Christentum, das doch schon auf der Welt war, die Vorboten erreichten gerade Rom. Die ethische Metaphysik, die Gut/Böse=Dissoziation dieser Religion hätte ein ganz anders Argumentieren ermöglicht, ein sattes, inhaltlich reiches. Ewige Seligkeit ist doch ein bißchen mehr als Nachruhm! Auch wäre Nero genau der Typ gewesen, den man mit drastisch ausgemalten Höllenstrafen in heulen-/zähneklappernde Angstzustände hätte versetzen können. Das Scheitern Senecas, nicht nur tatsächlich, schon argumentativ, kündigt eine geistesgeschichtliche Veränderung an. Bestimmt kommt er über die klassische Tugendlehre weit hinaus, mit Einsichten, über die Cicero das Haupt geschüttelt hätte, wie: „Wer weiß, vielleicht fällt es niemandem so schwer, Gnade zu spenden, wie dem, der es besonders oft nötig hatte, sie zu erflehen".

> et nescio, an nemo ad dandam veniam difficilior sit, quam qui illam petere saepius meruit. I, 6, 2

Oder: „Auch wenn jemand seine Seele so gut gereinigt hat, daß nichts mehr sie trüben oder gar zerstören kann, so [und das sollten wir nicht vergessen] ist er doch zur Unschuld durch die Sünde gekommen".

> Etiam si quis tam bene iam purgavit animum, ut nihil obturbare eum amplius possit ac fallere, ad innocentiam tamen peccando pervenit. I, 6, 4

Oder: „Kein Lebewesen ist so schwächlich wie der Mensch, keins ist mit größerer Umsicht zu behandeln, keins mehr zu schonen".

> nullum animal morosius est, nullum maiore arte tractandum quam homo, nulli magis parcendum. I, 17, 1

Oder, schon ganz unantik: „Obwohl dem Sklaven gegenüber alles erlaubt ist, gibt es doch etwas, das gegen einen Menschen für erlaubt zu halten das Gemeinrecht beseelter Wesen verbietet".

> cum in servum omnia liceant, est aliquid, quod in hominem licere commune ius animantium vetet. I, 18, 2

Schließlich noch das liberale Credo zum Strafrecht: „Die Sitten der Bürgerschaft bessert am ehesten die Sparsamkeit von Sanktionen. ... Denn Du wirst sehen, daß häufig begangen, was oft geahndet wird."

> civitatis autem mores magis corrigit parcitas animadversionum. ... praeterea videbis ea saepe conmitti, quae saepe vindicantur. I, 22, 2 [animadversio, die Strafe, ist, genau übersetzt, eine Umkehrung der Seele.]

Es lag etwas in der Luft, Cicero hätte gesagt: schon wieder eine linke Bewegung, die in meiner Republik gar nicht nötig gewesen wäre.

Senecas Lehre schließt sich nicht zu einem Ganzen, und wir erfahren, paradox, mehr Belehrung als von ihm *durch Nero*: über grauenerregende Möglichkeiten im Menschen, folglich im höchstgesteigerten Maße auch des Staates. Seneca belehrt uns eigentlich nur, wie kläglich die Ohnmacht des Einzelnen unter einer Schreckensherrschaft ist, wie sehr ihm alles Tun, jedes Wort, auch das bestgemeinte, mißlingen muß.

VI. Rechtsphilosophie im Corpus iuris civilis

Wer sich mit dem Recht beschäftigen will, sollte zunächst wissen, woher der Begriff „Recht“ stammt, „unde nomen iuris descendat“. So steht es am Anfang der Digesten, aus dem großen Gesetzgebungswerk des Justinian, erlassen in Konstantinopel des Jahres 533 n. Chr. Der „Digesten“ genannte Teil dieses Werkes sammelt und ordnet Texte römischer Juristen aus klassischer Zeit, aus dem 2. und 3. nachchristlichen Jahrhundert. Das zitierte Fragment stammt von *Ulpianus* oder wurde diesem zugeschrieben. Das Recht, so meint er, woher soll es kommen, wenn nicht aus der Gerechtigkeit – das „ius“ aus der „iustitia“? (Genealogisch und sprachgeschichtlich verhält es sich vermutlich umgekehrt.) Denn, schon sein Kollege *Celsus* habe richtig erkannt:

> „ius est ars boni et aequi“,

das Recht (die Rechtswissenschaft) ist die Kunst des Guten und Gerechten. „Kunst“ ist sehr schön gesagt, man kann auch weniger erhaben von Handwerk sprechen (noch heute nennt sich in Rom jeder Handwerker gern „artista“). Ob man uns Juristen sogar Priester („sacerdotes“) der Gerechtigkeit nennen darf? Das wäre etwas dick aufgetragen, aber vielleicht doch noch vertretbar, und zwar aus folgenden Gründen:

> (1.) „iustitiam colimus et boni et aequi notitiam profitemur ...“,

wir dienen der Gerechtigkeit und bekennen uns zur Wissenschaft über das, was „bonum et aequum“ ist (daher: Professoren); wir sind

> (2.) „aequum ab iniquo separantes, licitum ab illicito discernentes ...“,

wir trennen das Gerechte vom Unangemessenen, wir scheiden das Erlaubte vom Verbotenen;

> (3.) „bonos non solum metu poenarum, verum etiam praemiorum quoque exhortatione efficere cupientes ...“,

wir erstreben, gute (Menschen) nicht allein durch Furcht vor Strafen zu bilden, sondern vielmehr durch In-Aussicht-Stellen von Vorteilen;

> (4.) „veram nisi fallor philosophiam, non simulatam affectantes.“

und damit suchen wir, wenn ich (Ulpian) nicht irre, die wahre Rechtsphilosophie, nicht eine geheuchelte oder erschwindelte.

Es ist ein starkes Selbstbewußtsein des praktizierenden Juristen, das wir hier bei Ulpian (oder den beauftragten Redaktoren des Justinian) treffen. Der Jurist mit seiner Arbeit, das ist „vera philosophia", nicht, so darf man dies wohl verstehen, der labernde Philosoph mit seinen Spekulationen, Systementwürfen, Kategorien, Visionen.

> „... ein Kerl, der spekuliert,
> Ist wie ein Tier, auf dürrer Heide
> Von einem bösen Geist im Kreis herum geführt,
> Und rings umher liegt schöne grüne Weide."
> (Faust I, Zeile 1830 ff.)

Dieses Selbstbewußtsein ist, in historischer Sicht, gut begründet. Das römische Recht, vor allem das Privatrecht, gilt als glänzendste und eigenste Schöpfung des römischen Geistes, als Wunderwerk *praktischer* Philosophie. Im Europa der Neuzeit galt es unangefochten[27]. Noch heute fußen die meisten Zivilgesetzbücher der Welt auf römischrechtlichen Entdeckungen. Die Unterscheidung von Rechten an einer Sache und Rechten gegen eine Person, also von dinglichen und schuldrechtlichen Beziehungen, muss hier genannt werden, auch die Trennung von Eigentum und Besitz. Die einzelnen Schuldverhältnisse in ihrer Eigenart waren schon vollständig entwickelt: Kauf, Tausch, Schenkung, Miete, Pacht, Leihe, Darlehen, Auftrag, Geschäftsführung ohne Auftrag, Verwahrung, Gesellschaft, Bürgschaft – und ebenso die gesetzlichen Schuldverhältnisse, Delikt und Bereicherung. Das Familienrecht war wohl geordnet, das Erbrecht bis ins Detail hinein ausgefeilt. Ein *System* im strengen Sinne haben daraus erst die Juristen des Justinianus entwickelt, die *Institutionen*[28], und zwar mit solcher Überzeugungskraft, daß der Code Civil (Napoléon) bis heute daran festhält, sehr in der Nähe auch andere romanische Länder wie Spanien[29] im Código Civil.

Eine Rechtsphilosophie im anspruchsvollen und reinen Sinne ist das noch nicht, aber die geistige Durchdringung und Ordnung eines unübersehbar großen und konfliktträchtigen Lebensbereiches, verbunden mit einer Fülle von überzeugenden Einzellösungen, ist als kreati-

---

27 Vgl. *Paul Koschaker*, Europa und das römische Recht, 1958; zum Vorgang der Rezeption genauer *Franz Wieacker*, Privatrechtsgeschichte der Neuzeit, 2. Aufl. 1967; *Mario Bretone*, Geschichte des Römischen Rechts, dt. 1992.

28 Ausg. zweisprachig von *Okko Behrends* u.a., UTB Nr. 1764.

29 Vgl. *Adomeit/Frühbeck*, Einführung in das spanische Recht, 2. Aufl. 2001.

ve Mega-Leistung anzuerkennen. Bei der heutigen Entwicklung des Europarechts[30], mit einer immer zunehmenden Fülle von undurchdachten, improvisierten, zusammenhanglosen Einzelregulierungen wächst der Ruf nach einer Rückbesinnung auf die allen nationalen Rechtsordnungen gemeinsamen römisch-rechtlichen Grundlagen[31].

Ulpian hat auch eine Definition der Gerechtigkeit vorgelegt (Dig. 1, 1, 10 pr.), die unter Philosophen aber keine Gnade gefunden hat. Am schärfsten hat *Kelsen* (Reine Rechtslehre, 2. Aufl. S. 366) seine Meinung gesagt: eine Leerformel! Aber ihre historische Würde ist dieser Formel nicht zu bestreiten.

> iustitia est constans et perpetua voluntas ius suum cuique tribuendi.

Gerechtigkeit ist der ständige und fortdauernde Wille, einem jeden sein Recht zuzuteilen. Es wird also, im Sinne des *Aristoteles*, die Gerechtigkeit als Tugend verstanden, die man sich vor allem bei den Richtern wünscht. Wenn ein jeder Bürger „sein Recht" erhalten soll, so erfahren wir nichts, was über die Zuteilungen des positiven Rechts hinausgeht. Aber Gerechtigkeit zu bewirken erfordert ständiges Bemühen, ist Anstrengung und Arbeit, steht im strikten Gegensatz zu Gleichgültigkeit oder Willkür, zu Parteilichkeit oder gar Korruption. Insofern hat *Ulpian* uns doch etwas substantiell Neues gelehrt.

---

30 Vgl. *Helmut Lecheler*, Einführung in das Europarecht, 2000.

31 Dazu *Reinhard Zimmermann*, The Law of Obligations, Cape Town u. München 1992.

4. Teil

Abschied von der Antike

Aurelius Augustinus*

1. Ein Radikaler

Die wohl berühmteste Textstelle aus dem Werk von Augustinus ist die folgende:

> „Was anders sind also Reiche, wenn ihnen Gerechtigkeit fehlt, als große Räuberbanden? Sind doch auch Räuberbanden nichts anderes als kleine Reiche. Auch da ist eine Schar von Menschen, die unter Befehl eines Anführers steht, sich durch Verabredung zu einer Gemeinschaft zusammenschließt und nach fester Übereinkunft die Beute teilt. Wenn dies üble Gebilde durch Zuzug verkommener Menschen so ins Große wächst, daß Ortschaften besetzt, Niederlassungen gegründet, Städte erobert, Völker unterworfen werden, nimmt es ohne weiteres den Namen Reich an, den ihm offenkundig nicht etwa hingeschwundene Habgier, sondern erlangte Straflosigkeit erwirkt. Treffend und wahrheitsgemäß war darum die Antwort, die einst ein aufgegriffener Seeräuber Alexander dem Großen gab. Denn als der König den Mann fragte, was ihm einfalle, daß er das Meer unsicher mache, erwiderte er mit freimütigem Trotz: Und was fällt dir ein, daß du das Erdreich unsicher machst? Freilich, weil ich's mit einem kleinen Fahrzeug tue, heiße ich Räuber. Du tust's mit einer großen Heerschar und heißt Imperator."(IV, 4)[1]

Aurelius Augustinus weiß, wovon er schreibt. Er weiß von den großen Reichen dieser Welt, dem der Assyrer, dem der Meder, dem der Perser, schließlich von dem Reich, in welchem er selbst lebt: dem Imperium

---

* von Alexander Ignor, Berlin.

1 Dieses und folgende Zitate aus: Aurelius Augustinus, Vom Gottesstaat, dt. von *Wilhelm Thimme*, Taschenbuchausgabe, 2 Bde, München, 1978 (dtv-bibliothek). Die römische Ziffer bezeichnet das Buch, die arabische das Kapitel. Gelegentlich wird auf den lateinischen Urtext verwiesen. Maßgebliche Ausgabe von „De civitate Dei" in der Reihe Corpus Christianorum, Series Latina (CCSL), Bde 47 und 48, Turnhout 1955.

Romanum. Er weiß vom Aufstieg dieser Reiche, von glanzvollen Siegen und Eroberungen, von ihrem Abstieg und Untergang. Keines währte ewig; schnell haben sie sich abgelöst, meist gewaltsam. Selbst das große Römische Reich, geschichtsmächtig seit über 1000 Jahren, ist jetzt in seinem Bestand ernsthaft gefährdet. Vor wenigen Jahren[2] haben „barbarische“ Westgoten die Stadt Rom erobert, ehemals „caput orbis“, das Haupt der Welt.

Wie wenige Reiche dauern! Läßt man

> „alles leere, windige Gerede beiseite und die Schärfe unseres Blicks nicht durch die hochtönenden Worte, Völker, Königreiche, Provinzen‘ trüben“ (IV, 3),

sondern nimmt zum Maßstab die einzelnen Menschen, dann sieht man in dieser Staatengeschichte wenig anderes als:

> „Nachbarn bekriegen, von einem Krieg zum anderen übergehen und Völker, die einem nichts zuleide getan, aus bloßer Herrschsucht niedertreten und unterwerfen.“ (IV, 6)

Das gilt namentlich für die Geschichte Roms, die als ruhmreich und glänzend zu preisen, so viele seiner Zeitgenossen nicht aufgegeben hatten – sogar, oder vielleicht gerade wegen jüngster Niederlagen, als Durchhaltephilosophie. Was anderes ist diese vermeintlich ruhmreiche römische Geschichte als eine Serie anhaltender und stets aufeinanderfolgender Kriege, abwechselnd nach außen oder nach innen, gleichermaßen fraglich in ihrem jeweiligen Wert? Er, ein Freund des Friedens, sagt:

> „(...) ich kann wirklich nicht einsehen, was es für Anstand und gute Sitten, worin doch unfraglich des Menschen Würde besteht, beitragen soll, daß die einen siegten, die anderen besiegt wurden.“(V, 17)

Deshalb, noch einmal:

> „Was anders sind also Reiche, wenn ihnen Gerechtigkeit fehlt, als große Räuberbanden (magna latrocinia)?“[3]

---

2 410 n. Chr. unter Alarich.

3 Rechtsphilosophische Antworten auf diese Frage stellt vor: *Ernst A. Kramer,* Zum Problem der Definition des Rechts. Vier Antworten auf eine Frage des Augustinus, in: Österreichische Zeitschrift für öffentliches Recht 23 (1972), S. 105-116.

Wir können die Einschränkung „wenn ihnen Gerechtigkeit fehlt“ getrost beiseite lassen. Für den Bischof von Hippo Regius enthält „Gerechtigkeit“ (lat. „iustitia“) spezifisch religiöse Anforderungen, die für die „Reiche“ in der politischen Wirklichkeit erfahrungsgemäß keine Rolle spielen. Auch dürfen wir anstelle von „Reichen“, im lateinischen Urtext „regna“ (= Königreiche), „Staaten“ sagen, weil die Monarchie die Staatsform seiner Zeit war. Fazit: *alle* Staaten sind große Räuberbanden!

Das ist eine respektlose Einschätzung; eine, wie sie heute allenfalls von äußersten Randgruppen des politischen Spektrums geteilt wird, selten von seriösen Staatsphilosophen. Die Frage liegt daher nahe, ob unser Denker womöglich ein Radikaler ist.

In gewisser Hinsicht ist er das tatsächlich, auch fast schon ein Aussteiger. Denn wie anders soll man jemanden bezeichnen, der mit 30 Jahren von heute auf morgen eine angesehene Stellung als Rhetorik-Professor aufgibt, hervorragende gesellschaftliche Beziehungen abbricht und eine bereits beschlossene Heirat absagt, zumal mit einer sehr reichen Frau? Nimmermehr wolle er ein „käuflicher Sklave“ werden, so beschließt er (Conf. IX, 2[4]).

Seine Motive zu diesen ungewöhnlichen Entschlüssen sind radikal. Äußerer Wohlstand und berufliche Karriere haben jeden Reiz für ihn verloren; ebenso – obgleich erst nach langen Kämpfen – die „sinnliche Liebe“. An der bunten, verwirrenden Welt mit ihrer Hektik, ihrem Lärm, ihren vordergründigen Freuden, ihren vergänglichen Gütern kann er Gutes, Befriedigendes nicht länger finden. Selbst an der Philosophie nicht, da sie trotz wohltönender Worte keine Antwort weiß auf Fragen, nach deren Beantwortung er sich fast verzehrt: Worin besteht die Wahrheit? Woher kommt das Böse? Wie kann man glückselig werden?

Es liegt etwas Unbedingtes, Kompromißloses im Wesen des Aurelius Augustinus, eine zornige Ungeduld gegenüber den Enttäuschungen und Desillusionen des gemeinen Lebens. Unnachgiebig ringt er um

---

4 Augustin, Bekenntnisse, dt. von *Wilhelm Thimme*, Taschenbuchausgabe, Stuttgart 1979 (Reclams Universal-Bibliothek Nr. 2791). Lateinischer Urtext der „Confessiones“ in der Collection des universités de France: Saint Augustin, Confessions, 2 Bde, Paris 1969.
Zitate aus den Bekenntnissen werden mit „conf.“ (Buch, Kapitel) gekennzeichnet.

das Absolute. Laue Halbheiten und flüchtige Vergnügungen, mit denen sich die meisten Menschen zu oft zufrieden geben, stoßen ihn ab. Die gekünstelten Weisheiten, mit welchen ihn Philosophien, Weltanschauungen und Religionen trösten wollen, akzeptiert er nicht. Augustinus leidet an der Welt und er leidet an sich, solange er in ihr ist. Bis er sich eines Tages aus diesem Leiden befreit, genauer, in seinem Verständnis: daraus befreit wird.

Freilich nicht gerade durch anarchistische Akte. Obwohl Augustinus wie nur wenige Menschen in dieser Welt wirken wird, verändernd wirken wird, ist er kein gewaltsamer Verbesserer, kein Umstürzler. Eher will er sich abwenden. So plant er unkonventionell, mit einigen Freunden in einer Wohngemeinschaft zusammenzuleben.

> „Eine Anzahl Freunde waren wir, die in mancherlei Gesprächen hin und her überlegten und, angewidert von dem Wirrwarr und der Mühsal des menschlichen Lebens, schon beinah den festen Entschluß gefaßt hatte, fern vom Weltgetriebe ein Leben in stiller Muße zu führen." (Conf. VI, 14)

Die Pläne sind schnell gemacht: aufrichtige Freundschaft soll das Privateigentum ersetzen, es soll aus allem eins werden, das Ganze jedem einzelnen und alles allen gehören. Immer je zwei sollen alljährlich die Geschäfte führen. Doch – ehe noch in Angriff genommen, zerplatzt das ganze Vorhaben.

> „Aber als dann die Frage auftauchte, ob auch die Weiblein (mulierculae) damit einverstanden sein würden, welche die einen bereits hatten und wir anderen gern haben wollten, sprang der ganze schön ausgedachte Plan in den Händen entzwei und ward weggeworfen."

Die Frauen sind's! Mag sein, daß hierin ein Grund für Augustinus' späteren Entschluß liegt, zölibatär zu leben und eben dies als den glücklichsten Stand zu preisen. So mancher Denkende hat sogar die Auffassung vertreten, alle Streitereien der Menschen seien im Tiefsten nichts anderes als Geschlechterkämpfe.

Suche nach neuen Lebensformen, Zivilisationsekel, Weltschmerz – Aurelius Augustinus, obgleich vor gut sechzehnhundert Jahren (am 13.11.354 n. Chr.) geboren, paßt in unsere Zeit. Auch hinsichtlich seiner schriftstellerischen Leistungen. Wer „De civitate Dei" gelesen hat, der wundert sich, daß bislang kein progressiver Verleger auf die Idee gekommen ist, Texte aus diesem Buch als „Alternative" auf den

Markt zu werfen. Zumal es wirklich um eine solche geht: eine Alternative, über die man mehr aus seiner Biographie erfährt.

Eines Tages zieht er aufs Land und verbringt seitdem sein Leben zwischen Kontemplation, Studium und Schreiben. Nicht weniger als 12 dicke Folianten geben Zeugnis davon, wie dieser von Natur aus ruhelose, umtriebige Mann sich geduldig abmüht; wie er ringt mit dem „Gegenstand", der beim Lesen der Bibel Besitz von ihm ergriffen hat: Gott = der christliche Gott: hier trennt ihn alles von Sokrates und Cicero mit ihren so vielfältigen wie bequemen Göttervorstellungen. Was Augustinus fortan schreibt, dreht sich um IHN. Auch seine bald schon begonnene Autobiographie, die erste ihrer Gattung überhaupt, der Schlüssel zum Gesamtwerk mit dem bezeichnenden Titel „Confessiones", Bekenntnisse. Am Rande nur, direkter erst mit fortschreitenden Jahren, berühren seine Gedanken auch die soziale und geschichtliche Welt, das häßliche Erdenleben. Bis er eines Tages, nicht mehr der Jüngste, tief Atem holt, um über den „Staat" zu schreiben.

2. Sein Gottesstaat

Darum soll es nun gehen: um Aurelius Augustinus' Staat, soweit sich seine Gedanken in den Büchern „De civitate Dei" finden. Darüber zu sprechen ist kein Leichtes[5].

Gewiß, der Gedanke von den „Räuberbanden", den wir eingangs hörten, geht leicht ein. Wie wahr er ist, das zeigt eine Belegstelle aus dem Mittelalter: eine Gesetzesbestimmung des Königs Ine von Wessex (7./8. Jahrhundert), die mögliche Angreifer so unterscheiden will: Sind es weniger als sieben, handelt es sich um einfache Diebe; treten sie zahlreicher auf, bilden sie eine Räuberbande; sind es aber mehr als fünfunddreißig, haben wir es mit einem militärischen Angriff zu tun[6].

5 Hilfreich zur Einführung: *Brown, Peter,* Augustine of Hippo. A biography, London 1969 (dt. Augustinus von Hippo, 1973); *von Campenhausen, Hans,* Lateinische Kirchenväter, 4. unv. Aufl. Stuttgart, Berlin, Köln, Mainz 1978 (Urban-Taschenbücher); *Flasch, Kurt,* Augustin. Einführung in sein Denken, Stuttgart 1980; *Jaspers, Karl,* Augustin, München 1976 (Serie Piper).
Zur Vertiefung: *Maier, Franz Georg,* Augustin und das antike Rom, Stuttgart 1955; *Marrou, Henri-Irénée,* St. Augustin et la fin de la culture antique, Paris 1938, 2. Aufl. 1949; Zum Augustin-Gespräch der Gegenwart, hrsg. v. Carl Andresen, Darmstadt 1962 (Wege der Forschung 5).

6 *Duby, Georges,* Krieger und Bauern. Die Entwicklung von Wirtschaft und Gesellschaft im frühen Mittelalter, 2. Aufl. Frankfurt am Main 1981, S. 52.

Worin besteht eigentlich, so wäre jetzt die Frage, der Unterschied zwischen einer „verbotenen" Befreiungsbewegung und einer „anerkannten" Regierung? Verwandelt sich nicht die eine in die andere so schnell, daß es keinem seriösen Beobachter gelingen kann, verläßliche Kriterien aufzustellen? Staat ist offenbar nur, was effektiv staatlich oder staatsähnlich handelt.

Hinter Augustinus' staatsrechtlicher Effektivitätstheorie steht ein gewaltiges Gedankengebäude, auf über tausend Seiten errichtet. Augustinus selbst spricht von einem „magnum opus et arduum" (I, Vorwort), einem großen und schweren Werk, und wer es je geschafft hat, dasselbe zu durchdringen, kann dem nur beipflichten! Viel Gelehrsamkeit wird verbreitet, noch mehr Gelehrsamkeit bereits vorausgesetzt. Augustinus war, auch nach den hohen Ansprüchen seiner Zeit, ein gebildeter Mann. Die gesamte lateinische Klassik und, wenigstens mittelbar, auch das große griechische Schrifttum kannte er; überdies den sog. „Manichäismus", den „Neu-Platonismus" und schließlich die frühe „Patristik"[7]. In tausenderlei Anspielungen, Bezugnahmen und Zitaten wirtschaftete Augustinus mit diesen literarischen Quellen. Hoffen wir, daß er weniger aus Eitelkeit, sondern aus historischer Notwendigkeit so gelehrt auftritt! Immerhin behauptet er ja energisch, alles menschliche Denken sei grundfalsch, insoweit es der christlichen Lehre widerspreche (vgl. XVIII, 40). Eine These, die auch in seiner Zeit nur dann ernsthaft zu diskutieren war, wenn ihr Verfasser tatsächlich über das gesamte bisherige menschliche Denken verfügte.

Aber der staatsphilosophisch Interessierte wird in Augustinus' Hauptwerk eine geschlossene Lehre vermissen, die mit anderen in den Wettbewerb eintreten könnte. Schon der Original-Titel signalisiert es: „De civitate Dei." Deutsche Ausgaben übersetzen zwar regelmäßig „Vom Gottes*staat*", das aber ist irreführend, weil „civitas" „Bürgerschaft" oder schlicht „Gemeinschaft" bedeutet. Es steht nämlich weniger die Beziehung von Menschen untereinander als vielmehr die *Beziehung der Menschen zu Gott* im Mittelpunkt. Dieses Werk ist eher der Theologie zuzurechnen als der Philosophie, zumal der des „weltlichen" Staates. Von diesem, der „res publica", ist immer nur am Rande die Rede und immer nur – wen wundert es noch?! – als von etwas Negativem, bestenfalls Unerheblichem.

---

7 Die (bis in die Gegenwart) maßgeblichen Schriftsteller der alten Kirche; dazu *Hans von Campenhausen,* Lateinische Kirchenväter (vgl. Anm. 5).

„Was nun das Leben sterblicher Menschen anbelangt, das wenige Tage währt und dann zu Ende ist: was liegt viel daran, unter wessen Herrschaft der dem Tode entgegengehende Mensch lebt, wenn ihn nur die Herrscher nicht zu gottlosen und ungerechten Taten zwingen?“ (V, 17)

Weshalb dann aber überhaupt die Beschäftigung mit Augustinus, wenn es um das antike Staatsdenken geht?

Augustinus steht am Ende dieser Epoche. Das gilt zunächst rein zeitlich gesehen: die Historiker lassen die Antike irgendwann um 500 n. Chr. enden[8]. Ein Merkdatum ist 529, als der oströmische Kaiser Justinian die platonische Akademie in Athen schließen ließ, Benedictus von Nursia auf dem Montecassino seine Mönchsgemeinschaft gründete[9].

Die antike Philosophie, namentlich die des Staates, endet mit Augustinus; genauer: sie wird beendet durch ihn, gleichsam verurteilt und abgesetzt, wie in einem großen Weltgericht, das ein Ende ist wie auch ein Anfang: für die 1000 Jahre lang währende Epoche des christlichen Staates.

Ob unser afrikanischer Bischof das antike Denken zu recht verurteilt hat oder nicht, das mag am Ende jeder Leser selbst entscheiden. Unbestreitbar ist: die vernichtende Kritik, mit welcher er den weltlichen Staat in „De civitate Dei“ überzog, trug im Ergebnis dazu bei, daß fortan für Jahrhunderte von der intellektuellen Bühne verschwand, was dem vorliegenden Buche bislang seinen Inhalt gab: das freie, unmetaphysische Nachdenken über Staat und Politik.

So nachhaltig hat Augustinus die „Finsternis des gesellschaftlichen Lebens“ („tenebrae vitae socialis“, vgl. XIX, 6) an die Wand gemalt, daß sich bis gegen Ende des Mittelalters, jedenfalls bis in das 13. Jahrhundert hinein, kaum jemand mehr darüber Gedanken machen mochte, welche Verfassung möglich wäre, worin die beste Staatsform bestünde, und ob vielleicht die Demokratie der – von Augustinus gewissermaßen fatalistisch akzeptierten – Monarchie vorzuziehen wäre.

---

8 Zwischen 300 n. Chr. und 800 n. Chr. lassen sich viele Zeitpunkte denken; vgl.: Zur Frage der Periodengrenze zwischen Altertum und Mittelalter, hrsg. v. *Egon Hübinger*, Darmstadt 1969 (Wege der Forschung 51).

9 Vgl. *Pieper, Josef*, Scholastik. Gestalten und Probleme der mittelalterlichen Philosophie, München 1960 (dtv Wissenschaftliche Reihe), S. 16 (mit Hinweis auf Hegel).

(„So gebet dem Kaiser, was des Kaisers ist ...“, Matthäus 21, 22). Stattdessen unterwarf sich das Abendland der faktischen Macht, nicht zuletzt deshalb, weil, wie namentlich Augustinus gelehrt hatte, diese in Gottes unergründlichem Ratschluß beschlossen liegt. Ihre Hoffnung aber wendeten die Menschen geduldig einem Leben nach dem Tode zu.

Wie in aller Welt, fragen Rationalisten später kopfschüttelnd, kam Augustinus dazu, in dieser Weise zu denken? Und wie war es möglich, daß ihm das Abendland so lange folgte?

Diese Fragen hoffen wir am Ende beantworten zu können. Dazu müssen wir über Leben und Persönlichkeit des Autors von „De civitate Dei“ sprechen.

3. Persönlichkeit und Werk

Verstreut sind des Augustinus Bemerkungen zur „res publica“ in seinem „Gottesstaat“. Eine zusammenhängende Staatslehre bringt allenfalls das neunzehnte Buch (man sollte es unbedingt lesen!), obwohl auch dieses von einer philosophisch-theologischen Frage getragen ist, der nach dem Endziel des Menschen.

Das ist überhaupt die Art des Augustinus: Sämtliche Einrichtungen menschlichen Lebens, seien es Schule [„Wer aber würde (...) vor die Wahl gestellt, entweder zu sterben oder noch einmal Kind zu werden, nicht lieber den Tod erwählen?“ (XXI, 14)], Universität [„Jahrmarkt der Geschwätzigkeit“ (Conf. IX, 2)], Rechtsprechung [„Wie kümmerlich ist sie doch, wie beklagenswert!“ (XIX, 6)], heidnische Götter [„Schwelger und Nichtsnutze, die nach Opferfett gieren und mit trügerischen Prophezeiungen die Leute umnebeln“ (III, 20)], Kriege [„welche Menschenschlächterei, welches Blutvergießen“ (XIX, 7)] oder Frieden [„so süß und allen teuer“ (XIX, 11)]: Augustinus setzt alles in Bezug zu den letzten Dingen, und das heißt vor allem: in Bezug zum angeborenen Verlangen des Menschen nach Glückseligkeit. Was nützt es ihm? Macht es ihn auf die Dauer glücklich oder nicht? Das sind die Maßstäbe, die Augustinus immer wieder auch an die sozialen Errungenschaften der Menschheit anlegt.

Kein Wunder, daß er den Leser nicht nur durch die gesamte Menschheitsgeschichte führt – so sie von heilsgeschichtlicher Bedeutung ist –, sondern, im wahrsten Sinne, durch Himmel und Hölle. Augustinus' hochfliegender Geist ruht nicht, ehe alles eingeordnet ist in wahrhaft kosmische, allumgreifende Zusammenhänge. Selbst eine so konkrete Frage wie die nach dem Frieden bringt ihn auf die Natur des Menschen ebenso wie auf das Weltganze. Der gesamten Menschheitsgeschichte will er einen Sinn geben. Ein großes Vorhaben.

Trotzdem liest er sich leicht. Augustinus schreibt einen glänzenden Stil; er ist Philosoph, Psychologe und Theologe und ein großartiger Schriftsteller dazu.

Gefördert war diese Begabung gewiß durch die strenge Schule der lateinischen Klassiker, namentlich „eines gewissen Cicero" („cuiusdam Ciceronis", Conf. III, 4). Hieran prägt sich sein Bemühen um Verständlichkeit und Stil, er lernt, nicht nur sinnreich, sondern auch formvollendet zu schreiben. „Worte", bemerkt er einmal, sind „erlesene, kostbare Gefäße" (Conf. I, 16).

Bisweilen ist er sogar im Stil des Tacitus holzschnittartig knapp. Zum Beispiel beim Kurzporträt des Sokrates.

> „Fest steht, daß er (Sokrates) bei Erörterung der sittlichen Fragen, denen er seine ganze Aufmerksamkeit widmete, die Unwissenheit der Toren, die sich einbildeten, sie wüßten etwas, mit wunderbarer Eleganz und bissiger Liebenswürdigkeit, Nichtwissen zur Schau tragend oder sein Wissen verhehlend, in die Enge trieb und ängstigte. Dadurch zog er sich freilich Feindschaft zu, wurde verleumderisch angeklagt und hingerichtet." (VIII, 3)

Den besonderen Schliff verdankt das Werk der virtuosen Beherrschung der Rhetorik. Diese Komposition von Fragen und Antworten; die Motivführungen über hunderte von Seiten; die Reprisen zu Beginn eines jeden Kapitels; die Kadenzen am Ende, alles zum Höhepunkt führend –: wenn man dies als Leser erlebt, dann bedauert man, daß das, was ehedem „ars" gewesen, eine bereits in der Schule gelehrte Kunst, die Kunst der Rede und Trägerin der Bildung, zur sogenannten „Rednerschulung" parteipolitischer Übungskurse herabsinken konnte. Für den jungen Augustinus hatte die Rhetorik-Professur den gesellschaftlichen Aufstieg bedeutet! Später hat er sich über diese Kunst zwar abschätzig geäußert, das hinderte ihn aber nicht, sich ihrer zu bedienen. Zum Beispiel bei seinen Verhöhnungen der heidnischen Götter, deren Versagen als Beschützer Roms ihn nicht genug belustigen kann.

> „Aber wo war denn diese Gesellschaft von Gottheiten, als, längst ehe die alten Sitten verfielen, Rom von den Galliern ero-

> bert und verbrannt wurde? Waren sie da, aber schliefen vielleicht? Denn damals [387 v. Chr.] war die ganze Stadt in die Gewalt der Feinde geraten und nur der Kapitolinische Hügel übriggeblieben, und auch der wäre erobert worden, hätten nicht, während die Götter schliefen, die Gänse gewacht. Infolgedessen wäre Rom beinahe in den Aberglauben der Tiere und Vögel anbetenden Ägypter verfallen, da man nun zu Ehren der Gans Feste feierte.“ (II, 22)

„Ein großartiger Schriftsteller“, das heißt nicht nur, daß einer gut schreiben kann. Es heißt vor allem, nach Thomas Mann[10], daß es einer vermag, nur ganz sich selbst auszudrücken und doch dem Allgemeinen die Zunge zu lösen. Mit anderen Worten: der Schriftsteller ist Repräsentant des Menschlichen. Augustinus ist ein solcher Repräsentant. Und er schreibt mit ganzem Einsatz. Das gilt nicht nur für die „Confessiones“, in denen sein Bedürfnis, sich direkt mitzuteilen, seinen stärksten Ausdruck findet. Es gilt auch für den „Gottesstaat“. Gewiß, hier geht es ihm stärker darum, die „Wahrheit“ zu lehren, das, was einem jeden, der nicht verstockt ist, von Grund auf einleuchten muß. Aber auch dies tut er keineswegs in einer blutleeren, untemperierten Sprache, deren äußerliche Teilnahmslosigkeit innere Objektivität verheißen soll. Da es Augustinus darum geht, Herzen zu bekehren, legt er sein Herz in das, was er schreibt; sein wechselhaftes Temperament schwankt zwischen Leidenschaft und Rationalität, zwischen Empfindsamkeit und Härte, zwischen Zweifel und Rigorosität.

Karl Jaspers hat über ihn gesagt[11]: Die Glaubenserkenntnis komme zu ihrer Schärfe in der Herausarbeitung gegen die heidnische Philosophie und gegen die Häresien. Das Wesen Gottes und die Natur des Bösen werde klarer im Kampf gegen die Manichäer; Freiheit und Gnade, Erbsünde und Erlösung würden klarer im Kampf gegen Pelagius[12] und Pelagianer. (Ein unerfreuliches Kapitel im Leben des später Heiliggesprochenen: Es ging um die Frage, ob sich der sündige Mensch aus eigener Kraft zur Erlösung emporarbeiten könne oder ob das Seelenheil jedes einzelnen von Gott vorherbestimmt, prädestiniert sei. Augustinus vertrat gegen Pelagius – je länger, desto unerbittlicher – letzteren Standpunkt – eine wenig tröstliche, geradezu inhumane Ansicht, die in dieser Rigorosität Gott-sei-Dank nicht christliches Allge-

---

10 In seinem Aufsatz über Goethes Laufbahn als Schriftsteller.

11 *Karl Jaspers,* Augustin, S. 13 (Vgl. Anm. 5).

12 Pelagius, brit. Mönch (Mitte des 4. Jhdts n. Chr.).

meingut wurde.)[13] Schließlich: Die Katholizität der Kirche als des einen corpus mysticum Christi werde klarer im Kampf gegen die Schismatiker, hier die Donatisten. Und das Wesen der Kirche in ihrer ewigen Substanz werde klarer in der Rechtfertigung gegen die Angriffe der Heiden, die nach der Eroberung Roms durch Alarich den Vorwurf erhoben, das Unheil sei durch das Verlassen der alten Götter bewirkt worden.

Die einzelnen Lehren des Augustinus sind aber nicht nur durch religionsgeschichtliche Auseinandersetzungen geprägt – tiefe persönliche Erlebnisse bestimmen die *Ausgangspunkte seines Denkens.*

4. Elend und Größe der Schöpfung

Diese Ausgangspunkte zeigen sich am schönsten in zwei Stellen des „Gottesstaates", die ausführlich zitiert werden sollen: in den Beschreibungen menschlichen Elends einerseits und der Schönheit der Schöpfung andererseits. Was diese beiden Passagen unmittelbar spürbar werden lassen, ist zum einen ein tiefsitzender, immer wieder von neuem aufbrechender Zweifel am Menschen und an dessen Möglichkeiten; zum anderen ein grundlegendes, ebenso tief verwurzeltes Überzeugtsein von der Wohlgeordnetheit der Welt durch Gott. Und in eben dieser Spannung zwischen Zweifel am Menschen und Glauben an Gott lebt das Denken Aurelius Augustinus'.

Hören wir zunächst, wie dieser oftmals so betont intellektuelle, nicht selten sarkastische Mann das *Elend dieses Lebens* beklagt, ein Thema, über das er sich mehr als nur einmal ergeht.

> „Denn wer vermöchte es wohl, und ergösse sich seine Beredsamkeit wie ein Strom, das Elend dieses Lebens zu schildern? Wie ergreifend klagt Cicero in seiner Trostschrift über den Tod der Tochter! Und doch konnte die Kunst seiner Rede nicht genügen. Denken wir etwa an jene ursprünglichen Güter der Natur (die Unversehrtheit der Glieder, Wohlsein und Gesundheit des Leibes, oder die kleinen und großen Vorzüge des menschlichen Geistes). Wann, wo und wie wäre es wohl in diesem Leben mit ihnen so gut bestellt, daß sie nicht, ungewissen Zufällen ausgesetzt, unsicher schwankten? Der Schmerz widerstreitet der Lust,

13 Über den am Beginn der Neuzeit stehenden Streit über die Willensfreiheit zwischen *Erasmus* und *Luther* vgl. Bd. II S. 27 ff.

die Unruhe der Ruhe; aber gibt es einen Schmerz, eine Unruhe, die den Leib des Weisen nicht befallen könnte? Verlust oder Schwächung von Gliedern zerstört des Menschen Unversehrtheit, Entstellung seine Schönheit, Siechtum seine Gesundheit, Mattigkeit seine Kräfte, Steifheit oder Lähmung seine Beweglichkeit: und was von alledem könnte nicht auch über des Weisen Leiblichkeit hereinbrechen? Auch Haltung und Bewegung des Körpers, wenn sie würdig und angemessen sind, rechnet man zu den ursprünglichen Gütern der Natur; aber was dann, wenn irgendein Leiden die Glieder schmählich erzittern läßt? Was dann, wenn das Rückgrat sich so krümmt, daß die Hände den Boden berühren und der Mensch sozusagen zum Vierfüßler wird? Wo bleibt da die stattliche Haltung, die Anmut und Schönheit der Bewegung? Und wie ist es, (...) wenn infolge einer Erkrankung der Geist sich verwirrt? Wenn wir daran denken oder es sehen, wie die Irrsinnigen so viel tolles Zeug reden und tun, was meist gar nicht zu ihren guten Absichten und Sitten paßt (...): wir können uns, beim Blick auf dieses Elend kaum oder vielmehr überhaupt nicht der Tränen erwehren.“ (XIX, 4)

Diese Zeilen richten sich ausdrücklich gegen die Stoiker, namentlich gegen Cicero, also gegen Philiosophen, die meinten, der Weise könne glückselig werden in diesem Leben, wenn er nur die Kunst rechter Lebensführung beherrsche. Alle Menschen, die glauben, an diesem irdischen Leben hängen zu müssen, gemahnt Augustinus an die *„vielen und schweren Plagen“*, von denen dieses Menschengeschlecht sonst noch heimgesucht wird.

„Wer kann sie aufzählen, wer sie auch nur ausdenken? Welche Sorge, welches Ungemach ist die Folge der traurigen Verwaisung, des Vermögensverlusts, der Verurteilung, der Lügen und Täuschungen durch Mitmenschen, der falschen Verdächtigungen, der Gewalttaten und Verbrechen aller Art! Da gibt es Plünderung und Gefangennahme, Kerker und Bande, Verbannung und Folter, Verstümmelung der Glieder und Verlust der Sinne, Vergewaltigungen, die schnöde Lust eines Bösewichts und sonst viel Schreckliches. Welche Bedrohung auch durch zahllose schlimme Zufälle, Hitze, Kälte, Stürme, Regengüsse, Überschwemmungen, Blitz und Donner, Hagel und Wetterschlag, Erschütterung und Aufspaltung der Erde, Einsturz von Häusern, durch Wut, Scheuwerden oder Bösartigkeit der Zugtiere, durch so viel giftige Früchte, Wässer, Gerüche, Tiere, durch bald bloß schmerzhafte, bald sogar tödliche Bisse wilder Bestien, durch Tollwut von Hunden, die ein dem Herrn sonst vertrautes und anhängliches Tier bisweilen furchtbarer und schrecklicher macht als Löwen und Drachen und den durch Ansteckung davon befallenen Menschen derartig rasen läßt, daß Eltern, Gattin, Kinder sich mehr vor ihm fürchten als vor einem wilden Tier! Welche Übel muß man auf Seefahrten erdulden, welche auch bei Reisen zu Land! Mag man gehen, wohin man will, überall ist man unerwarteten Unfällen ausgesetzt. Einer ging mit gesunden Beinen vom Markt nach Hause, fiel hin, brach ein Bein und starb an der Verletzung. Kann man sicherer sein, als wenn man sitzt? Trotzdem fiel Eli, der Priester, von seinem Stuhl und war tot. Wie viele schlimme Gefahren beunruhigen die Bauern, und nicht nur sie, sondern alle Menschen im Hinblick auf die Feldfrüchte, Gefahren, die von Himmel und Erde und schädlichen Tieren drohen! Immerhin pflegt man sicher zu sein, wenn das Getreide eingeerntet und aufgespeichert ist. Und doch hat schon manchen, die ich kenne, ein plötzlich über die Ufer tretender Fluß, der die Menschen zur Flucht zwang, den schönsten Erntetag aus den Scheunen gerissen und entführt. Wer kann sich angesichts der tausendfachen Anfälle der Dämonen auf seine Unschuld verlassen? Quälen sie doch bisweilen mit Gottes Zulassung, solch falsches Vertrauen zu erschüttern, sogar kleine getaufte Kinder, das Unschuldigste, was es gibt, dermaßen, daß man daraus besonders deutlich ersieht, wie beweinenswert das Elend dieses Lebens, wie begehrenswert die Seligkeit des jenseitigen ist. Was vollends den Körper anlangt, gibt es so viel leidige Krankheiten, daß selbst die Bücher der Ärzte sie nicht fassen, und bei den meisten, ja fast allen sind die Hilfs- und Heilmittel selber ebenfalls peinvoll, so daß die Menschen von den verderblichen Plagen nur durch neue Plagen erlöst werden. Hat nicht fürchterliche Hitze dürstende Menschen schon dahin gebracht, menschlichen Harn zu trinken, sogar den eigenen? Und der Hunger dahin, daß sie nicht einmal vor Menschenfleisch zurückschreckten und nicht etwa bloß gefundene Leichen verzehrten, sondern Menschen, um sie zu verzehren, umbrachten, und nicht bloß fremde, sondern auch Mütter ihre eigenen Kinder, mit unfaßlicher Grausamkeit, wie sie nur eine Folge rasenden Hungers sein konnte". (XXII, 22)

Die „vielen und schweren Plagen" sind aber nur die eine Seite dieser Welt. Die andere ist ihre *Wohlgeordnetheit.* Auch über sie äußert sich Augustinus einfühlsam, warmherzig.

> „Und nun gar die Schönheit und Zweckmäßigkeit der übrigen Schöpfung, die Gottes milde Güte den Menschen, mag dieser auch, wie geschildert, in Mühsal und Elend verstoßen und verdammt sein, schauen und genießen läßt, ist sie nicht ganz unbeschreiblich? Sieh sie dir nur an, die vielgestaltige, wechselnde Schönheit des Himmels, der Erde und des Meeres, die Fülle und den wunderbaren Glanz des Lichtes, die Sonne, den Mond und die Sterne, die dichtbelaubten Wälder, die Farben und Düfte der Blumen, die Menge zwitschernder, bunter Vögel in ihren mancherlei Arten, die Vielgestaltigkeit zahlloser Tiere, die je kleiner, desto wundersamer sind – denn über das Treiben der winzigen Ameisen und Bienen staunen wir mehr als über die Riesenleiber der Walfische –, das gewaltige Schauspiel des Meeres selbst, das sich mit den verschiedensten Farben schmückt, als wären es seine Gewänder, bald in mancherlei Schattierungen grün schimmert, bald purpurrot, bald himmelblau. Wie kann es uns entzücken, gerade wenn es wildbewegt ist – ein um so größerer Genuß, wenn es auf den Betrachter Eindruck macht, ohne ihn auf der Seefahrt zu rütteln und zu schütteln. (...) Wie angenehm ferner der Wechsel von Tag und Nacht, wie einschmeichelnd das sanfte Spiel der Lüfte (...) Wer kann alles aufzählen?" (XXII, 24)

Unverkennbar kommt bei all diesen Beschreibungen Rhetorik zum Einsatz: in der hämmernden Eindringlichkeit der Fragen, in der erbarmungslosen Häufung der Prädikate des Übels, wie in der liebevollen Ausmalung des Schönen. Unverkennbar aber auch, daß sich hier eine persönliche Erfahrung äußert; daß die Wechselfälle des Daseins, die vielen dunklen, hoffnungslosen Stunden ebenso wie die wenigen lichten Momente des Glücks zutiefst erlebt und empfunden sind.

Und eben diese Erfahrung – die der Mensch immer wieder machen muß – bildet die Grundlage seines Denkens. Sie schafft die Spanne zwischen dem Zweifel am Menschen und dem Glauben an Gott. Innerhalb dieser Spanne bewegen sich die Gedanken des Augustinus über den Staat und das gesellschaftliche Leben.

5. Zweifel am Menschen

Wie kann der Mensch glückselig werden? Welches sind Endgut und Endübel menschlichen Tuns? Um diese Frage kreist die antike Philosophie, intensiv und ausführlich im Denken der Epikuräer und Stoiker, namentlich bei Cicero, jenem „redegewandten Lehrmeister der Staatskunst“ (III, 30); diesem „Akademiker, der alles für ungewiß ausgibt“ (IV, 30); es ist „Tullius, der ernste Mann, aber schwache Philosoph“ (II, 27), durch welchen Augustinus überhaupt erst zur Philosophie gelangt, dem widerstreitend er seine eigenen Gedanken entwickelt.

Wie kann der Mensch glückselig werden? Das ist die innerste und dringendste Frage des augustinischen Denkens. Anders aber als die Philosophie der, wie wir sagen, „klassischen Antike“ findet der später Geborene keine positive Antwort mehr in dem Bereich, wo jene sie suchte: im Bereich der menschlichen Verhältnisse.

Augustinus macht sich und seinen Lesern nichts vor. Ohne jede Beschönigung, mit eisiger Schärfe seziert er die Geschichte der antiken Zivilisation und entzaubert sämtliche Güter, die Menschen herkömmlicherweise lieb und teuer sind: die Philosophie als Lebenshilfe; den materiellen Wohlstand; die Weite und Größe des römischen Reiches (wobei sich unwillkürlich der Gedanke an spätere, ebenfalls untergegangene Großreiche aufdrängt); das gemeinschaftliche Leben in der Familie – und eben auch im Staat.

Die Philosophie ist für Augustinus kein Weg mehr zu menschlicher Beglückung. Bei Marcus Terentius Varro, dem Stoiker, Zeitgenossen Ciceros, kann man lesen, daß nicht weniger als 288 philosophische Antworten auf die Frage nach der Glückseligkeit denkbar sind, wenn man nur die verschiedentlich gepredigten Lehrmeinungen mathematisch exakt miteinander kombiniert. Grund genug für Augustinus – und wer möchte ihm da widersprechen?! –, daß keine dieser Meinungen die richtige sein kann, daß hier eher die Philosophie sich selbst parodiert.

Auch der verbreiteten Meinung, die im weisen Erstreben der ursprünglichen Naturgüter, verbunden mit der Kunst rechter Lebensführung, den Königsweg sieht, mag Augustinus nicht beizupflichten. Ihr gegenüber listet er auf, wir hörten es, welches Elend auch den „Weisen“ ereilen kann.

> „Auf keinen Fall also kann ein Leben, das von der Last so großer und schwerer Übel bedrückt ist oder doch von ihnen heimgesucht werden kann, glückselig genannt werden.“ (XIX, 4)

Zusammenfassend gilt demnach für die Philosophie das Pauluswort: „Der Herr kennt der Weisen Gedanken, daß sie eitel sind.“ (1. Kor. 3, 20)

Rascher noch als die geistigen Anstrengungen der Philosophie erledigt sich für Augustinus der materielle Wohlstand als möglicher Glücksbringer. Bereits Cato sagte, daß Sicherheit für schwache Gemüter ein schädlicher Feind sei (vgl. I, 30). Für Augustinus zeigt die römische Geschichte, daß äußerer Wohlstand auf die Dauer äußerst verderblich für die republikanische Staatsform ist. Äußeres Wohlergehen habe das römische Volk habgierig gemacht. Habgier und Üppigkeit ließen das Selbstbewußtsein der Massen steigen, folglich die Buhlerei um Volksgunst überhand nehmen. Diese Buhlerei führte zur Verlängerung der Ehrenämter. Schließlich gelangten stolze Gemüter zur Königsmacht (vgl. I, 31). Ganz zu schweigen vom Sittenverfall, wie er die regelmäßige Folge äußeren Wohlstandes ist (vgl. II, 18). „Asiatischer Luxus – schlimmer als jeder Feind“! (III, 21). Dies sieht Augustinus ähnlich wie *Sallust* (oben S. 113 f.).

Ebensowenig vermag Augustinus sich an der Weite und Größe des römischen Reiches zu freuen. Es lohnt sich, noch einmal genauer seiner Argumentation zu folgen: schwerlich nämlich, meint er, könne man nachweisen, daß Menschen glücklich sind,

> „die stets in Kriegsnöten dahinleben und im Bürger- oder Feindesblut, auf jeden Fall in Menschenblut waten, die in düsterer Furcht und blutiger Leidenschaft ihr Leben führen (...)“. (IV, 3)

Allein die punischen Kriege:

> „(...) wieviele kleinere Reiche wurden da zerrieben! Wieviele geräumige, berühmte Städte wurden zerstört, wieviele Staaten geschädigt, wieviele zugrunde gerichtet! Wie wurden weit und breit so viele Gefilde und Landschaften verwüstet! Wie oft wechselten Sieg und Niederlage! Welche Menschenmassen, Soldaten sowohl wie waffenloses Volk, sanken in den Tod!“ (III, 18)

Insgesamt über das römische Reich:

> „(...) durch welche Menschenschlächterei, welches Blutvergießen ward es erreicht!“ (XIX,7)

Wo wird in der antiken Staatsphilosophie – den Blick auf die tatsächliche Geschichte gerichtet – so unbeirrt human die Befindlichkeit und die Existenz der *einzelnen Menschen* zur Grundlage der Beurteilung des Staates gemacht?! Wo wird sonst, wie hier, aus der Sicht der *Opfer* gedacht?

Ausgehend von der aristotelischen Prämisse, daß der Mensch gesellig, ein politisches Wesen sei und somit auch diese Geselligkeit zu einem glücklichen Leben beitrage (vgl. XIX, 3), fragt Augustinus, wie es tatsächlich darum bestellt ist im menschlichen Leben, in der Familie zunächst, sodann im Staate, welchem dieses politische Wesen, der Mensch, angehört.

Zur Familie:

> „Man höre nur, wie bei den Komikern ein Mann ganz im Sinne aller Menschen und unter Beifall sagt: ‚Ich nahm'ne Frau. O Jammer, was hab' ich da erlebt! Die Kinder kamen, immer neue Sorgen!' Und wie ist's mit den Liebesnöten, die derselbe Terenz erwähnt: ‚Kränkung, Argwohn, Feindschaft, Krieg, dann wieder Friede'?" (XIX, 5)

Anzunehmen ist, daß Augustinus da manchem Ehemann – und mancher Frau – aus dem Herzen spricht. Gegen die Vermutung aber, daß er – wie vielleicht mancher seiner späteren Amtsbrüder – ein von Natur aus triebblasser und ungeselliger Mann gewesen sei, müssen wir ihn bewahren: bevor er mit 33 Jahren die Askese wählte, hatte er „den Stachel des Fleisches" leidenschaftlich erfahren; war auch Ehemann gewesen und Vater. Den Ausspruch des Terenz[14] „Ich bin ein Mensch, nichts Menschliches ist mir fremd", überlieferte Augustinus in einem Briefe und machte ihn dadurch zu einem geflügelten Worte des Abendlandes[15].

Auch Leben und Leiden im Staate beschrieb Augustinus nicht aus der Theorie. Geboren war er in Thagaste, einer nordafrikanischen Provinzstadt[16], aber er kam weit herum im römischen Reich, kannte Karthago, Rom, Mailand – Zentren von Politik und Kultur. In Hippo Regius schließlich, ebenfalls im nördlichen Afrika, blieb und wirkte er bis zu seinem Tode (430) als Bischof, was heißt, daß ihm das öffentliche Leben keine Ruhe ließ; dieses öffentliche Leben, dessen humaner Nutzen ihm nach seinen Äußerungen noch fragwürdiger erschien als jener der Familie.

---

14 Terenz (ca. 185–159 v. Chr.), neben Plautus der größte römische Komödiendichter.

15 „Homo sum, humani nil a me alienum puto"; vgl. *Carl Andresen,* Einführung in die deutsche Ausgabe des „Gottesstaates" (vgl. Anm. 1), S. XXI.

16 Heute Souk Ahras an der algerisch-tunesischen Grenze.

6. Die Misere des Gemeinwesens und das Problem des Bösen

Augustinus wählt das Strafrecht als Beispiel, um die Unzulänglichkeit des Gemeinwesens zu veranschaulichen, die vergeblichen Bemühungen um Gerechtigkeit und Frieden. Hieran will er zeigen, wie sich gute menschliche Absicht in ihr Gegenteil verkehrt, wie um des Rechtes willen Unrecht geschieht.

> „Und wie steht es mit der Rechtsprechung von Menschen über andere Menschen, die ja im Staate auch bei dauerndem Friedenszustande nicht fehlen darf? Wie kümmerlich ist sie doch, wie beklagenswert! Denn die, welche das Urteil fällen, können denen, über die sie urteilen, nicht ins Herz sehen. Darum sind sie oft genötigt, durch Folterung unschuldiger Zeugen, die mit der Sache, um die sich's handelt, nichts zu tun haben, die Wahrheit zu erforschen (...) Und was noch unerträglicher, noch bejammernswerter ist (...): Wenn nur deshalb der Richter einen Angeklagten foltern läßt, um nicht unwissentlich einen Unschuldigen zu töten, und nun infolge dieser kläglichen Unwissenheit den Gefolterten und Unschuldigen auch noch tötet, den er doch hatte foltern lassen, um keinen Unschuldigen zu töten." (XIX, 6)

Einen so unnachsichtigen Blick auf die Strafpraxis wird erst wieder *Voltaire* werfen (Bd. II S. 77 ff.), der aber – eine ironische Pointe! – bekennender Atheist war.

Ungerechtigkeit im Kleinen – Ungerechtigkeit im Großen: Was schließlich dem Staate sein von Grund auf ungerechtes, abstoßendes Gepräge gibt, das ist: *die Herrschaft von Menschen über Menschen:*

> „Vernünftig und nach seinem (Gottes) Ebenbild erschaffen, sollte der Mensch nur über die vernunftlosen Geschöpfe herrschen, also nicht Mensch über Mensch, sondern Mensch über Tier." (XIX, 15)

Tatsächlich aber befehlen seit Menschengedenken Starke über Schwache, Herren über Sklaven, Könige über Untertanen, große Reiche über kleine Reiche. Und sie alle treibt eine unentwegte Herrschsucht unaufhörlich gegeneinander. Und

> „diese Herrschsucht ist es, die das Menschengeschlecht mit schweren Übeln heimsucht und peinigt." (III, 14)

Die Frage drängt sich auf, worin nun eigentlich all diese negativen Sachverhalte begründet liegen, deren unbestechlicher Buchhalter der

Bischof von Hippo ist; warum Friedlosigkeit und Ungerechtigkeit entgegen allen Absichten und Wünschen die Menschheit derart heimsuchen. Und das ist gerade die Frage des Augustinus, die ihn schon in jungen Jahren gequält hatte, ohne daß er eine Antwort in den klassischen Schriften gefunden hat, und mit der er sich immer wieder das Hirn zermartert, auch in „De civitate Dei“: *Woher kommt das Böse?*

Zeitweilig glaubte er, eine Erklärung bei den Manichäern gefunden zu haben, einer aus dem Persischen kommenden christlichen Sekte. Sie lehrte, daß es von Anbeginn zwei Grundprinzipien gäbe, Licht und Finsternis, Gott und Teufel, und daß der Mensch zwischen diese gestellt sei, hin- und hergerissen von ihnen, da sie unaufhörlich im Kampfe miteinander lägen in dieser Welt. Eine faszinierende Erklärung, von der Augustinus nie ganz losgekommen ist.

In „De civitate Dei“ gibt Augustinus dann seine eigene Antwort, stärker im Menschen begründet, deshalb zwingender, aber auch abgründiger.

Zwar ist in ihren letzten Schlußfolgerungen auch diese Antwort eine theologische, übernommen aus der Bibel, antizipiert von Platon und besagend, daß das Böse nichts anderes ist als eine Minderung oder Herabsetzung des Guten; daß es entstand, als sich der Mensch, begabt mit einem freien Willen, vom absolut Guten, von Gott, abwendete; daß dieses bereits in der Person des ersten Menschen überhaupt, Adam, geschah, – aufgrund der Verführung durch die erste Frau, Eva; daß aber seit eben jenen Tagen die Menschen die Bosheit als Erbsünde mit sich herumschleppen.

Aber: unabhängig von dieser sehr bildhaften, sehr allgemeinen Erklärung, versenkt sich Augustinus in die Natur des erfahrbaren Menschen, verfolgt die Erscheinungen seines Wissens und Wirkens in alle Tiefen und kommt so zu differenzierten Einsichten, die wir ruhig als psychologisch, anthropologisch und soziologisch bezeichnen dürfen. Obwohl sie letztlich wieder ganz einfach sind. So einfach, daß in unserem Zeitalter komplizierter Ausdruckstechniken die Frage naheliegt, ob denn das alles sei. Dem wäre aber gegenzufragen, ob nicht gerade in der Einfachheit der Antwort ihre tiefere Wahrheit liegen könnte (simplex veritatis sigillum).

Es klang bereits an: Der Mensch vermag auf Erden nicht glücklich zu werden, weil die Vernunft seines Geistes („mentis ratio“, I, 11) *fehlsam* ist, außerdem mit dem Triebhaften, Unberechenbaren im Menschen in unaufhörlichem Kampfe liegt.

Das Unzulängliche des menschlichen Erkenntnisvermögens ist für Augustinus eine nur zu offenkundige Tatsache, über die er wenig Worte verliert. „Menschliche Kombinationsgabe (coniectura mentis humanae) trifft zwar bisweilen das Wahre, bisweilen täuscht sie sich aber auch“, bemerkt er lakonisch (XVIII, 52).

Daß menschliche Vernunft beschränkt ist, mußte in seiner Zeit erst formuliert werden. (Es mußte auch in unserer Neuzeit neu gefunden werden, durch Kant, Schopenhauer, Nietzsche, Freud. Ganze Epochen, der Humanismus, die Aufklärung, hatten von der Verdrängung dieser Erkenntnis gelebt.) Augustinus fand sie mit bestechender Klarheit: der Vernunft widerstreitet die Unbeherrschbarkeit der menschlichen Affekte, das Triebhafte.

> „Denn wer zählt es auf, wie vieles er (der Mensch) will, was er doch nicht kann, weil er sich selbst nicht gehorcht, das ist, weil der Geist und das unter ihm stehende Fleisch seinem Willen nicht gehorcht? Wie oft wird der Geist wider seinen Willen erregt, leidet das Fleisch, wird alt und stirbt, und wieviel anderes müssen wir widerwillig erdulden, was wir nicht zu erdulden brauchten, wenn unsere Natur unserm Willen in jeder Weise und in allen Teilen gehorchte!“ (XIV, 15)

Die Unbeherrschbarkeit wirkt also doppelt: zum einen kann der Mensch nicht so handeln wie er eigentlich will, zum anderen handelt er so, wie er eigentlich nicht will.

Diese Erkenntnis ist um so bemerkenswerter, als Augustinus damit in Widerspruch zu eigenen Prämissen gerät. Grundsätzlich ist er – am Anfang einer christlichen Tradition – ein glühender Verfechter der Freiheit und Selbstverantwortlichkeit des menschlichen Willens: hat doch Gott, das absolut freie Wesen, den Menschen nach seinem Ebenbilde geschaffen. (Nebenbei: ein starkes Argument für das „Handlungsunrecht“ anstelle des „Erfolgsunrechtes“![17])

Andererseits schreibt er über Affekte, menschliche Gemütsbewegungen, als da zum Beispiel sind: Furcht und Verlangen, Schmerz und Freude:

> „Man muß freilich gestehen: (...) diese Gefühle (...) – oft kommen sie auch gegen unseren Willen über uns.“ (XIV, 9)

17 Es handelt sich um ein Problem der Strafrechtstheorie. Vgl. *Maurach-Zipf*, Strafrecht Allgemeiner Teil, Teilband 1, 8. Aufl. 1992, § 17: Handlung und Erfolg im Unrechtsbegriff.

Am stärksten gilt das für

> „jene sogenannte ‚Libido', ein Wort, das man meist in geschlechtlichem Sinn gebraucht, während es doch ganz allgemein Gier bezeichnet." (XIV, 15)

An deren Wirken wird in besonders deutlicher Weise das Dilemma des Menschen augenfällig, mit Willen *und* Trieb begabt zu sein; denn die Tatsache, daß einem

> „wenn nur von Libido und keinem besonderen Gegenstand der Gier die Rede ist, in der Regel fast ausschließlich die Lust in den Sinn (kommt), von der die Geschlechtsteile unseres Leibes erregt werden",

kommt daher, daß die Libido sich bisweilen plötzlich einstellt,

> „wenn niemand danach verlangt",

bisweilen aber

> „verläßt sie den Schmachtenden, und, während die Begierde in der Seele glüht, erkaltet sie im Leibe." (XIV, 16).

Und noch einen starken, gelegentlich viel stärkeren Trieb gibt es, und in ihm haben die sozialen Mißstände ihre eigentliche Wurzel: den menschlichen *Egoismus*; ein Wort, das Augustinus mit Vorteilssucht, Gewinnsucht, Herrschsucht beschreibt, am treffendsten mit „Selbstliebe" („amor sui"):

> „So läuft denn im sterblichen Menschengeschlecht, das sich über alle Länder hin verbreitet und trotz der Verschiedenheit seiner Wohnstätten durch das Band der Wesensgleichheit zusammengehalten wird, jedermann seinem Vorteil und seinen Begierden nach; aber was man auch erstrebt, es genügt keinem oder doch nicht allen, weil es so verschiedenerlei ist. Darum kommt es fast überall zum Zwiespalt, und der Teil, der die Oberhand gewinnt, unterdrückt den anderen." (XVIII, 2)

Vorteilsstreben als der Zwietracht und Ungerechtigkeit tiefster Grund? Hat es sich Augustinus da nicht etwas einfach gemacht? Wie scharf der christliche Bischof den gesellschaftlichen Mechanismus des Egoismus sieht, zeigt eine Stelle, in welcher er die Protagonisten desselben einen ihnen wünschenswerten, „idealen" Staat entwerfen läßt. Da werden ohne weiteres die typischen Züge eines ungehemmt kapitalistischen Systems erkennbar. Das geht sogar bis in die Charakterisierung des Strafrechts, dessen primär eigentumsschützende Funktion diese Leute betonen.

> „(...) uns liegt nur daran, daß jeder seinen Reichtum immerfort vermehre. Dann hat man genug für die tägliche Verschwendung, und jeder Mächtige kann sich damit Schwächere untertan machen. (...) Die Gesetze sollen verhüten, daß jemand fremden Reben, nicht jedoch dem eigenen Leben Schaden tue. Vor den Richter soll nur geführt werden, wer fremdes Eigentum, Haus oder Leben antastet oder sonst irgendwen gegen seinen Willen belästigt und schädigt, im übrigen mag jeder mit seiner Habe, seinen Angehörigen und allen, die ihm zu Willen sind, tun, was ihm beliebt." (II, 20)

Selbst die Religion, freilich die heidnische, wird von Augustinus als Herrschaftsmittel entlarvt, gleichsam als „Opium für's Volk".

> „(...) so pflegten auch menschliche Machthaber, versteht sich nicht gerechte, sondern den Dämonen ähnliche, unter dem Namen der Religion den Völkern Dinge als wahr einzureden, die sie selbst als lügenhaft erkannten. Indem sie sie auf diese Weise enger zur bürgerlichen Gemeinschaft zusammenschlossen, machten sie sie dadurch, ähnlich wie die Dämonen dies tun, sich untertan." (IV, 32)

7. Die Entscheidung zum Glauben

Schlimme Dinge offeriert Augustinus seinen Lesern – schlimm, aber unwahr? Gewiß, man muß nicht Staat und Gesellschaft, muß auch nicht den Menschen derart negativ sehen; muß nicht, wie Augustinus, Gewalt und Unrecht und die Konfliktbeladenheit menschlichen Zusammenlebens derart in den Vordergrund stellen. Man kann sich freuen, wenn es einem vergleichsweise gut geht, und Heimsuchungen vor der Türe bleiben. Auch hat der Mensch seine guten Seiten. Allein – ist es zu leugnen, daß die Menschheitsgeschichte, insgesamt betrachtet, eher düster, daß das Wirken des Staates alles in allem eher furchtbar gewesen ist? (Aus gutem Grund hat in der Neuzeit *Hobbes*, an sich ein Etatist, seinem Buch über den Staat den Namen des biblischen Ungeheuers „Leviathan" gegeben[18]). Wir, hinter uns die zweite Jahrtausendwende nach Christus, sehen die negative Sicht des Kirchenvaters durch Beispiele bestätigt, die sogar diesen erschreckt hätten. Selbst der Gedanke der Erbsünde: so unvertretbar grausam es klingt, daß die

18 Vgl. über *Hobbes* und seine Lehre Bd. II S. 39 ff.

Menschheit seit Anbeginn böse und mit Schuld beladen sei (auch jedes neugeborene „unschuldige" Kind) –: ist nicht die Tatsache, daß die Menschheit niemals in ihrer Geschichte in dauerhaftem Frieden hat leben können (obwohl doch alle den Frieden wollen!?) wie ein Fluch?

Augustinus hat einen, seinen Ausweg gefunden: Und das ist der Glaube an Gott.

Daß dieser Glaube keine leichte Sache ist, zeigt bereits der Umfang der zwölf Folianten, die er hinterlassen hat. Aber was wäre das Werk allein? Karl Jaspers: „Die Bekehrung ist die Voraussetzung des Augustinischen Denkens. In der Bekehrung erst wird der Glaube gewiß, der durch nichts absichtlich erzwungen, durch keine Lehre mitgeteilt werden kann, sondern von Gott in ihr geschenkt wird. Wer nicht selber die Bekehrung erfahren hat, dem muß in all dem auf sie sich gründenden Denken etwas fremd bleiben."[19] Man muß konstatieren, daß sich schon die Zeitgenossen des Augustinus diesem Glauben in wachsendem Maße öffneten, dem das gesamte Abendland mindestens ein Jahrtausend lang geöffnet bleiben sollte. Und die möglichen Gründe hierzu können wir bei Augustinus nachlesen. Er hat sie immer wieder formuliert, und sie hören sich, stark vereinfacht, etwa so an:

(1) Wenn ich kraft der begrenzten Erkenntnismittel eine absolute *Wahrheit* nicht ausmachen kann, dann heißt das noch lange nicht, daß es eine solche Wahrheit nicht gibt – vielleicht ist nur meine Vernunft zu schwach, um sie zu erkennen?

(2) Wenn das *Böse*, wie nicht zu bezweifeln, eine beherrschende Macht ist, dann heißt das noch lange nicht, daß es die einzige Macht ist. Man kann sich ja das Böse auch als nur eine Minderung des Guten vorstellen. Dann wäre aber das Gute die entscheidende Macht. Und warum sollte es sich nicht eines Tages durchsetzen?

(3) Wenn alle Menschen nach *Glückseligkeit* streben, diese aber auf Erden und während ihres irdischen Lebens nicht erreichen können, dann heißt das noch lange nicht, daß sie das Erstrebte überhaupt niemals erreichen können (um so mehr, als ja irgendwoher der Wille zum Glück kommen muß). Warum sollte das Glück also nicht außerhalb dieser Erde und nach dem Leben zu erreichen sein?

Und wenn man nun die Fragezeichen hinter den genannten Schlußfolgerungen wegläßt? Dann gewönne das Denken eine neue Dimensi-

---

19 *Karl Jaspers,* Augustin, S. 9 f (vgl. Anm. 5).

on: es gibt die vollkommene Wahrheit. Dann gibt es das absolute Gute. Dann steht die ewige Seligkeit bevor. Und alle drei (die Wahrheit, das Gute, das Glück), so kann man weiter folgern, finden ihren gemeinsamen Nenner in Gott.

Diese neue Dimension des Denkens, eine *neue Qualität der Erkenntnis* jenseits fehlsamer und beschränkter Vernunft, das „credo ut intelligam" [ich glaube, damit ich erkenne], wie Anselm von Canterbury später sagen wird[20] („credo" ist das Weglassen der Fragezeichen), hat Augustinus wie kein Zweiter die Menschheit gelehrt. Und er hat ihr damit über Jahrhunderte eine Hoffnung gegeben, die oft das „Elend des Lebens" und die „vielen und schweren Plagen" ertragen half.

Was Augustinus dazu veranlaßte, im Moment der „Bekehrung" die Fragezeichen wegzulassen, können wir, trotz eindringlicher „Bekenntnisse", nur ahnen. Vielleicht war es sein ungewöhnliches Wissen um das Abgründige der menschlichen Natur, ein Wissen, das er einfach nicht allein tragen konnte, sondern das nach einem Gegengewicht verlangte. Vielleicht war es auch seine tiefe Empfänglichkeit für Schönheit und Ordnung, die ihn so etwas sagen läßt:

> „Ich fragte die Erde, und sie sprach: Ich bin's nicht. Alles, was auf ihr ist, bekannte dasselbe. Ich fragte das Meer und seine Abgründe und das Gewürm, das in ihm lebt, und sie antworteten: Nicht wir sind dein Gott, suche höher, über uns! Ich fragte die säuselnden Winde, und das ganze Reich der Luft mit all seinen Bewohnern gab zur Antwort: Anaximenes[21] irrt sich, ich bin nicht Gott. Ich fragte den Himmel, die Sonne, den Mond und die Sterne, und sie sagten: Auch wir sind's nicht, der Gott, den du suchst. Und ich sprach zu all dem, was draußen vor den Türen meines Fleisches steht: So sagt mir doch von meinem Gott, wenn ihr's denn nicht seid, sagt mir etwas von ihm. Sie aber riefen mit gewaltiger Stimme: Er hat uns geschaffen! *Meine Frage aber, das war meine Betrachtung, und ihre Antwort war ihre Schönheit.*" (Conf. X, 6)

Vielleicht aber war dies schon die Gnade, an die er selbst ein Leben lang glaubte, die Gnade Gottes.

---

20 *Anselm von Canterbury*, Proslogion, cap. 1, in: Migne, Patrologia Latina, Bd. 158, Sp. 227. Dazu: *Allers, R.* (Hrsg.), Anselm von Canterbury. Leben, Lehre, Werke, Wien 1936.

21 *Anaximenes* (gest. 528–525 v. Chr.) lehrte, daß die Luft Urstoff aller Dinge sei.

8. „Civitas Dei"/„Civitas terrena"

Wie wirkt sich die Gläubigkeit des Augustinus auf seine Gedanken über den Staat aus?

Die Beantwortung dieser Frage führt zu zwei Begriffen, die in der Literatur über das augustinische Staats- und Geschichtsbild in der Regel am Anfang stehen: „civitas Dei" und „civitas terrena". Für ein solches Vorgehen spricht, daß Augustinus selbst sie zu Zentralbegriffen seines Werkes gemacht hat. Dem wurde hier nicht gefolgt. Deshalb nicht, weil mir scheint, daß die Idee zweier „civitates"[22] der gedanklichen Entwicklung des Augustinus nicht gerecht wird.

Es gibt nach Augustinus seit Adams und Evas Kindern auf Erden zweierlei „civitates", d.h. Bürgerschaften, Gemeinschaften. Die Bürgerschaft derer, die, wie Adams guter Sohn Abel, ihre Herzen Gott zuwenden, ihm anhangen[23] und seine Gebote befolgen; und die andere Gemeinschaft derer, die, wie Adams Sohn Kain, dieses nicht tun, sondern sich statt dessen dem eigenen Ich und den persönlichen Interessen zuwenden. Die eine Bürgerschaft heißt „Bürgerschaft Gottes" („civitas Dei"), die andere „irdische Bürgerschaft" („civitas terrena").

> „Das ist in der Tat der große Unterschied, der sie voneinander trennt, die beiden Staaten, von denen wir sprechen, die Genossenschaften der frommen sowie die der gottlosen Menschen, deren jede ihre dazugehörigen Engel hat, in denen hier die Gottesliebe, dort die Selbstliebe zuerst auf den Plan trat." (XIV, 13)

Die Auswirkungen dieses „Unterschiedes" zwischen den beiden Bürgerschaften sind zweifach. Zum einen liegen sie in der Zukunft: diejenigen Menschen, die eingedenk der zum Bösen geneigten Menschennatur Gott, dem wahrhaft Guten, zu Lebzeiten anhangen, haben eine Chance, daß sich Gott ihrer dereinst erbarmt und sie heimholt in die ewige Seligkeit bei sich. Die anderen aber, die nur ihren eigenen Begierden nachgehen, werden rettungslos den ewigen Höllenstrafen verfallen. (Nach der rigorosen Gnadenlehre des alten Augustinus hat Gott von Anfang an beschlossen, wessen er sich einmal erbarmt und wessen nicht. Der einzelne Mensch kann nur hoffen, zu den Auserwählten zu gehören.)

---

22 Die er von Tychonius übernahm: *Franz Georg Maier,* Augustin, S. 150-152 (vgl. Anm. 5).

23 „adhaerere Deo", vgl. Psalm 72, 78.

Zum anderen gibt es praktische Auswirkungen bereits auf Erden. Während die Bürger der „civitas Dei“ Gott anhangen und von daher eine gemeinsame Willensrichtung haben, was, unterstützt durch die Ausübung des Gebotes der Nächstenliebe, ein friedliches Zusammenleben bewirkt, rennt in der „civitas terrena“ ein jeder seinem eigenen Vorteil nach, was zwangsläufig dazu führt, daß alle miteinander im Streite liegen.

Das heißt allerdings nicht, daß die Bürger der „civitas Dei“ immer ein friedliches Leben haben. „Civitas Dei“ und „civitas terrena“ sind heillos miteinander verquickt – es gibt zu allen Zeiten fromme und nicht fromme Menschen –, und die Gottzugewandten leiden unter den praktischen Folgen des Egoismus der anderen nicht weniger als diese selbst.

Was nun den politischen Staat, die „res publica“, und die katholische Kirche, die „ecclesia“, anbelangt, so haben diese mit den genannten „civitates“ zunächst einmal nichts zu tun. Ob jemand zur „civitas Dei“ gehört oder nicht, ist eine Frage seiner inneren Einstellung, nicht seiner Mitgliedschaft in der Körperschaft Kirche. Und ebenso lebt jeder Mensch in einem irdischen Staat und kann dennoch gottgläubig sein.

„Res publica“ und „ecclesia“ haben dann aber doch etwas mit den „civitates“ zu tun, weil es nach Augustinus der Brudermörder Kain war, ein gottabgewandter Bürger der „civitas terrena“ also, der die erste „res publica“ gründete. Infolgedessen ist der Staat bis auf den heutigen Tag, ohne ausschließlich „civitas terrena“ zu sein, doch ein Produkt derselben, und das erklärt, warum er so schlecht ist. (Wenn Augustinus dem Staate zugutehält, mit seinen Bemühungen um einen irdischen Frieden auch dem „Gottesstaat“ nützlich zu sein, so hat das lediglich den Charakter generösen Auf-die-Schulter-Klopfens.)

Umgekehrt kommen in der „ecclesia“, in der Kirche, hauptsächlich gottzugewandte Menschen zusammen, Bürger der „civitas Dei“, und darum ist sie eine eher gute Institution. Insbesondere hilft sie dem Menschen bei seinem Bemühen um Gott.

Aus alledem folgt nun:

Der Staat hat keine grundlegende Bedeutung für den Menschen. Da die Glückseligkeit, der maßgebliche Gradmesser aller Dinge, keine Frage der staatlichen Organisation ist (im Gegenteil, der Staat macht regelmäßig eher unglückselig), sondern eine Frage des Glaubens, kommt es für den Menschen nicht entscheidend darauf an, in was für einem Staat er lebt (das ist sogar unerheblich), sondern darauf, daß er glaubt und Gott anhangt. Augustinisch formuliert: Es liegt nicht viel daran, unter wessen Herrschaft der Mensch lebt – er wird erfahrungsgemäß immer unter irgendeiner Herrschaft leben –; wichtig ist allein, daß er sich Gott zuwendet, daß er, mit anderen Worten, zur „civitas Dei“ gehört.

„Mit anderen Worten“ will sagen, daß wir in der Lehre von den zwei „civitates“ eigentlich nichts anderes vorgeführt bekommen als die auf den Staat bezogene Erweiterung einer ursprünglich individualistisch gedachten Erlösungslehre. Wie sehr auch immer Augustinus die „civitas Dei“ beschwören mag, hinsichtlich der Glückseligkeit des einzelnen Menschen kommt es auf kein Kollektiv an, auch nicht auf den Staat; die „Bürgerschaft Gottes“ ist nur der Sammelname für die Menschen, die, jeder für sich, einen Glaubensentscheid vollzogen haben. Daß Augustinus aber die zwei gedachten Bürgerschaften und ihren gegenseitigen Kampf zum Strukturprinzip der Geschichte erklärt, kommt wohl daher, daß er die Kirche als Formierung der „Bürger Gottes“ verteidigen wollte in Zeiten, in denen der Niedergang Roms scharfe Kritik an der Christianisierung des Reiches und am Christentum überhaupt hervorgerufen hatte. Vielleicht licgt ein weiterer Grund in seiner Ahnung, daß irgendwann von der Theologie eine Äußerung zu sozialen Fragen gefordert werden würde. Bis zum heutigen Tag ist ein Problem des Christen, dem Menschen für das Jenseits helfen zu wollen, ihm aber im Diesseits helfen zu müssen (vgl. die Enzyklika Johannes Pauls II. „Laborem exercens“).

Von Augustinus erfahren wir über die Lösung gesellschaftlicher und politischer Fragen wenig. Seinen Blick richtet er auf das Jenseits. Seine Bemerkungen zum diesseitigen Staat sind von erschreckender Einfallsarmut. Sie erschöpfen sich fast in Appellen an den Herrscher zur Milde und Demut. Wie man das Gebot von Jesus, der jedem auferlegt, seinen Nächsten, auch und gerade den Feind, zu lieben, dies einzige bislang bekannt gewordene Mittel zur Überwindung des Bösen, institutionell unterstützen könnte, das macht sich Augustinus nicht zum Thema, er bleibt uns Antworten schuldig.

9. Schluß und Ausblick

Aurelius Augustinus war ein leidenschaftlicher Mensch, der uns unpolitisch, unverstellt entgegentritt. Er ermutigt uns, ihm hierin zu folgen.

Bei aller Bewunderung für „das große und schwere Werk" sind einige Einwände zu erheben.

Zunächst einmal: – Augustinus sagt es selbst – dieses Werk ist einfach zu lang geraten. Das ist kein vordergründiger Vorwurf, wenn man bedenkt, daß die Länge dazu verführt, das Buch nur auszugsweise zu lesen, Überlegungen aus dem Zusammenhang zu reißen. Epochale Konsequenzen hatte dies im Mittelalter, als es nicht wenige gab, die aufgrund mißverständlicher Stellen die von Augustinus sogenannte „civitas Dei" zu einfach mit der Kirche identifizierten und die „civitas terrena" ebenso einfach mit dem weltlichen Staat. Dies hat die Ausbildung eines Staatsbewußtseins über Jahrhunderte hinweg verhindert, mindestens erschwert.

Ein weiterer Vorwurf ist inhaltlicher Natur und betrifft Augustinus' Ausführungen über Juden und Häretiker, sowie über diejenigen Kirchenväter, welche, ausgehend vom Prinzip der Allgüte Gottes, in Erwägung zogen, daß vielleicht eines Tages sämtliche Menschen, also auch die großen Sünder, selbst die Angehörigen der „civitas terrena", in die ewige Seligkeit aufgenommen werden könnten.

Augustinus' diesbezügliche Äußerungen sind von unverständlicher Boshaftigkeit. Unterstellt er anderen theologischen Denkern doch, sie verträten dergleichen Ansichten nicht aus Mitleid oder Mitgefühl, sondern aus eigenem Vorteil, „da sie sich von der allumfassenden Barmherzigkeit Gottes gegen das Menschengeschlecht fälschlich Straflosigkeit ihrer eigenen Sittenverderbnis versprechen." (XXI, 18)

Noch arger über die Juden: Zwar schlägt er diese – anders als die Häretiker – nicht einfach dem Dunstkreis des Teufels zu. Aber immerhin werden sie zu „Feinden" der Kirche erklärt und im Ergebnis allenfalls geduldet.

Schlimm auch Augustinus' Bemerkungen über die Häretiker. Diese werden ohne Umschweife zu Werkzeugen des Teufels erklärt, zu Kündern verpesteter, todbringender Lehren, die in der Gemeinschaft der Gläubigen nicht geduldet werden könnten – was in praktischer Konsequenz zu ihrer grausamen Verfolgung führte. Jedenfalls eine Mitverantwortung trägt Aurelius Augustinus.

Gewiß war Augustinus zutiefst von der Richtigkeit dessen überzeugt, was er lehrte, erfüllt von der Sorge um das Seelenheil der Menschen. Gewiß auch ist sein Buch von der ersten bis zur letzten Seite eine Verteidigungsschrift der christlichen Religion gegen gefährliche zeitgenössische Angriffe, geschrieben zu einer Zeit, als das Christentum zwar schon Staatsreligion, die Erinnerung an die Zeit der Katakomben und Verfolgungen aber noch äußerst schmerzhaft war. Daher ist mancher seiner Gedanken als Zeiterscheinung zu verstehen.

Dennoch bleibt ein Unbehagen. In einigen Äußerungen Augustinus' steigt künftiges Unheil wie in „Schattenbildern" auf (ein Lieblingsausdruck des Augustinus: „umbrae") – ein Unheil, das jeder „wahren" Lehre innewohnt, die allgemeinverbindlich sein will. Solche Lehre neigt immer zur Intoleranz, ist unduldsam gegenüber dem Pluralismus, wie Augustinus gegenüber der Vielfalt der griechischen Philosophenschulen, deren Duldsamkeit er vorwurfsvoll beklagt:

> „Welches Volk, welcher Senat, welcher Gewalthaber oder Würdenträger des gottlosen Staates hat je dafür Sorge getragen, diese Ansichten zu prüfen, die einen zu billigen und anzunehmen, die anderen zu mißbilligen und zu verwerfen, und nicht vielmehr im Schoß des Staates all diese Streitigkeiten uneiniger Menschen ohne Urteil und in wirrem Durcheinander geduldet. Streitigkeiten, bei denen es doch nicht etwa um Äcker oder Häuser oder irgendwelche Geldwerte ging, sondern darum, wie man entweder elend oder glückselig lebt?" (XVIII, 41).

An dieser Stelle sperrt sich das Verständnis mit Entschiedenheit. Wenn erst „Staat" und „Gewalthaber" anfangen, „Sorge dafür zu tragen", „Ansichten zu prüfen, (...) zu mißbilligen und zu verwerfen, (...) wie man entweder elend oder glückselig lebt", dann tauchen für uns Heutige bereits am Horizont die ersten Stacheldrahtzäune auf und die Lagertore, und manchen „Glückseligmacher" sieht man die Robe des Blutrichters überstreifen.

Andererseits erhebt sich die Frage – und deshalb wird niemand Augustinus ohne Betroffenheit beiseitelegen –, ob die Vielzahl der Meinungen, ihre Beliebigkeit insbesondere, auf die Dauer etwas Segensreiches ist. Wieviel „Relativismus" können Menschen, kann ein Staat ertragen? *Gustav Radbruch*, in der Weimarer Zeit ein erklärter Wertrelativist, mußte sich nach den Verbrechen des Dritten Reiches, zu denen ein demokratisches Parlament die Handelnden scheinbar „ermächtigt" hatte, doch zum Naturrecht bekennen[24].

24 Der berühmte Aufsatz „Gesetzliches Unrecht und übergesetzliches Recht" von 1946, abgedruckt in der Studienausgabe von *Dreier* und *Paulson*, UTB Nr. 2043; zu Radbruch auch *Adomeit*, NJW 1999 S. 3465.

Bleibt abschließend der Rückblick auf unsere Ausgangsfragen: Warum Augustinus so dachte, wie er dachte, und warum er damit ein solches Gehör fand. Diese Fragen wirken verblaßt historisch, werden aber sofort aktuell, wenn man, wofür einiges spricht, die Heilslehre unserer letzten zwei Jahrhunderte, den Marxismus, als säkularisierte augustinische Geschichtstheologie ansieht[25].

Augustinus wandte sich vom Staate ab, weil er an diesem nichts Gutes entdecken konnte. Er verließ die ihm zu engen Gefilde herkömmlichen Vernunftdenkens, weil er eine neue und bessere Qualität menschlichen Denkens, Fühlens und Handelns suchte, eine höhere Erkenntnisstufe, als die er den Glauben erkannte.

Erfolg hatte er damit nicht nur, weil er „in jenseitsbezogener Form die Erfahrung von Menschen (aussprach), denen die soziale und ökonomische Entwicklung der Spätantike" – der Zusammenbruch der städtischen „Polis"-Kultur mit ihrem Freiheitsbewußtsein; die wachsende Reagrarisierung und Feudalisierung; die außenpolitischen Katastrophen Roms; seine innenpolitische Zerrissenheit – „die wirtschaftliche und rechtliche Basis zur Selbstbestimmung genommen hatte"[26]. Eine solche einseitig materialistische Interpretation wäre zu flach. Die daseinsbeklagende, aber hoffnungserfüllte, weil heilversprechende Religiosität des Augustinus kommt darüber hinaus, gesamthistorisch und global gesehen. Sie hat das Denken einer unvergleichlich größeren Anzahl von Menschen bewegt als die politischen Empfehlungen eines Protagoras oder sogar eines Aristoteles. Diese gehen, heute wie damals, nur jene wenigen global operierenden Gemeinwesen etwas an, die es sich, beglückt mit einigem Wohlstand und relativer Sorglosigkeit, leisten können, über verschiedene politische Wege nachzudenken. Augustinus' Seufzen über das „Elend des Lebens" und die „vielen und schweren Plagen" hingegen spricht heute wie seit hunderten von Jahren dem Großteil der Menschheit aus dem Herzen, und seine Zuversicht, daß die Vorstellung vom Glück dereinst Wirklichkeit werden könnte, gibt ihren tiefsten Wünschen Ausdruck.

---

25 So die berühmte These *Karl Löwiths* in seinem Buch „Heilsgeschichte und Heilsgeschehen. Die theologischen Voraussetzungen der Geschichtsphilosophie", 7. Aufl. Stuttgart, Berlin, Köln, Mainz 1979 (Urban-Taschenbücher).

26 *Kurt Flasch,* Augustin, S. 424 (vgl. Anm. 5).

Literaturhinweise

I. Textausgaben

1. *Zu den Sophisten:* Die Fragmente der Vorsokratiker, H. Diels (nach W. Kranz), Hamburg ab 1957 (mit Hinweisen auf die große Ausgabe Diels/Kranz).
2. *Zu Platon:* Die Schleichermacher-Übersetzung, übernommen mit gelegentlichen Korrekturen, Hrsg. Walter F. Otto, Ernesto Grassi, Gert Plambock, Hamburg ab 1957 (Rowohlts Klassiker). Zweisprachig ist die Ausgabe von D. Kurz in der Wissenschftl. Buchgesellschaft, Darmstadt 1971.
3. *Zu Aristoteles:* Politik, hrg. v. Olof Gigon, München ab 1973 (dtv Nr. 6022). Zum Original die Oxford-Ausgabe. Nikomachische Ethik, ed. Franz Dirlmeier, Darmstadt 1964 (Akademie-Verlag Berlin 1959): bei aller Problematik der Übertragung und der Wertung unentbehrlich.
4. *Zu Epikur:* Von der Überwindung der Furcht, hrg. v. Olof Gigon, Zürich ab 1949 (Artemis).
5. *Zu Cicero:* Die zweisprachigen Ausgaben bei Reclam, ediert von K. Büchner, Marion Giebel, H. Gunermann bzw. H. Merklin.
6. *Zu Seneca:* „de clementia" Reclam Nr. 8385, ed. von K. Büchner.
7. *Zum Corpus iuris civilis:* Corpus Juris Civilis – Text und Übersetzung. Band II: Digesten 1-10, hrsg. v. Okko Behrends, Rolf Knütel, Berthold Kupisch und Hans Hermann Seiler, Heidelberg 1995.
8. *Zu Augustinus:* Die Bekenntnisse dtv 6120, zweisprachig Kösel-Verlag München (ed. J. Bernhart); Gottesstaat, dtv 6087/88.

II. Sekundärliteratur

In diesem Buch wird nur wenig zitiert, obwohl sich, bei der Fülle wissenschaftlicher Untersuchungen, zu *jedem* Satz mindestens eine Fußnote hätte bringen lassen. Verf. teilt nicht den Standpunkt einer die Vergangenheit verklärenden Hochnäsigkeit („Was ist schon alles, was man über Platon geschrieben hat, vor dem, *was* Platon geschrieben hat?"), weiß vielmehr der forschenden Philologie viel zu verdanken. Aber dies muß hier nicht aufgelistet werden, die Apparate zu den Klassikern sind uns leicht zugänglich, zuletzt durch die schöne Essay-Sammlung „Klassiker der Philosophie" von *Otfried Höffe* (2 Bde. 1981) und durch die „Enzyklopädie Philosophie und Wissenschaftstheorie" (Bd. I: A-G, 1980), herausgegeben von *Jürgen Mittelstraß* aus Konstanz (vgl. dort „Aristoteles", geschrieben von *P. Janich* u. *K. Lorenz*). Auch in diesem Artikel bestätigt sich die Erfahrung, daß nur Philosophen über Philosophen schreiben können. Dazu ist noch zu nennen Pipers Handbuch der Politischen Ideen, hrg. v. *Fetscher* und *Münkler*, Bd. I 1988 (mit ausführlichen Nachweisen). Seine wichtigsten Anregungen hat Verf. aus zwei Werken erhalten, die er immer wieder, mit immer neuer Belehrung gelesen hat: *Jaspers*, Die großen Philosophen, Bd. I 1975 und *Popper*, Die offene Gesellschaft und ihre Feinde, in der Ausgabe Francke Verlag, Bern 1957/58 (jetzt UTB Nr. 472/3). Dies sind Werke, die Kraft haben, den Leser zu wandeln, zu verändern. Hier muß aber auch von *Nietzsche* gesprochen werden, der von seinem ersten veröffentlichten Text („Griechentum und Pessimismus" – Haupttitel: „Die Geburt der Tragödie") bis zu den letzten Äußerungen vor der geistigen Umnachtung *sein* Land der Griechen mit der Seele suchte. Freilich ist das meiste von Nietzsche gegen den Strich zu lesen (benutzte Ausgabe: *Karl Schlechta*, Carl Hanser Verlag; jetzt natürlich *G. Colli* und *M. Montinari*, Berlin u. New York 1967 ff.). Wichtige Gesprächspartner waren dem Verf. *Ulrich von Lübtow, Hartmut Galsterer, Alexander Demandt, Wilhelm Henke, Erich Zalten, Marion Giebel, Widu-Wolfgang Ehlers.* Genannt werden muß auch *Peter Hanau* in Köln, mit dem Verf. nicht nur über Arbeitsrecht, sondern auch oft über Schumpeters „Kapitalismus, Sozialismus und Demokratie" diskutiert hat, was dem Platon-Aufsatz dieses Buches vielleicht allzu deutlich anzumerken ist: die Platon-Lektüre wird zum déja-vu-Erlebnis des Schumpeter-Kenners.

An die Stelle einer wissenschaftlichen Absicherung muß daher die erfolgte Bestätigung durch die politische Praxis treten. Seit der 1. Auflage 1982 hat die Idee der Menschenrechte (S. 33 ff.) einen Siegeszug ohnegleichen erlebt, sind die sozialistischen Systeme an ihren schon von *Aristoteles* gesehenen Mängeln (S. 86 ff.) zusammengebrochen, und das Scheitern des *Seneca* an der Diktatur (S. 179) versteht man an den aus der DDR überlieferten Problemen besser, ebenso wie aus *Seneca* diese Probleme. Die typische Bedrohtheit der liberalen Demokratie bleibt durch *Platon* (S. 60 ff.) und *Cicero* (S. 137 ff.) modellhaft geschildert, die Möglichkeit catilinarischer Existenzen (S. 149 ff.) ist immer da. Auch der Ekel des *Augustinus* an allem staatlichen Treiben (S. 183 ff.) ist etwa in der östlichen Welt weit verbreitet und stellt eine politische Gefahr dar. Mangelnde Bodenberührung kann man also dieser Rechts- und Staatsphilosophie schwerlich vorwerfen. Zu betonen ist nur, wie im Vorwort S. V, deren auf Grundfragen beschränkte Kompetenz. Wer sich mit Detailfragen herumzuschlagen hat, in denen der Teufel steckt, hier sein letztes refugium hat, bleibt auf sich selbst gestellt. Vielleicht kann aber eine Ahnung davon, wo die große Linie richtig verläuft, auch dort helfen.

III. Rechtsphilosophie

Hier ist an erster Stelle zu empfehlen *Gustav Radbruch* in der Studienausgabe von Dreier und Paulson, UTB Nr. 2043; dann *Coing*, 5. Aufl. 1993; *Hasso Hofmann*, 2000; *Norbert Horn*, 2. Aufl. 2001; *Naucke*, Rechtsphilosophische Grundbegriffe, 4. Aufl. 2000; *Wolfgang Schuller*, Politische Theorie und Praxis im Altertum, 1998; *Zippelius*, 3. Aufl. 1994; auch *Vittorio Hösle*, Moral und Politik – Grundlagen einer Politischen Ethik für das 21. Jahrhundert (Besprechung von *Adomeit*, ZRP 1998 S. 453).

Personenverzeichnis

Sachverzeichnis